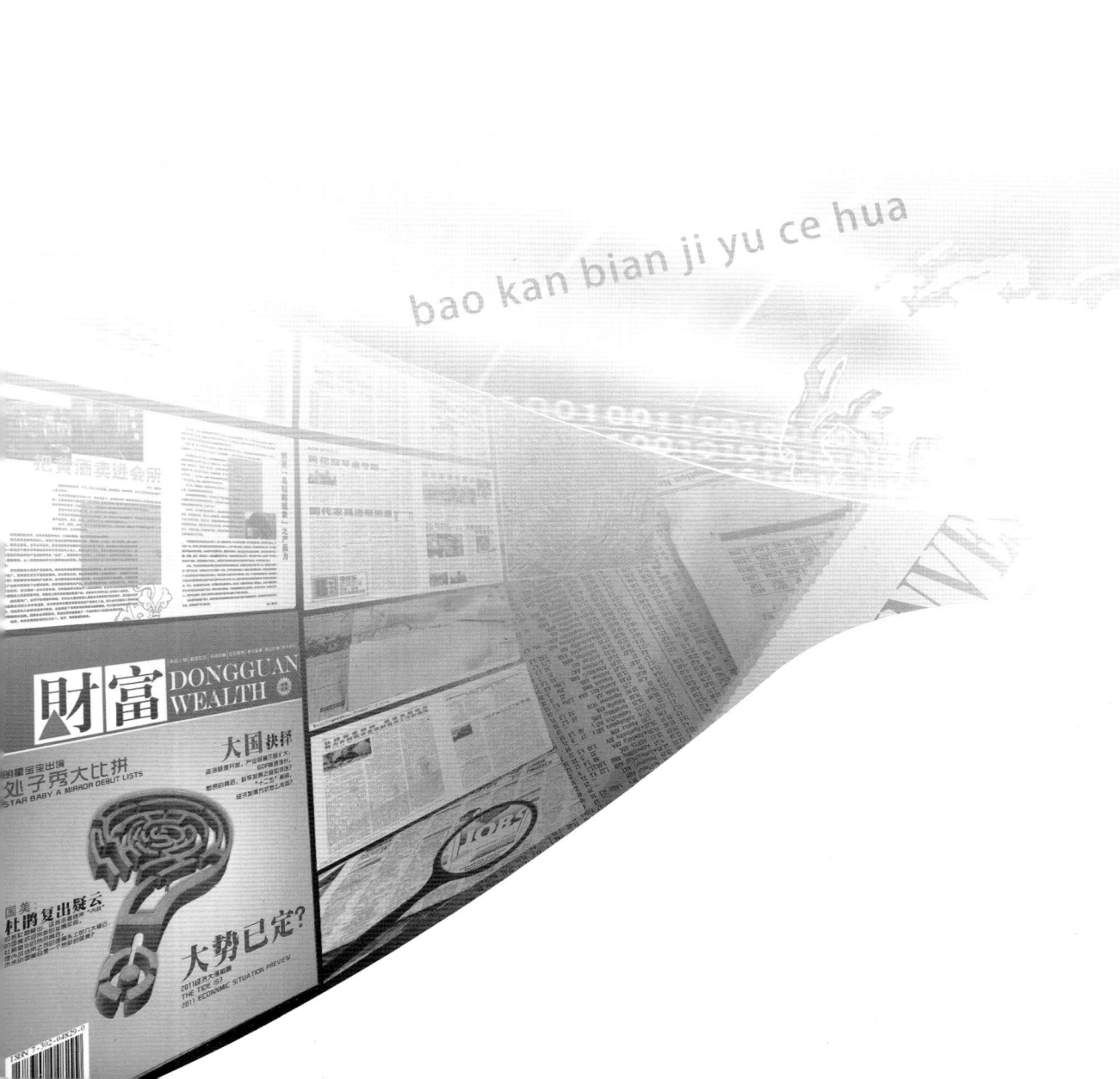

bao kan bian ji yu ce hua

媒体创意专业核心课程系列教材

宫承波 主编

报刊编辑与策划（第二版）

王灿发 ◎主编

乔　兰
倪光辉 ◎副主编
侯欣洁

中国广播电视出版社
CHINA RADIO & TELEVISION PUBLISHING HOUSE

代总序

拥抱创意时代

在传媒业界,所谓"媒体创意"现象早已是司空见惯的客观现实,但若要问什么是媒体创意,人们却大多说不清楚。作为一种新生事物,人们对其语焉不详,甚至有些疑惑,都是正常现象。由于我们创办了一个媒体创意专业,所以也就时常有人向我询问,作为该专业的负责人,当然是回避不了的。

从逻辑学的角度说,一个事物的概念可以分为内涵性的概念和外延性的概念,内涵性的概念是对所指事物的特征和本质属性的概括,外延性的概念则是对所指事物的集合的概括。关于媒体创意,我们不妨把两者结合起来做一个界定:即创新性、创造性思维在传媒领域的运用,其要旨在于因势而变、不断推陈出新,它是市场化时代媒介生存与发展的必要手段,是传媒发展的第一生产力;其基本内涵,指现代传媒面向市场需求和变化,在信息建构与传播和媒介经营与管理的各个领域、各个层面、各个环节所采取的具有创新性或创造性的策略和构思——其视野开阔,内涵丰富,涉及传媒运作的方方面面,对此,可简要地概括为创意传播、创意经营和创意管理三大领域和范畴。

为什么要进行媒体创意呢?有人说是媒介竞争的产物,这当然没有错,但仅仅认识至此还是粗浅的。其更为深层的原因,是随着经济发展和物质生活水平的提高,广大受众的精神文化需求提高了,这当然也包括对大众传媒的需求——正是广大受众这种不断增长的精神文化需求引发了媒介竞争,由媒介竞争进而催生了媒体创意。事实上,这是媒体创意热兴的根本原因,也是近年来媒体创意产业以至整个文化创意产业迅速崛起的根本原因。

创意产业的发展呼唤创意产业人才,呼唤创意产业教育。笔者认为,文化创意产业的发展大体上可以说需要三方面的人才,即创意方面的人才、创意经营方面的人才和创意管理方面的人才,这也就决定了创意产业教育的三大领域,即创意教育、创意经营教育和创意管理教育。媒体创意专业正是应媒体创意产业发展需求,由中国传媒大学创办的一个面向传媒领域的属于创意教育方面的专业,可以说是回应业界需求、拥抱创意时代的产物。本专业自2003年起开始招生,经过几年来的努力和探索,如今专业定位已经明确,办学模式已基本成型,专业培养方案和教学计划已基本稳定。

我们的媒体创意专业是如何定位的呢?

笔者认为,所谓媒体创意教育,从整体上说,其终极目标应当是培养面向传媒市场需求和变化,能够为大众传媒的信息建构与传播和媒介经营与管理等不断地提供创新性、创造性策略和构思的专业的职业化的媒体"创意人",也即人们常说的所谓"媒介军师"。从人才规格上说,这是一种以创新性、创造性思维为核心,集人文艺术素养、传播智慧以及媒介经营策略、管理策略等于一体,面向现代传媒整体运营的素质高、能力强的现代复合型人才。这是我们媒体创意专业的教育理想。然而,教育是循序渐进的、是分层次的,作为本科层次的媒体创意专业,其教育目标的设定还应当实事求是、从实际出发,目标过高、过大,不仅不能够顺利实现,而且实施起来容易失去重点和方位感,容易在办学上流于宽泛。

正是因此,我们采取了适当收拢、收缩培养口径,同时与一定的职业岗位相结合的思路。根据业界需求和本校、本专业优势,目前我们将媒体创意专业教育的重点定位在"创意传播"领域。所谓创意传播,根据笔者的理解和界定,它既包括信息传播与媒介运用的策略和智慧,也应当包括媒介信息建构的技能、技巧,即我手达我心,想到了就能做到——比如,为了强化视觉冲击力,利用现代电子技术、数字技术创造新潮的视觉语言,进行超现实、跨媒体的艺术表现、特技表现,等等。这样的专业定位,意在与当前传媒业界兴起的所谓创意策划职业相结合,同时兼顾到多数本科生毕业后要从操作层面的具体工作做起的现实。这样的专业定位,无疑也蕴含了抓创意产业教育"牛鼻子"的意图。根据上文所述创意产业教育的三大范畴,所谓创意传播,无疑属于创意教育范畴——创意教育是以培养创意人才为目标的,应当说是整个文化创意产业教育的基础和核心。因为,如果没有创意人才、没有创意,那么所谓创意经营、创意管理也就成了一句空话。

总之，媒体创意专业是一个以培养专业的媒体"创意人"为目标的专业，是一个创意智慧与创意的技术、技能相融合、相交叉的专业，其培养目标可以做这样的简要概括和表述：培养现代大众传媒创新发展所需要的传播"创意人"（也可以称作初级媒体"创意人"）。从人才规格上说，这是一种以创造性、创新性思维为核心，集人文艺术素养、传播策略和智慧以及现代传播的技能、技巧于一体的面向现代传媒传播业务的现代复合型人才。

从上述培养目标出发，本专业秉持中国传媒大学新闻传播学科多年来积淀而成的"宽口径、厚基础、高素质、强能力"的教育理念，同时结合本专业的内在要求，在办学模式上也就自然地体现出以下几方面的特色：

其一是综合性、交叉性。

智慧源于心胸，心胸源于眼界。创意不是从天上掉下来的，靠所谓天分，靠小聪明、小火花或许能竞一时之秀，但却不能长久。没有开阔的知识视野和理论视野，智慧往往就会陷于黔驴技穷的困境，创意就会成为无源之水、无本之木。只有在丰富的信息交流与碰撞中，在多学科知识、多维理论的交叉与融合中，智慧之树才能常青，创意活水才会"汩汩"而来。

为贯彻上述思想，我们认为，必须倡导学生广开视野、广取思维、广泛接触社会人生，即"读万卷书，行万里路"。在培养方式上，我们一直强调和重视基础知识与基本理论教学：一方面，以创新、创意能力的培养为核心、为旨归，打破现有的专业壁垒，强调多学科知识、多学科理论的交叉与融合；另一方面，则引导学生对大众传媒的信息建构与传播以及媒介经营与管理等现代传媒运作的主体领域及其前沿动态进行全面、深入的了解，对现代传媒运营有一个整体性、综合性把握。总之，我们要求学生应具有相对开阔的知识视野，较为扎实的理论功底，对现代传媒及其运营的全面了解和把握，并掌握创新思维原理，这是从事创意传播的必要前提。只有具备这样的前提和基础，才能进一步将创新思维原理成功地应用到现代传媒领域，形成相关领域的创意策划能力。

其二是艺术性。

我们知道，大众传媒的一个重要功能是消遣、娱乐，文艺、艺术传播是其中的重要组成部分，不懂艺术何谈创意？著名美学家王朝闻先生就曾经指出："不通一艺莫谈艺。"更为重要的是，想象力是创意之母，而艺术与美学教育则是培养想象力的重要手段。大家都知道英国是发展创意产业的先驱，在那里，作为创意教育的手段，文学艺术教育受到高度重视。1998年英国国会的一个报告就曾指出："想象力主要源于文学熏陶。文艺可以使数学、科学与技术更加多彩……"

因此我们认为，艺术与美学教育是媒体创意教育不可或缺的重要组成部分，并坚持从以下两个方面予以保证：其一，在生源选拔方面按艺术类招生，从选才上把好艺术素养关；其二，从培养措施上对艺术素养和美学教育予以着重加强，设置一大批文学、艺术和美学类课程，从而使学生通晓文学艺术以及大众文化领域的基础知识、基本观念，并掌握有关必要的技能、技巧。

其三是实践性。

不言而喻，媒体创意专业是一个实践性较强的专业，加强实践教学本是专业教学的题中应有之意。所以，本专业教育的一个重点，就是要面向传媒业界实践，开展强有力的职业化的模拟训练，强调高素质教育和强职业技能教育的互补与互助，从而有效地促进学生由知识向能力的转化。尤其对于本科生，将来一般都要从具体工作做起，为了有利于就业，操作层面的技能、技巧教育就更是必不可少的。

因此，我们充分发扬中国传媒大学的传统优势，重视媒介信息建构与传播的具体操作能力的培养，重视案例教学，通过一系列实践教学和职业化的模拟训练，努力使学生具备较强的传媒文本读解能力，熟练掌握对色彩、声音、画面、图形、文字等传播符号的操控技术，并能够在创造性、创新性思维指导下灵活运用媒介信息建构与传播的技能、技巧。另一方面，我们还通过"请进来"、"送出去"等措施，密切跟踪业界前沿，同时与业界展开必要的互动。几年来，我们曾聘请大量业界专家、校友走进校园授课或举办讲座，带来业界前沿的动态信息；同时，还借助于多年来中国传媒大学与传媒业界所结成的良好的业务联系，利用每年暑假时间成建制地安排学生到业界实习。经过几年来的实践，学生们普遍反映，摸一摸真刀真枪，感觉就是不一样！

其四是个性化。

所谓个性化，也即教育"产品"多向出口。现代传媒运营是一个庞大的系统，面对这样一个庞大、复杂的系统，作为本科教育，笔者认为，其教育目标还应当实事求是，有放有收。因此，在广播、电视、网络、报刊等多种媒体中，在信息建构与传播的多个领域，我们提倡学生既有专业共性，又有个性专长，倡导学生根据个人兴趣，自主选择主攻方向，发展创新思维，努力形成个人的业务专长和优势。

为支持和促进学生的个性化成长与发展，本专业在一、二年级主要学习公共基础课和有关现代传媒教育的平台性课程，从三年级开始则多向开设选修课，并全面实行导师制。几年来的实践证明，这些做法都是务实的、有效的，受到学生、家长的欢迎，得到传媒业界的肯定。

上述这些认识，已经成为我们建设媒体创意专业的指导思想。2005年上半年以来，在学校支持下,我们承担了校级教改立项"媒体创意专业建设研究"项目。在该项目推动下,笔者与同事们一道,在研究、探索基础上,经过群策群力,已连续推出三个不断完善的培养方案版本以及相应的教学计划。

但是,我们也应当看到,对于一个新专业建设来说,有了成型的培养方案,还只能说是迈出了第一步,是起码的一步。如果说培养方案相当于一个人的躯干,那么它还需要两条强健的腿,才能成为一个健全的人,才能立起来、走起来,以至跑起来——这"两条腿",笔者认为,也即当前贯彻实施该专业培养方案、确保培养目标实现的两大当务之急:其一是教材建设;其二是实践教学机制建设。

关于教材建设。

自成体系的知识构架和核心课程是一个新专业得以确立和运行的基本支撑,因此,要想使该专业真正得以确立,就必须构建一个具有本专业特点的核心课程体系,同时还必须编撰一套相应的适应本专业教学需要的教材。

由于媒体创意专业具有交叉性、综合性特点,所以该专业教材编写的重点,也是难点在于,要以创意传播能力的培养为核心、为旨归,解决好多学科知识、多学科理论的交叉与融合问题。在深入研讨的基础上,我们通过组织、整合有关师资力量,关于"媒体创意专业核心课程系列教材"的出版已经启动。根据我们的计划,两年内将至少推出15部具有本专业特点的核心课程教材。但目前面临的困难还相当大、相当多,最为核心和关键的是人的问题,也即师资问题。

关于实践教学机制建设。

如上所述,媒体创意专业是一个实践性较强的专业,所以实践教学必须置于重要地位,贯穿教学工作的全过程。这不仅仅是几种措施的简单相加,还应当是一整套的有机体系。为了使实践教学切实有效,就必须保证这一体系的科学化和规范化。所以,对这一体系的构成及其运行机制作出全面探索,将本专业实践教学科学化并进一步制度化,是本专业教学基本建设中重要的一维。目前,虽然已经建立了几个实践教学基地,但还远远满足不了本专业全面开展实践教学工作的需要。

以上两个方面既是当前我们贯彻实施媒体创意专业培养方案、确保培养目标实现的两大当务之急,也可以说是媒体创意专业建设的"两条腿"。笔者认为,只有这"两条腿"强健起来了,该专业建设才能够获得实质性、突破性进展。

综上所述,媒体创意专业是适应创意时代需要而创办的一个崭新的专业,是一个新型、特色的专业,我们的办学模式和教学建设的方方面面都是既具探索性,又具示范性的。正是基于这样的认识和责任感,我们一直坚持既小心翼翼、深入研究,又实事求是、大胆实践、大胆探索,坚持在实践中探索、在探索中创新、在创新中发展的原则。在校方的领导和支持下,经过几年来的群策群力,目前该专业已基本创立成型。可以这样说,媒体创意专业抓住了创意时代大众传媒的本质,适应了市场经济条件下传媒竞争与发展的需要,是一个有时代感、有活力的专业,它有效地利用、整合了中国传媒大学的资源优势——如良好的传媒教育基础和丰厚的业界资源等,体现了中国传媒大学的办学特色。

  当然也应当看到,我们的探索还是初步的,同任何新生事物一样,目前该专业还是幼小的、稚嫩的,它目前需要的是理解和呵护。我们殷切地希望学界、业界同仁们能够从事业大局出发,都来浇水施肥,遮风挡雨。我们相信,在传媒事业发展和文化创意产业大潮的双重促动下,这样一个新型、特色专业一定会尽快成长起来,我们也一定能够探索出一套既适应传媒市场需要,又符合教育规律且切合我校实际的专业办学模式,从而使它成为我校教学改革的一个亮点,成为中国传媒大学的一个品牌,成为我国传媒教育的一道新的风景,同时,也为专业扩张提供规范和标杆。

宫承波

2006 年 9 月 30 日初稿

2007 年 5 月 10 日修订

于中国传媒大学

目　　录

代总序　拥抱创意时代 ……………………………………………………宫承波

第一章　编辑方法论 ……………………………………………………………… 1
　　第一节　报纸编辑策划 ………………………………………………………… 2
　　第二节　编辑与记者的关系 …………………………………………………… 20
　　第三节　新闻事实与客观事实 ………………………………………………… 25
　　第四节　素材与主题 …………………………………………………………… 26
　　第五节　价值大小与版面安排 ………………………………………………… 28
　　第六节　编辑理念与宣传政策、法律法规和伦理道德 ……………………… 29
　　第七节　编辑意图与编辑效果 ………………………………………………… 33

第二章　新闻稿件编辑 …………………………………………………………… 35
　　第一节　新闻稿件的选择 ……………………………………………………… 35
　　第二节　新闻稿件的修改 ……………………………………………………… 47
　　第三节　新闻稿件的组织与发展 ……………………………………………… 64

第三章　报纸版面编排与创意 …………………………………………………… 71
　　第一节　报纸版面的重要意义 ………………………………………………… 71
　　第二节　报纸版面价值的实现手段——版面语言 …………………………… 75
　　第三节　报纸版面设计 ………………………………………………………… 82
　　第四节　电子排版 ……………………………………………………………… 101

第四章　新闻图片编辑 …………………………………………………………… 116
　　第一节　新闻图片的作用与类型 ……………………………………………… 116
　　第二节　新闻图片的选择与编辑 ……………………………………………… 122

第五章　副刊编辑与策划 ………………………………………………………… 133
　　第一节　副刊的产生与发展 …………………………………………………… 133
　　第二节　新时期副刊的单元策划 ……………………………………………… 138
　　第三节　新时期副刊的动态策划 ……………………………………………… 155

第六章 党报、都市报编辑 … 159
第一节 党报编辑概述 … 159
第二节 党报新闻编辑 … 172
第三节 都市报编辑 … 179

第七章 期刊编辑与策划 … 187
第一节 期刊的发展与种类 … 187
第二节 期刊编辑策划 … 197
第三节 期刊的装帧设计 … 208
第四节 我国各类期刊编辑特点 … 224

参考文献 … 232
后记 … 237

第一章

编辑方法论

中国新闻史上"编辑"一词最早出现于初唐人李延寿所编写的《南史·刘苞传》:"家有旧书,例皆残蠹,手自编辑,筐箧盈满。"[1]在这里,编辑指的是对手抄本的补充和订正。在新闻工作中,"编辑"一词,作名词用,有两层含义,一是指编辑人员,即新闻出版机构中从事编辑工作的专业人员,也叫编者;一是指编辑工作,即编辑人员对稿件的组织、审读、编选、加工以及标题制作、版面设计等工作。"编辑"作动词用时,指编辑人员做策划、组稿、标题制作、版面设计等活动。编辑工作既有宏观层面的,也有微观层面的。主要工作有:报纸策划与设计、制订报道计划、报道策划、组稿、选稿与改稿;撰写编者按和言论;制作新闻标题;组织版面;校对检查等。

编辑不只是与具体的稿件打交道,更要与记者以及读者发生直接或间接的联系。由于所处地位和功能作用的差异,编辑在各工作阶段和环节中容易遇到各种矛盾。因此,编辑在工作中要遵循科学的方法,解决各方面的矛盾。这就需要从矛盾论出发,围绕编辑工作各环节所需要解决的几个主要矛盾,来探讨编辑的工作方法和原则。

按照编辑工作的流程,我们可以将其分为三个环节:编辑前环节(策划和准备阶段)、编辑中环节(稿件处理阶段)和编辑后环节(报纸产品传播效果阶段)。

这三个环节都要处理好相应的关系和矛盾。编前环节,宏观层面上,需要处理好报纸定位、版面定位与读者定位之间的关系;微观层面上,需要处理好编辑方针和报道方针以及处理好编辑与记者的关系。编中环节,需要处理好新闻事实与客观事实之间的关系;处理好素材与主题之间的关系;处理好编辑理念和宣传政策、法律法规之间的关系以及与伦理道德之间的关系。编后环节,主要是从编辑效果角度出发,处理好编辑意图与读者关注点之间的关系。

本章就围绕这三个环节,深入探讨相应的编辑方法和原则。

---

[1] 方汉奇、李矗:《中国新闻学之最》,新华出版社2005年版,第68页。

第一节　报纸编辑策划

"策划"本意就是设计、谋划，它通常用于人的精神活动领域，体现了人的主观能动性。要使一张报纸得到读者的欢迎，要使新闻报道取得良好的传播效果，没有精心的新闻策划是难以实现的。所谓新闻策划指的是编采人员对新闻业务活动进行有创意的谋划与设计，以便更好地配置与运用新闻资源，取得最佳效果。

一、报纸编辑策划的内涵及意义

（一）报纸编辑策划的内涵

报纸编辑策划是报纸编辑在新闻采编与报纸出版活动中所从事的决策与设计性的工作。报纸编辑策划包括报纸策划和新闻报道策划两方面内容。报纸策划指的是确定报纸的编辑方针，涉及报纸的整体规模和内部结构，涉及报纸的各个局部。新闻报道策划指的是确定各阶段的报道选题并规划新闻报道活动，包括涉及报道的范围和重点、规模和进程、报道方式及其表现形式以及报道力量配置和报道运行机制等。如果说，报纸策划是对相当长一个时期中报纸的结构、内容与外在形态的总体规划和设计，那么，新闻报道策划则是在报纸投入生产的过程中，随着时间的延续而持续进行的一种阶段性策划。广义的新闻策划是指新闻传媒的形象策划，它包括传媒发展战略策划、传媒营销策划、内部管理机制策划、广告策划以及媒体的风格和定位策划等。

（二）报纸编辑策划的意义

编辑策划在当今的媒体竞争中起着至关重要的作用。对同一领域同一话题的报道，谁真正吸引读者或观众，其实就是策划水准和表现力高下的竞争，这是毫无疑问的。报纸编辑策划的意义：

1. 有利于优化报纸结构

报纸作为信息产品，需要在媒介市场上竞争，在竞争过程中，如果报纸的自身定位和读者定位把握得不准，就会导致传播内容与读者对象的不相适应，从而影响报纸的生存和发展。因此，我们必须通过报纸编辑策划，根据媒介市场的变化不断检验和修正自己的读者定位和办报策略，以消除对立性，提高统一性，从而不断优化报纸结构，塑造优秀的报纸形象。

2. 有利于赢得读者、赢得市场

现代新闻传播关系，已由"传者本位"向"受者本位"转化。读者的接受程度是衡量报纸好坏的根本标准。报纸编辑通过科学的设计和策划，及时满足读者的信息需求，传播他们需要的内容和他们感兴趣的方式，就可以有效抓住读者注意力，从而适应供需关系赢得读者、赢得市场。

3. 有助于实现报纸的引导功能

新闻报道是读者关注的主要内容，也是信息服务、舆论引导的重要载体。虽然新闻报道强调真实性和客观性的原则，但是，新闻报道又是人的有目的的活动，传播者不仅要如实告诉读者发生了什么，而且还要通过报道的角度、深度和报道手法的运用，去影响读者对待客观事件的态度，以取得传播者所期待的效果。由此可见，新闻传播活动的策划是一种必然存在。这种策划并不是策划新闻事件，而是策划表现新闻事件的方式方法、报道时机、报道力度和报道方式，使其更能为读者所接受，从而实现舆论引导等社会功能。

总的来说，报纸编辑策划可以分为宏观层面的报纸策划和微观层面的新闻报道策划。我们分别对其策划对象和策划主体等方面进行分析。

二、报纸策划

报纸策划是确定报纸的编辑方针、设计报纸的整体规模和内部结构及其各个局部的一系列工作。对于现代报业来说，报纸策划事关报业的发展战略，因此主要是担负版面决策的人员如总编辑、编委会成员、版面主编等所从事的一种决策和设计性的工作。

（一）报纸策划的对象

作为一项复杂系统的工程，报纸策划的内容非常丰富，主要包括以下几点：

1. 确定报纸的编辑方针

报纸的编辑方针是指根据报纸的定位以及报纸的发展战略对报纸编辑工作作出的决策，它规定了报纸的读者对象、传播内容、报纸的传播水准和风格特色，是报纸编辑工作必须遵循的准则。报纸的编辑方针为报纸的发展指明了方向，确定了目标。

报纸编辑方针的内容主要包括四个方面：

第一，报纸的读者对象。

报纸的读者是报纸信息传播的接受者，报纸的竞争，首先是读者的竞争，读者是报纸最重要的资源，失去了这个重要资源，报纸就失去生存的基础。

报纸的读者对象是根据报纸的性质、办报宗旨以及报业市场竞争的需要确定的。报纸的设计要针对具体的读者对象来操作，因此编辑方针首先要规定报纸的目标读者。目标读者找准了，才能坚定地围绕着目标读者服务，做到报纸传播内容的有的放矢，确定自己的竞争战略。作为我国第一张以"都市报"命名的全国性日报《华西都市报》其读者定位就是四川城市的广大居民。

第二，报纸的传播内容。

报纸传播的内容指的是报纸新闻传播的总的报道面有多大。具体来说，包括报道对象的分布、报道的领域和报道的区域等范畴。报纸新闻传播的内容也是由报纸的性质、办报宗旨和读者对象的需要决定的。

随着媒体融合发展进程的深入，报纸传播内容的形式和来源也有了较大变化。一些数字化的、流行的传播内容形式也作为报纸传播的内容日益被人们所接受。在新媒体环境下的今天,微博等新媒体的崛起,改变了传播现状:报纸可以"聚合"微博内容,形成新的报道主题。如《华西都市报》记者在微博上得到"成都地铁站名没有数字编号"的线索,便围绕成都地铁站牌该不该设数字编号做了一组策划报道,并开通读者意见征集热线,结果出乎意料地火爆。①

第三,报纸传播的水准。

报纸的水准指报纸的思想水平、文化水平和专业技术水平所达到的高度。它具体通过报纸传播内容的深度、广度以及语言文字、版面设计、制版印刷等多方面因素综合来表现。报纸的水准首先需要根据报纸的读者对象来确定,读者对象确定为普通市民,那么,报纸的主体内容、栏目的设置、报道的方式、编排的手段、版面的安排都应该以更加倾向于市民化。报纸的水准一般在编辑方针中就有规定。

第四,报纸的风格特色。

报纸的风格特色指报纸的整体结构、传播内容、传播方式和版面形象等所综合表现出的格调和特点。1984年创刊的《南方周末》是南方报业传媒集团旗下一份享誉海内外的综合类周报,也是中国发行量最大、传阅率高、影响最广泛、公信力强的新闻周报。在办报的实践中,该报内容紧扣时代发展进程中的热点、难点、焦点,通过全面、深入、生动地反映和报道新近发生的重大事实,形成了反映社会、激浊扬清的独特风格,成为"中国第一份以深度报道为主体新闻体裁的报纸",其深入的报道、针砭时弊以及犀利的评论给读者中留下了深刻的印象。

2. 确定报纸的整体规模与内部结构

报纸的整体规模主要由报纸的版面总量构成的,如日均出多少版面,每周版面总量有多少等;报纸的内部结构是指报纸全部版面的分工与组合形态,如由多少个新闻版、专版专刊、副刊、广告版面组成以及各组成部分在空间上排列的顺序、出版时间的安排等。

无论是报纸的整体规模还是内部结构,不仅要根据报纸的编辑方针和读者的需求来确定,还应该根据媒体市场的发展趋势来进行调整设计。如在2012年年初,为了满足广大读者日益增长的文化需求,《光明日报》扩版,每周增加八个版"光明文化周末"。"光明文化周末"分为"文荟"和"艺萃"两个周刊。"文荟"四个版,分别为专题版、作品版、综合版和大观版,每周五刊出。"艺萃"四个版,分别为光影新天地版、年轮光韵版、时尚彩虹版和新美术版,每周日刊出。2012年扩版后,该报的其他版面在延续过去整体格局的基础上,略有调整。新开设"党建"、"基础教育"、"职业教育"、"教育服务"、"文化消费"双周刊,创办"论苑"周刊,进一步加强对相关领域的报道。这样的版式设计,不仅体现了《光明日报》作为推介先进文化的阵地,更加重视文化舆论氛围的营造与社会发展同步的战略性眼光。

3. 设计报纸的各个局部

在对报纸进行了整体规模与内部结构的总设计之后,还要进一步对报纸的每一个组成部分进行设计,也就是设计报纸的每个单元、单元中的每个版以及版中的各个专栏。在对报

---

① 赵晓梦:《一条微博引发纸媒变革的四点思考》,《中国记者》2010年第10期。

纸各个部分进行设计时,注意部分与整体、部分与部分之间的关系,进行合理配置。报纸的局部设计包括:

确定各个单元及其中各版的读者定位和编辑思想;

确定各版名称、报道范围和重点;

确定版中的主要专栏名称、内容、篇幅、体裁、风格等;

确定广告在各个版所占的篇幅和位置以及广告的类型;

确定各个版的版式特点和风格特色。

《湖北日报》2012年扩版改革①

2012年元月,《湖北日报》进行了全新改扩版。改版后的《湖北日报》以"党报品质、时代气息、湖北特色、大报风范"为方针,以"党性立报、新闻强报、文化活报、服务兴报、开门办报"为着力点,公信力、传播力、影响力大增。《湖北日报》在改版和主题宣传创新上,一直坚持创意策划为魂,努力对重大活动和主题报道精心策划,创新主题宣传,增强舆论引导力。

这次改扩版,每周总版数由过去的80个版增至96个版,星期一至星期五16版,星期六星期天8版,版面数增加了20%。

整张报纸按内容集成为10大板块:时政要闻、经济纵横、城市空间、农村天地、文化征程、民生关注、理论前沿、开放视野、万千气象、快乐双休。

1. 时政要闻。权威、高端、重大、深刻,围绕中心、服务大局,及时、准确宣传贯彻党中央、省委的路线方针政策,及时报道国际国内重大新闻事件。

时政要闻板块是整个报纸的重点。

一版要闻,要求庄重大气,好看有吸引力,充当封面版角色。安排国际国内大事、领导重大活动、主题图片、社论、东湖放评、导读等内容。

二版要闻,以有关领导活动、会议报道、工作性报道、成就性报道、本省重大新闻等内容为主,强化主题性报道、深度报道、热点报道等。

第三版时政,以省直厅局、地方党政活动、地市县党政重大活动等报道为主。要加强和改进时政新闻采写,力求新、短、快、活,创造性、建设性地做好政务活动报道。

利用这三个版,自觉、主动、满腔热情地做好政务活动报道,在报道中出新、出彩。

在时政报道方面,还开辟了一个新的阵地,就是设置时评,以理性思维和思想的阐释,站在舆论高端来引导舆论。

---

① 曾祥惠:《瞄准一流 激情跨越——〈湖北日报〉全新改扩版介绍》,http://media.cnhubei.com/2012-03/14/cms1056598article.shtml

2. 经济纵横。《湖北日报》从创办之日起,就是政治性的党报,当我们党以经济建设为中心以后,办成政经大报,责无旁贷。要按照宏观与微观的统一,动态与静态的统一,平面与深度的统一,服务全省的经济社会工作,推动全省的经济社会发展。

3. 城市空间。这是随着中国城市化的推进而设立的板块,以武汉为龙头,包括副中心/荆楚各地(襄阳、宜昌)等。立足这些板块,报道好城市建设、城市管理、市民生活。

4. 农村天地。湖北是农业大省,要向农业强省推进,加强三农报道,形成健康、向上的舆论氛围,推进新农村建设。

5. 文化征程。文化报道把湖北的重要文化元素充分表现出来,把文化的建设成就、成果展现出来。教科文专副刊体现大文化概念,涵盖教育、科技、文化等领域。

6. 理论前沿。突出前沿两个字,在高度、深度上下工夫。

7. 开放视野。用好国际国内的新闻资源,站得更高,看得更远,做出自己的味道来。

8. 民生关注。做联系群众的桥梁纽带,现在上情下达比较多,但是对下面基层群众的呼声、意见、想法、好的建议等表达不够,这正是党报要改进的地方。要做到人民有所呼、政府有所应,通过讲实话、诉实情、办实事、出实效,在党、政府和基层民众间搭建沟通、理解的桥梁,成为政府和人民之间的重要通道。

9. 万千气象。主要包括摄影、美术、书法等,增强报纸的可视性、美感、艺术感染力和文化品位。

10. 快乐双休。有阅读、休闲等内容,通过这个板块增添生活情趣,培育健康、向上的情操。

(二)报纸策划的主体

人民日报社原总编辑范敬宜在《总编辑手记》中就谈到了报纸编辑策划的问题,他指出:"不注意筹划组织的无计划状态仍然存在,有的部门筹划意识不强,工作往往推着干。这种状况,需要上下一起努力来解决。不能老是凑合着干哪算哪。"①这就指出了报纸策划是一项系统工程,是编辑部集体性的创造活动,而不是哪一个人的单独行动。

从事报纸策划这种创造活动的主要决策者一般为报社总编辑、编委会成员、新闻采编部门的负责人等,他们发挥统一规划、指挥报道的职能,是报纸策划的主体;他们在报纸的内容定位、读者定位和宗旨风格方面发挥着举足轻重的设计者的作用。随着媒介竞争的加剧,媒介的策划主体不断面对新的挑战,策划主体只有不断改进自己的人才结构,加强团结合作,才能真正实现科学决策,提高策划水平。因此,那些为报纸的发展出谋划策、不固定地参加策划活动的人员,包括报社采编人员和管理人员,从社会各界邀请参加献计献策的政府官员和专家学者以及报纸的热心读者等也应该是报纸策划力量中的一分子。

一般情况下,为报纸的定位、结构和形象作整体策划时,策划主体是组织严密、分工明确的人员集合体。如许多报纸在扩版改版时,专门组织改版领导小组,由总编辑挂帅、编辑部

---

① 范敬宜:《总编辑手记》,人民日报出版社 2010 年第 1 版,第 163 页。

成员和重要编辑部门负责人参与组成。领导小组人员分工协作,分担收集意见和建议、进行调研、起草报纸设计方案、组织讨论和论证、组织和监督试刊等繁杂的工作。

(三) 报纸策划的制约因素

首先,报纸作为新闻出版产品,其生产、制作以及售卖过程是一个复杂的过程。每一个环节都会对报纸策划起到一定的影响作用。这些相关的制约因素是报纸进行策划的主要考虑因素:

1. 报纸的控制者

报纸的控制者是对报纸有领导权或管理权的组织和个人。他们是报纸的决策层,它负责确定报纸的办报宗旨、编辑方针、读者定位、报纸发展目标,进行宏观控制。他们对于报纸的管理,会极大地影响报纸策划的广度和深度。

2. 发行传播渠道

报纸发行渠道,也称报纸分销渠道,是指在报纸发行过程中涉及的一系列相互联系、相互依存的组织和个人,形成系统性的网络化分销渠道,使报纸能够有效地从报社转移到读者手中。发行是报纸经营的核心业务之一,而发行渠道的建设则直接关系报纸经营的成败。报纸需要依靠邮局或其他报刊发行网络才能到达读者手中,报纸的广告经营也需要通过广告公司这一中介才能完成,所以,营销中介是报业生存发展的重要依托。

3. 读者

读者是报纸的服务对象,是新闻信息的接受者,是报纸这一文化产品的消费者,更是报纸二次售卖的前提和基础。读者群体的变化直接制约和影响报纸市场的变化。因此,读者应该是报纸策划必须关注的一个重要问题。

4. 广告客户

广告是现代报业的经济支点,报纸的生产循环要依靠广告提供资金保障,因此,对广告市场份额的争夺在报业竞争中不可避免,面对新媒体的不断增加、版面的不断扩张,广告份额的不断分切,报纸策划中需要对各个版广告的篇幅和类型作相关的定位。而广告的数量和类型,也在一定程度上影响和制约报纸的品牌形象和整体运作。这样从广告定位出发,有利于形成良性广告收益,更体现了广告对于报纸发展的重要作用。

5. 竞争者

新闻媒介相互之间的竞争是构成报纸生存环境的又一重要因素。这种竞争不仅存在于不同类型的媒介之间,如报纸与广播、报纸与电视间的竞争,还存在于同类媒介即报纸与报纸之间的竞争。因此,报纸应寻找市场空白点、市场的差异点来进行定位,通过对竞争者进行分析和了解,确定自身的优势、劣势、机会、威胁,探索一种独具特色的发展战略。

其次,报纸在整个生产传播流程是在一定的生存环境中进行的,这些生存环境因素也都会对报纸发展起到间接的影响作用。因此,我们在报纸策划的时候,也需要将这些因素考虑在内,这些因素主要有:

1. 政治因素

报纸作为党的新闻事业的重要组成部分,其出版活动在很大程度上受到国家政治制度、法律法规的影响,报纸报道需要体现党和人民喉舌的功能,需要本着对国家、对人民负责任的态度来进行报道。因此,实际上,报纸的政治性、导向性是报纸政治管理因素的延伸。如国家于2011年修订《出版管理条例》集中体现了我国政府对新闻出版的宏观控制思路与经营管理政策,也是我国报业组织经营管理中必须遵循的原则。

2. 人口因素

人口因素是对报纸营销的影响体现在人口各种要素变化会造成报纸读者结构的变化,如人口数量、人口的质量、区域分布、人口结构等对报纸的影响因素。人口因素,实际上是报纸确定读者对象、发行范围和发行目标以及有效销售的重要依据。

3. 经济因素

经济环境对报纸营销的影响是明显的,经济发展加快,居民购买力提高,对报纸精神文化产品的需求就越多,报业市场也就繁荣;同时,随着国民经济发展水平的提高,各个产业的广告投放也会增加,从而促进广告市场的发展,有利于报纸获得更多的广告收入。

经济因素是指影响企业营销活动的一个国家或地区的宏观经济状况,主要包括经济发展状况、经济结构、居民收入、消费者结构等方面的情况。经济发展水平直接影响着报业的发展水平,在一定程度上也会对报纸的定位、读者的阅读水平、报纸的需求量、报纸传播内容的容量、报纸广告商数量与类型等方面都会产生一定的影响。

4. 环境因素

环境因素即媒介所在区域的自然环境对报纸的影响,这种媒介环境既可以是本地环境、本国环境,更可以是全球环境。

5. 文化因素

文化因素即社会的价值观念、风俗习惯、宗教信仰、社会思潮、道德观念、行为方式等,报纸既反映文化现实也影响人们现有的思想观念,因此,在营销过程中与社会文化的交互性是非常大的。

6. 技术因素

技术因素即支撑媒介产品生产的科学技术对报纸的影响因素。新的科学技术的发明对于报业的促进是多方面的,通过高科技手段在编辑、印刷、发行、供销各个环节的采用,不仅能够进一步加快报业的信息化步伐,也为报业组织实现规模化效益创造了条件。目前,各种新兴技术的兴起,传统的报纸行业受到了剧烈的冲击,报纸电子化、数字化的发展态势呈现一定的明朗趋势。报纸策划的范畴和广度应该进一步扩展到电子报纸领域。

时至今日,国内绝大多数报纸已经起步,在印刷发行纸质版的同时也在进行数字化传播,在网站提供电子版。开通微博,推出视频新闻、多媒体互动一体机、二维码读报等,已经走向纸媒与网络媒体的融合,整合传播,优势互补,共同成长之路。这也是报纸策划的重要课题。

三、新闻报道策划

凡事预则立,不预则废。办报同样是这个道理。著名新闻学家范敬宜就指出:"对于新闻单位的部门领导来说,筹划报道是一项最主要的业务,所谓筹划,即是将中央的精神、编委会的意图化成一个个具体的实际步骤,并在版面上得以充分的体现。这是一门大学问。"① 要使一张报纸得到读者的欢迎,要使新闻报道取得良好的传播效果,没有精心的规划设计都是难以实现的。

(一)新闻报道策划的内涵以及策划主体

1. 新闻报道策划的内涵

新闻报道策划是指新闻编辑选择某些报道选题,并为使这些报道获得预期的传播效果而对新闻传播活动所进行的规划和设计。与报纸笠划一样,新闻报道策划也是一个需要在方案实施过程中持续进行的过程。狭义的新闻策划是指新闻采访策划,即新闻业务中的"战役"策划,指新闻传播工作者在一定时期内,为了达到某种传播效果,对具体的新闻事实的报道所作的设计与规划。也就是指记者对将要采访的题材或重大的新闻事实所作的事先谋划或筹划。对已经发生或将要发生的新闻事件如何进行报道,进行分析、构思,经过反复酝酿、调整,从多个报道方案中优选出最佳报道方案来加以实施,以达到一定的报道目标、实现预期的传播效果的过程。

2. 新闻报道策划的主体

新闻报道策划的主体是新闻编辑人员。具体承担策划的编辑是谁,通常根据报道任务的重要程度而定。重大报道活动报道策划及组织实施一般由总编辑直接负责,指挥专门的策划队伍负责;而对于一般性的、内容单一的报道,一般由部门负责人或者版面主编来承担策划任务。

报纸的日常报道策划比报纸的整体策划运行得更为频繁,每一次报道策划组织的持续时间和展开规模也各有不同,对重大报道选题往往由总编辑牵头组织策划小组进行设计和组织。② 如一年一度的两会,是最重要的时政新闻主题报道,各大新闻媒介都是由总编辑亲自挂帅组成策划指挥中心或报道领导小组,对整个报道战役作出设计并监控实施。这样的策划通常是比较复杂,报道的组织也非常严密。与此不同的是,大量一般性的报道选题则可能由某些编辑部门的负责人或者某些版面主编、负责策划指挥。

(二)新闻报道策划的内容

新闻报道策划是新闻编辑日常工作中大量地、频繁地运行的一项系统工程,而且这类新闻报道是以发布成组的稿件,甚至以持续较长时间的报道战役来实施的。对这些内容的商

---

① 范敬宜:《总编辑手记》,人民日报出版社 2010 年第 1 版,第 149 页。
② 蔡雯:《媒介背后的"智多星"与"智囊团"——策划主题研究之一》,《当代传播》2000 年第 1 期。

议,是组织新闻报道中最核心的内容。主要包括:

1. 报道范围与重点

报道范围是全部报道客体的组合,规定了报道对象是哪些人和事,报道面有多大。报道重点是报道客体中最重要的部分,规定了报道的核心人物或核心事件、核心问题,需要报道者投入最多的力量,在媒体上也要予以突出表现。①

如 2010 年 6 月 21 日起,《人民日报》总编室和政文部教育组联合策划推出幼儿园"入托难"这一社会问题的报道,该策划以曾在"读者来信"版面连续刊登的三期"入托难"的报道为基础,通过记者在北京、上海、广东、江西等地的幼儿园的采访,对各地幼儿园办园现状进行调查,收集了更为详尽的材料并且在报纸上刊出五期系列报道:从 6 月 21 日《幼儿园怎么成了稀缺资源》、6 月 22 日《学前教育,算基础教育吗》、6 月 23 日《民办幼儿园,能否顶起半边天》、6 月 25 日《农村娃城里娃,入托怎样均等化》到 6 月 28 日的《幼儿园为什么缺老师》这一系列报道,深刻剖析了"入托难"的原因。系列文章刊发后,在社会各界引起了强烈反响,并引起了中央领导的高度重视。

2. 报道规模与进程

报道规模是新闻媒体在报道的时间、空间与人力等方面所形成的报道的格局、形式、范围。它主要通过报道时长、报道时段、文体选择、版面处置、报道力度等方式来体现。即报道在报纸上持续进行多少时间、占据多大版面空间、报道的长短和多少栏目配置、运用多少人力物力、报纸所采用的方式等。通过对报道规模的策划,读者就能感受到读者对象的重要程度和价值意义。

报道进程是指报道全过程中时段的分割和安排,规定报道分多少阶段进行、何时开头、何时推进与扩展、何时结束以及各阶段之间如何转接。对报道进程的策划,不仅可以使策划与事件发展进程同步跟进,将策划思维渗透到报道的整个过程,并通过对事件发展的动态追踪,适时调整、完善策划方案,实现对新闻事件的精细呈现、对重要信息的有效传播、对报道进程的实时调控以及对社会舆论的正确引导。这种策划模式在各类不可预知的突发性事件报道中较为适用,如自然灾害、安全事故等。

《合川日报》对突发事件的跟进策划②

2011 年 9 月 19 日,重庆合川发生百年一遇的特大洪水,嘉陵江、涪江、渠江相继告急,超过警戒水位,对于三江汇流的江城合川而言,防洪抗洪形势异常严峻,紧急投入抢险救灾、保

---

① 蔡雯:《新闻编辑学》(第二版),中国人民大学出版社 2010 年版,第 121 页。
② 张宏荣、吴显峰:《从全程策划中提升党报新闻报道影响力——兼析〈合川日报〉做精做强重大主题报道的三种策划模式》,《新闻研究导刊》2013 年第 1 期。

障人民生命财产安全成为一时间压倒一切的头等大事。《合川日报》通过有计划、依规律、合时宜的策划,不仅提升新闻的质量和传播的效果,而且增强媒体的竞争力和影响力。

(一)策划跟进,提升报道质量

2011年18日晚10时许,《合川日报》了解到涨水信息,当即便启动了"重大突发事件报道策划应急预案",并第一时间安排人手投入采访报道,联系到长江上游水文预报中心,从"第一信源"获得权威、准确的一手资料。这时,第二天报纸的大样已经签订,报社果断决定:紧急调版,撤下当日头条(该地举行的全国性节会活动——钓鱼城旅游文化艺术节报道),换成最新汛情、雨情和防汛备战准备情况等。第二天,《合川日报》头条醒目的汛情报道,为群众安全转移、全力投入抗洪提供了重要的信息条件;与此同时,报社对未来几天里抗洪抢险报道进行了全面策划部署,从抗洪抢险的三个步骤——转移群众、抗击洪峰、清淤及防疫入手,将报道分为三个阶段——备战、迎战、鏖战,作为横向主线;具体到每一天,又以"四情"作为纵向主线,即汛情·牵动合川、灾情·震动合川、温情·感动合川(抗洪中的感动人物)、激情·振奋合川(抗洪中的动人场面),并以此来划分版面、展开报道。这样,就构建起一个纵横交错、层次清晰的报道体系,所有的报道内容均可在这个体系中得到准确、明晰的归位,从而将事件核心从纷繁的表象中清晰地剥离并精细地呈现出来,并让记者采访有章可循、编辑编版有的放矢,让整个报道呈现出来的脉络明了易读,实现报道质量的整体优化。

(二)动态追踪,调控报道进程

突发事件的不可控性和事态发展的瞬息万变,使得既定策划方案的价值可能随着外部条件和时间推移而改变,媒体需要对事件进程进行动态追踪,并实时修正策划方案,调控报道进程。在"9·20"抗洪抢险重大主题报道中,根据洪水的涨退和抗洪工作内容的转变,报纸及时调整报道的重点和角度,实现报道阶段的过渡和报道重点的转换。比如,在洪峰来临前,重点报道实时汛情、群众转移及转移时的注意事项等内容;洪峰到来时,则将报道视角更加侧重于各级各界的具体抢险措施、体现英勇抗洪精神,虽然这些事情在抗洪期间均在持续、交替发生,但反映在每天版面上的内容却各有侧重,这即是同步策划所起到的功效。同时,为保证及时、准确地把握事态进展、调控报道进程,在采编流程上采取了一系列灵活措施:该报总编辑亲自带队巡守在抗洪一线,根据现场观察情况实时指挥报道行动的调整和深化;抗洪期间,每晚11点召开编委策划会,据实确定第二天报道重点;如遇突发状况,随时召开紧急策划会,确保整体报道逻辑清晰、亮点凸显。此外,还根据实时采访情况,临时性策划推出了"抗洪中闪现的三个温暖故事"、"党旗飘扬在抗洪一线"、"图说抗洪"等相对独立但内部逻辑联系紧密的新闻板块,让报道在"有速度"的同时"显深度"、"出亮点"。

3. 发稿计划

发稿计划是指在一次完整的新闻报道活动中,针对报道的各个阶段刊出新闻稿件的统筹规划,包括确定每条稿件的题目、内容、体裁和篇幅,确定稿件刊出的先后次序与具体时间,稿件在版面上的位置。① 发稿计划是对报道规模与报道进程的具体落实。

> **案 例**

2013年某报两会特刊(七版)报道策划发稿安排

版面定位:

人物新闻版。重点刊发代表委员履职情况、参会感受,以议案提案的提出为线索,展现代表委员基层调研的过程,反映符合中央精神、针对实际问题、有见地、有价值、有新意的意见建议,深入呈现代表委员对中国经济社会发展的思考与担当。版面的主体为代表委员,力求内容扎实、文风平实。

栏目设置:

【履职报告】

内容:报道代表委员的履职情况,体现他们在一线实践或基层调研中的所思所感,对现实的观察评价和政策建议,突显履职尽责的角色定位。

要求:通讯。重点关注代表委员针对某一问题的调研及思考,注重用生动的细节和鲜明的观点说话;注重新闻性,突出今年的议案提案;注重基层性,以基层代表委员或代表委员来自基层的思考为主。

形式:报告人档案(今年的议案提案等)+与调研内容相关照片+正文+手记

篇幅:2000字。

【我从一线来】

内容:通过一线代表委员讲述自身履职经历,反映周围群众对于代表委员的嘱托和对两会的期望、建议,也可结合自己的调研实践说发展、说预期、作评议。尽量让代表委员能把基层情况和两会内容有呼应,可对接。

要求:重点关注一线工人、农民、知识分子、典型人物,读者关注的代表委员。

篇幅:700字。两篇。

【两会日记】

内容:以日记体形式,记录代表委员每天关心的话题,当天的思考和感受,要求跟踪两会进程,重在体现他们认真履职、参政议政的过程。第一人称。

要求:注重结合两会议程,体现生活性、思考性,个性化表达。

篇幅:600字。两篇。

【落地有声】

内容:去年政府工作报告中引起反响的"热词"、人大、政协督办的议案提案,如今落实得怎样?进展、效果如何?要求代表委员与此政策或热点有相关性,或曾做过相关调研。

---

① 蔡雯:《新闻编辑学》(第二版),中国人民大学出版社2010年版,第123页。

形式：1. 具体的议案提案等；2. 背景资料（图片 + 数据）；3. 评说。代表委员调查中的感受、建议，或进行点评。

篇幅：1000 字。

【会眼】

图片栏目，力求新视角。捕捉代表委员发言或审议报告过程中的精彩镜头，要求现场感强。图片说明要精彩，能体现照片背后的思考。

4. 报道方式

报道方式是将若干个零散的新闻报道视作同一主题下的有机整体，从局部到整体、从个体到全部、从现象到本质的相互联系与作用诸方面加以辨析，从而运用各种手段统筹考虑、统一安排，使之形成具有一定报道规模或持续一定时间的报道整体。

常用的报道方式主要有：

（1）集中式，是采用缩短报道刊期、扩大稿件篇幅、增加稿件数量等方式来安排报道方式，以达到在一个较短时期内造成强大声势，充分引起人们重视，便于读者思考的目的。集中式报道多用于一些重大活动、重要事件、重大问题的报道。

如 2008 年北京举办第 29 届奥运会，几乎所有报纸都拿出了大块版面组织报道，将多种文体的稿件、大幅新闻照片集中在一起，蔚为壮观。集中式的主要特点在于版面的安排和利用，因此它往往不是一种单独采用的组织方式，需要和其他方式一同运用。也就是说，在版面编排确定了集中式以后，稿件以怎样的组合和顺序出现，还要参照其他报道组织方式。

（2）系列式，指针对某一特定的报道主题，从不同的侧面、不同的角度组织稿件以进行系统全方位地报道，以形成报道的深度和广度。系列式报道多用于一些较复杂的事件或问题的报道。

《人民日报》在 2013 年 1 月 10 日至 2 月 7 日春节前后，政文部在读者来信版连续四期集中版面聚焦"公款吃喝"问题，专门开辟读者聚焦、公民论坛、记者观察、编辑视线、问诊专家等，通过个案描述、解说现象、谈问题，从读者、记者、编辑、专家等不同的视角来讨论"公款吃喝"问题、寻找解决"公款吃喝风"的对策，最终形成了关注公款吃喝系列报道，得到很好的社会反响。

（3）连续式，指编辑人员根据事件或问题的发展变化情况予以及时的追踪报道，最终完成对整个事件或问题的全过程的报道，以达到强化报道效果，加深读者印象的目的。连续式报道法多用于突发性事件的报道。如 2013 年 6 月 7 日发生的厦门纵火案件，媒体不仅第一时间报道了案件的伤亡情况，并及时进行追踪采访，及时报道案件发生的时间、地点、伤亡情况，事故的原因，案件的告破，纵火嫌疑犯的情况，伤员的善后处理等等，一个完整的报道跃然纸上，满足了读者的信息需求。

（4）组合式，指集中一组不同题材的新闻作品，全方位、多角度地反映同一时间、不同地点的同类情况，或同一主题、不同门类的情况，形成较大的报道规模，从而达到全面深刻揭露问题的目的。组合报道是一种编辑手段,其报道的力度及广度有利于立体地呈现新闻事实。

对于那些报道面较宽、报道对象较多的时候,仅仅通过一篇或者少数几篇的报道无法深刻、全面地揭示事物的真相,此时,利用组合式报道就可以通过对多个报道对象的相互比较,说明问题和道理。如2011年4月17日至4月19日期间,索尼公司PSN游戏网络遭到非法入侵,大量客户的私密信息被盗,4月21日,索尼被迫关闭了PSN网络,并聘请了第三方的安全组织来调查这一事件。针对这一事件,《人民日报》在2011年5月5日第9版在组织索尼黑客门事件的报道时,就采用了组合式报道的手法,头条刊发《用户信息泄露,只是黑客的错?》一文,除了提炼核心提示、配发照片外,还组织了专家视点——《公司掌握大量个人信息应当强化监管》,链接了新闻背景——《索尼数据被窃影响用户可能过亿》,关于黑客门事件的各个侧面,相互补充和印证,使事件内容更加全面、丰富、深入。

(5)读者参与式,指报纸在在组织新闻报道时,从读者的角度出发,通过策划一定的选题吸引读者参与报道活动,以激发读者的积极性和参与性,达到报纸读者互动的目的。如邀请读者参与新闻采访写作活动,发动读者对报道内容展开讨论等,读者的活动与意见构成报道的主要客体。

以陕西的《华商报》为例,该报在2010年8月策划推出了"第二届读者节"活动,该活动从8月4日正式展开,通过收集读者建议、遴选读者、读者办报等活动的陆续展开,读者在该报记者、编辑的协助下,完成新闻采访、编辑任务,并完成了一份由社会、时政、民生、社区、文化、娱乐、体育、证券、YOU新闻、视觉、健康等16个版面组成的"读者特刊"。此活动不仅让读者了体验办报的过程,报纸也凭借这个专栏了解了读者对于报纸的意见和建议,加强了对记者、编辑们与读者的沟通,是一次成功的读者参与式报道。

(6)报纸介入式,指报纸直接参与到新闻事件中,通过部分参与新闻报道的发展,获取报道的素材,并根据事件的不同发展及时作为报道,全面翔实地报道整个事件的全过程。这样的报道方式是媒体公关活动与新闻报道活动相融合的产物,如报纸策划的社会公益活动等。

2010年2月6日,正值春运时期,郑西高铁的开通无疑为广大的百姓提供了新的过年通路,方便了百姓的出行,如何宣传高铁的运载优势,诸多媒体各出奇招。《洛阳日报》抓住这一新闻事件,经过精心策划和组织,推出"三城联动话高铁"专版,除了邀请专家对高铁的运行、服务、安全、购票等进行权威解读外,还在报道过程中组织策划了"武皇坐高铁梦回大唐"活动,洛阳"大唐武皇十万宫廷乐舞团"专业演员扮演的"武则天"被选任领队,热心市民和网友自愿担当"文臣"、"宫女"为之助阵,80名体验团成员用了一个多小时就实现了洛阳到西安的极速之旅。透社专门派记者做现场报道,盛赞"这是中国速度与浓浓的中国元素的结合"①。

5. 报道力量配置与报道运行机制

报道力量配置是指根据报道的主题、报道的规模、报道的方式、报道持续的时间等来配置参与报道的人力、物力和财力。在实施报道的过程中,为了完成报道任务,临时组建的组

---

① 许向东、文早:《新媒体环境下报纸新闻传播的变化与走势》,《新闻传播》2010年第5期。

织机构、工作流程及其管理制度称之为报道运行机制。一般来说,报道越重要,报道规模越大,报道方式越多样化,报道需要投入的力量也就越大,运行机制也就越复杂。

(三)新闻报道策划的依据

新闻报道作为编辑策划中的微观策划部分,同样需要策划人员收集信息、选择信息、分析信息、信息决策这样几个方面,因此,新闻报道策划是一项复杂的思维运作过程,是编辑对未来新闻报道活动的理性规划和决策。新闻报道策划时主要依据三方面因素:

1. 可供传播的客体

"可供传播的客体"就是指被报道策划者所意识到的客观变动的事实。它有两个特点,一是"客观存在",二是被策划者所觉察。新闻报道的选题总是在"可供传播的客体"范围之内的,客体不存在,对于客体的报道就不存在,新闻报道策划也就不存在。

2. 读者的获知需求

新闻传播活动是以传播者与受传者之间的信息传递为基础的,没有读者的新闻传播不可能存在,不合乎读者获知需求的新闻报道是无效的报道。因此,新闻报道策划要以报纸读者的获知需求为依据,要根据读者的要求进行选择和设计。

3. 实现传播的条件

新闻传播活动是依赖于客观条件而存在的。至于要完成每次新闻报道,除了要满足读者对这一客体的求知需求外,还要具备其他外部与内部条件。外部条件如政策、法律等;内部条件如报社的技术设备和人力资源。

(四)新闻报道策划的主要类型

新闻报道策划,根据不同的标准,可分为不同的类型:

1. 以报道客体发生状态划分,新闻报道策划分为可预见性报道策划和突发性报道策划两类

可预见性新闻报道策划,是指对能够提前获知的事件性新闻和非事件性新闻的报道策划。如重要的节日、纪念日、重要的会议、比赛等非事件性新闻的报道。对这类新闻的报道策划,有可预见性,可以提前进行,因此,在经过精心的组织和安排之后,报道策划往往能够成功。

虽然可预见性报道的策划在时间上具有先天的优势,但在报道上需要突破和创新,做出有特色的报道,如每年的两会报道,一向是媒体报道的重中之重,如何别出心裁,则需要媒体的精心策划。在2013年两会的报道中,《新京报》紧紧围绕"中国梦"的实现来策划组织报道,循着"中国梦是什么——如何实现中国梦——中国梦实现的路径是什么"这样的思路,《新京报》将2013年两会报道的主题确定为"国策论",以"国策八问"这八个主题回应民众关心的"房价"、"养老金"、"教育"、"环境"等问题,与读者共同探讨如何实现中国梦,如图1-1。在策划通过代表委员的权威访谈寻求解决路径时,《新京报》还设置了一个叫作"写给2020"的板块,让代表委员以书信体的方式讲述自己的梦想,这里有环保人士马军对环境问

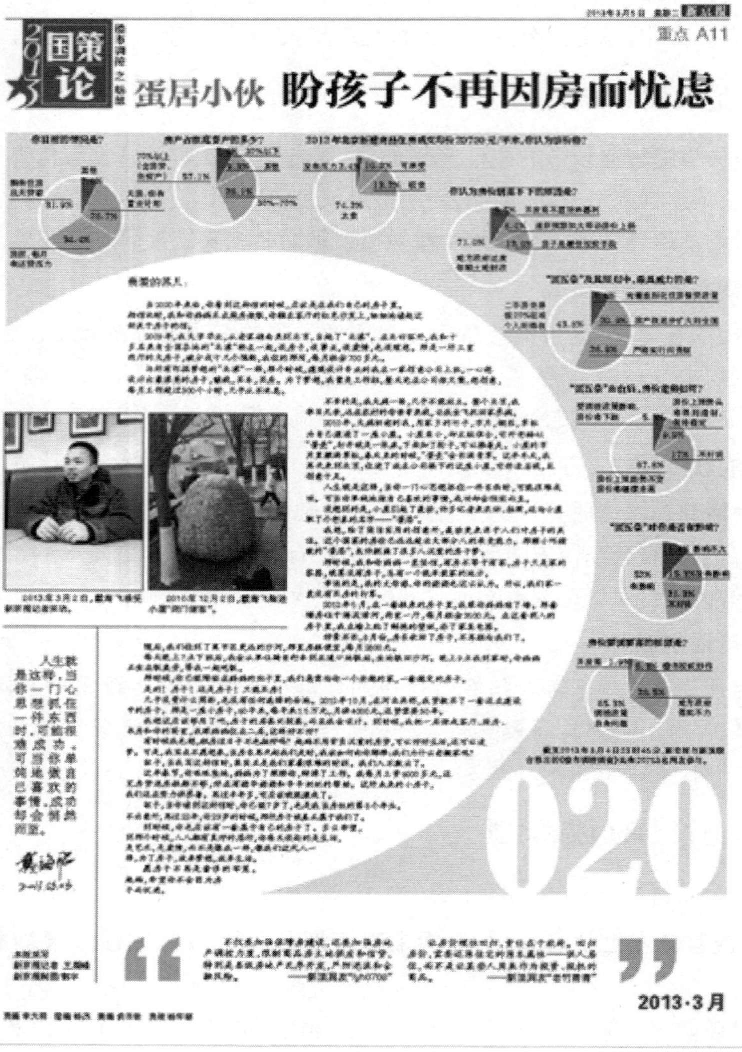

图 1-1 《新京报》在两会期间策划的"国策论"栏目

题的期待;有教育改革派罗崇敏的对教育改革的期待,有"蛋居小伙"盼孩子不要再有买房的忧愁……《新京报》选择用杂志化的手段创新两会专题,同时在版面形式上运用更彻底的图表化、视觉化方式,让读者更能从视觉上体会到自己的梦和中国梦,如图 1-2。

突发性新闻报道策划主要是对无法预见的突发性事件的报道策划,如突发性的自然灾害、事故灾难、公共卫生事件、社会安全事件等。因事件发生的不可预测性导致了新闻报道只能在事后进行策划,对这类事件进行报道策划时,读者的关注度往往较高,需要在揭示新闻事实的前提下满足读者的阅读需求。对于突发性事件的策划,因其时效性强、变动性大、不确定性大、影响面广的特点,在策划时尤其要注意既要把握报道时机,又要引导正确的舆论。

图1-2 《新京报》在两会期间视觉化版面设计

如2010年9月7日发生的"钓鱼岛事件"事件,9月8日早晨《京华时报》的头版就立即刊登了相关《日巡逻船钓鱼岛冲撞我渔船》的报道,及时而详细地报道了"钓鱼岛事件"。由于此事件关系到我国的领土主权问题,从而引起了社会的广泛关注,是重大的突发性事件。为了更加深入地了解事件并解读,从9月8日开始,《京华时报》持续给读者提供真实准确的信息,其中有表明我国反对日方非法扣人的坚决态度,坚定了中国立场,维护了国家利益,满足了人们的需要。《京华时报》对"钓鱼岛事件"报道的反应快速,及时报道,体现了一个负责任媒体所应该具有的公信力和权威性。

2. 以报道策划的运行时态划分,新闻报道策划分为周期性报道策划和非周期性报道策划

周期性报道策划,是指报社新闻采编部门对日常新闻报道的一种常规性策划,策划的时间具有周期性特点,如按季度、月等进行报道策划。周期性报道策划具有常态性和稳定性,能够较好地保证新闻传播的质量和效果。

一般来说,报纸编辑部都会召开编前会,编前会中最重要的议程就是报纸编辑部对将要出版的报纸的基本内容进行策划,这种策划就属于周期性报道策划。

非周期性报道策划,是指对于那些突发性的事件,需要在事件发生之后依据报道需要临时开展的策划报道,一般不可能提前纳入常规性的报道策划中。

3. 以报道策划的运行方式划分,新闻报道策划可分为独立型报道策划和联动型报道策划

独立型报道策划,是指报道策划独立存在,与其他策划活动无关。报道策划者单纯策划对新闻事件的报道活动,报道者并不介入报道客体中。在一般情况下,大多数新闻报道策划都是独立型新闻报道策划。

联动型报道策划,是指报道策划与其他策划有关联,并相互发生作用。联动型报道策划是一种非独立存在的报道策划,由于报道客体是公关新闻策划的产物,新闻报道策划与公关新闻策划有紧密联系。

以《新华日报》为例,2012年7月,《新华日报》策划并牵头,联合《南京日报》、《泰州日报》、《苏州日报》、《无锡日报》、《镇江日报》等13家省辖市党报,共同组织了"科学发展在江苏 成就辉煌看十年1+13省市党报环省行"大型新闻行动。其间,《新华日报》总共刊发28篇头版消息,推出66个整版的特刊报道,集中展示了江苏十年来科学发展的新成就,容量之大,创下重大主题报道新纪录。在这次联动被学界评价为一场党报关切民生的"新闻盛事"①。

如今,媒体间的竞争越来越激烈,在大众传播发展的今日,当越来越多的媒体向多样化、分散化的方向发展的同时,也有媒体之间正走向相互融合、合作,媒体联动报道应运而生。但是,在新闻传播领域,任何一种传播方式都不是十全十美的,所以媒体联动报道优势与不足并存。目前,很多媒体相互联动,组建平台,资源共享,在人力物力资源有限的情况下,这种媒体间的合作在传播实践中已被广泛应用,受到各类媒体的青睐。

如在2013年的两会报道中,《人民日报》首次尝试用文字、图片、微博、音频、视频全媒体手段报道两会,在传播渠道和传播手段上进行新的尝试。不仅如此,《人民日报》和人民日报微博还建立了四个微信组,在记者与记者之间、媒体与媒体之间实行24小时互动,前方记者既是爆料人、策划人,也是牵头人,构建了纸媒、微博、音频、视频的立体多维报道空间。② 人民网更是通过深化报道互动、强力打造视频内容、拓展合作平台,形成了全媒体传播和舆论引导的态势。

(五)新闻报道策划的注意事项

对于新闻传播来说,内容永远是根本。目前形势下,报纸的内容竞争已从单纯地追求独家新闻进入比拼策划能力的阶段。因为,在消息来源相当、信息内容雷同的情况下,能否抓住有社会影响力的重大新闻线索,及时策划、组织、指挥采访,并写出有质量的新闻作品,是一张报纸能否牢牢吸引读者的关键。然而,在新闻报道中,某些媒体为了制造轰动效应,脱离新闻事实,将新闻策划异化成了"小题大做"、哗众取宠的"新闻炒作",既违背了新闻规律,也违背了新闻职业道德准则,实不可取。因此,在新闻报道策划中,我们必须注意以下几点:

1. 新闻报道策划要坚持正确的导向

毛泽东同志在《对〈晋绥日报〉编辑人员的谈话》中,提出了新闻的倾向性问题:"我们必须坚持真理,而真理必须旗帜鲜明。我们共产党人从来认为隐瞒自己的观点是可耻的。我们党所办的报纸,我们党所进行的一切宣传工作,都应该是生动的,鲜明的,尖锐的,毫不吞吞吐吐。这是我们无产阶级革命应有的战斗风格。"③

---

① 周跃敏:《以"真、新、实"塑造党报新文风——新华日报创新文风的实践与思考》,《新闻与写作》2013年第3期。
② 赵新乐,晋雅芬:《2013年全国两会新闻报道研讨会综述:大倡"短新实"共话中国梦》,《中国新闻出版报》2013年3月22日。
③ 方汉奇:《中国新闻事业简史》(第二版),中国人民大学出版社1995年版,第371页。

在策划过程中要有鲜明的倾向性，这是我们策划的根本目的。作为策划者，在做策划时必须心怀高度的责任感和新闻敏感，与党的路线、方针、政策保持一致，围绕社会生活的焦点、难点和热点，站在百姓的角度进行策划，突出选题。如果连自己都搞不清楚赞成什么、反对什么，歌颂什么、批评什么，那更不可能引导受众的思想倾向，更起不到正面宣传的效果。所以一定要做到心中有数。只有观点突出，才能深化主题，达到宣传效果。

2. 新闻报道策划以事实为依据

新闻报道策划，是主观能动性的表现手段；而新闻事实则是客观存在，这就决定了新闻报道策划必须以新闻事实为基础，所有的策划必须围绕新闻事实来实施。超越这一界限，就成了假新闻。新闻报道策划中一旦出现与报道内容不相称的形式夸大事物的某些细节，比如报道策划中所选择的报道角度、报道规模、报道结构、报道手法等与报道客体本身所具有的新闻价值属性不相称，夸大事实的某些因素，掩盖事实的另一些因素，企图获得轰动的社会效果，应该坚决予以制止。

3. 新闻报道策划以社会效益为首要原则

新闻传播虽然以客观存在的事实为传播内容，但这种传播活动本身却无可避免地具有目的性、功利性，策划与组织传播是所有媒介都始终存在的一种行为。独家报道意识占上风的情况下，采编者为追求轰动效果和经济效益，往往忽视被报道者的利益，造成对被报道者人身和人格的伤害。好的新闻策划应当有忧患意识和人文情怀在里面。新闻策划的人文情怀，更多的是关注当下社会普通人的生存境遇和发展要求，这符合新闻采访学上有一个公式：平常人＋不平常事＝新闻。将新闻策划的视点下移到普遍民众身上，挖掘平凡人不平凡的经历，反映普通人的声音。

4. 新闻报道策划要遵循新闻规律

策划性独家报道作为新闻中的"精品"，它的特殊价值是一般性的新闻无法取代的，值得记者为之一搏。作为记者，新闻的操作者，更应该专业、专注做好新闻报道。一是宏观把握，微观着手。对客观事实的整体把握和具有高屋建瓴的认识，以开阔的思维去观察和思考，并从实际做起。二是挖掘新闻背后的新闻。新闻策划若只满足于表面的现象，即使范围很广，仍难以给人留下深刻印象，既满足不了读者了解事情真相的需要，更不用说针砭时弊、倡导新风了。因此新闻策划要善于用联系和发展的观点看问题，不让表面后的重要信息漏掉，只有指导思想明确，有计划、有目的地深入挖掘，将百姓关心的报道层层做深，才能给读者留下一个全面、深刻的印象。

5. 新闻报道策划要及时调整更新

新闻策划是一个集体行为，往往是由几个或者更多的编辑记者参与。它既是一个静态的过程，又是一个动态的过程。前者是指最初展开的出点子、搞谋划、作部署的过程。在最初策划时，对被策划对象的因果关系、背景情况、地域环境等还不完全清楚，往往只能凭已知的不完全情况和以往的经验，对报道方案作出初始的谋划，这就难免有一定的局限性。因而，新闻策划并不是一成不变的、无任何弹性的，而是一个动态过程，具有灵活性。当客观情况发生变化时,新闻策划就要不断进行修正,切忌"硬做文章"。大至主题结构,小至一篇稿件,最终还是应以发生的新闻事实为依据。当采访结果与预见的策划不一致时,就应毫不犹豫地修改初衷,切忌把手段当目的。

第二节 编辑与记者的关系

编辑策划,解决的是准备阶段的定位和具体工作安排的主要问题。除此之外,在编辑前环节的微观层面上,还要处理好编辑与记者之间的关系。这也是我们编辑学中要研究的重要问题。因为,编辑与记者都是具体新闻传播活动的实施者。他们都立足于新闻产品的生产和加工,虽然都是为了给读者提供好的新闻产品,但二者的工作却存在着很大不同,他们之间的关系也呈现出一定的矛盾性。

艾丰在其《新闻写作方法论》中就引用过一句话:"没有好的编辑,不会有好的记者,虽然有了好的编辑并不等于有了好记者。"这说明编辑和记者之间的关系,并不是一个简单的工艺流程关系。他将编辑和记者的关系概括为九个方面:一、稿件和版面关系的人格化;二、编辑部指导和记者的被指导的人格化;三、新闻作品供求关系的人格化;四、个体创造和整体完成、个体和整体关系的人格化;五、个别事实和普遍事实关系(这是新闻工作的内在的主要矛盾)的人格化;六、客观实施和宣传方针的关系的人格化;七、采访对象和读者关系的人格化;八、实际工作和宣传工作的人格化;九、记者发展和编辑发展之间的对立统一关系,等等。[①]

虽然,编辑和记者之间存在着一定的矛盾性,但是编辑的目的是更好地为记者服务、为读者服务。

被称为"天才的编辑"的美国编辑巨匠珀金斯曾经告诫编辑:"就如一个女仆那样为作者服务。千万不要觉得自己了不起,因为编辑至多是出点力气,而不是创作。"人们常说的编辑是为人做嫁衣的,这里为人做嫁衣,其实就是为人服务。编辑为作者服务的内容是多方面的,如为作者出点子、替作者找资料、给作者加工整理作品等都有"服务"成分。不过这种服务的目的是"发掘和发扬完全出自作者本身固有的经验、知识、能力及特色,使其作品尽可能地完美"[②]。编辑如果服务工作做得周到,就容易同作者建立深厚的感情,就会对自己的编辑工作有很大的帮助。

可见,编辑和记者之间的关系,具有对立统一性。我们必须从这两个方面,来综合把握二者关系。

一、认识起点的不同

编辑和记者的关系,存在一定的矛盾性,而这很大程度上是由工作性质的差异造成的。

[①] 艾丰:《新闻写作方法论》,人民日报出版社1996年7月版,第154页。
[②] 张如法:《编辑社会学》,河南大学出版社1993年5月版,第68页。

记者的认识起点,是具体的新闻事件和报道对象,对于这些人和事有着更多直观的、具体的认识。基于这些认识,才能完成新闻采访、撰写新闻作品。而这些认识往往带有个体化、微观化的特点。而编辑的认识起点,往往是基于记者的采访和作品而形成的一种间接的、抽象的认识。由于编辑要掌握更多的宏观背景和政策依据,因此,他对于记者采访写作的稿件,更多是以一种宏观的、抽象的思维进行编辑和修改的。这就使得编辑的认识带有宏观化、抽象化的特点。正是由于存在这种认识起点和思考方式的差异,编辑和记者就存在一定的矛盾。当记者采访完成的新闻作品,不具备代表性和宏观特征时,也就不符编辑的要求,不能够被采用。

二、处理新闻角度的不同

实际上,认识起点的不同也就造成了另一个差异,即他们处理新闻角度的不同。所谓的处理新闻角度的不同,指的就是二者所站的立场和角度不同。相比较而言,记者更微观化,而编辑更宏观化,体现了局部意识和全局意识的矛盾。从记者的工作环境来说,从他采访的具体"点"来说,他是站在局部的;从编辑的工作环境来说,从他处理版面的着眼点来说,他是站在全局上的。

局部和全局的矛盾,也就体现了特殊性和普遍性的关系。我们知道,矛盾的普遍性寓于矛盾的特殊性之中,单独的矛盾普遍性是不存在的。但是,矛盾的特殊性也并不等于矛盾的普遍性,它有许多的特殊的因素。因此,从局部出发的报道中,往往含有"特殊"的和"特殊"需要的东西,而这样的东西却又并不含有"普遍"的和"普遍"需要的因素。局部和全局之间,有它们的统一的一面,又有它们的不统一的一面。①

记者和编辑的局部和全局的关系包含着极其丰富的内容,包含着:政策和实际的关系、理论和实践的关系、一般和个别的关系。具体说来,编辑更加了解国家的大政方针、相关政策,记者所了解到的情况多为具体的、实际的问题。实际问题也可以体现和检验政策施行情况。编辑需要拥有较高理论水平,而记者的工作往往是通过报道实践理论,并对理论进行一定的互动作用。编辑了解的是一般的、面的情况,而记者了解的是个别的点的情况。记者在采访工作中,有时可以了解到一些新形势、新情况、新问题,这些都带有先进的、前进的因素。编辑通过以往对于一般情况的了解,可以准确地把握住这种新动向,并将其宣传扩大。

编辑多向思维,指引记者发现新闻亮点

1996年5月,世行官员到镇安县考察项目,他们会说汉语,懂得镇安方言,不让记者、翻译跟随,不让县上领导陪同,吃自助餐,晚上加班研究工作。这样,指派的记者被"赶回"了报

---

① 艾丰:《新闻写作方法论》,人民日报出版社1996年7月版,第166页。

社。记者与编辑谈起被"赶回"的"苦恼",编辑认为,记者的"苦恼"正是新闻亮点所在,于是让记者写记者被"赶回"、翻译"失业"、世行官员吃自助餐不用陪同等侧面,通过这些侧面反映世行官员的工作作风。稿件见报后,给人们一个启示:我们不但要将外国的先进技术经验"拿来",还应把老外的工作作风"拿来"。由此不难看出,编辑要比记者的思维更广、更活跃。①

以上我们谈到的认识起点和处理新闻角度的差异,是由二者岗位性质决定的。虽然存在着一定的对应性,但是也有统一的一面。我们的编辑,如何从全局的角度,解决与记者的关系呢?

首先,应与记者多沟通交流。要了解记者的工作兴趣点、记者自身认定的有价值的新闻事件或现象,从而更加有效地和记者沟通。

其次,培养记者的全局意识,用全局意识影响记者。在记者采访前,将最新的环境背景等因素,与记者进行交流,促使记者发现新问题、新方法。

再次,编辑也应该尊重记者。注意从记者提供的新闻素材和作品中吸取新的信息,从而形成编辑和记者的良性互动,以有效解决这种认识和角度的差异。

三、整体意识和个体意识的不同

编辑和记者的关系,其实还体现为一种整体意识和个体意识的关系。编辑对于记者稿件的深加工,体现了一种整体意识。既考虑到大政方针、理论层面,又考虑到版面安排和其他稿件的特点。而记者对稿件的处理,往往是"就事论事",充满个体意识。稿件虽然是客观的,但往往带有记者个人化的色彩。由此,就可能造成编辑对记者稿件的深加工与记者本身的意图发生矛盾的情况。对于新闻素材的取舍、主题的提炼乃至稿件可否刊用,可能都会存在着一定的矛盾和对立。

如何权衡整体意识和个体意识,处理好编辑与记者的关系呢?

一方面编辑应该更加尊重记者的采访工作和新闻作品,了解记者的报道意图,从中汲取可取之处;另一方面,对于素材和稿件的处理,应该更加透明化,适时与记者进行沟通。既要注重培养记者的整体意识,又要提高自身对记者作品的认识和理解水平。培养记者的整体意识,主要体现为培养版面意识、全局意识和读者意识。只有这样,编辑和记者才能形成良性的互动关系。

四、工作手法不同

记者的工作手法,主要就是进行采访和新闻作品的写作。而编辑的工作手法既包含记者的一些工作手法即对稿件进行核实、修改和润色,又要使用其他的工作手法,如使用版面语言、宣传语言和理论语言。所以,编辑的工作手法更为复杂,记者的工作手法较为单一。

编辑和记者由于工作手法不同,也会存在一定的差异和矛盾。编辑对记者的稿件进行

---

① 张志宏:《浅谈编辑如何选择新闻角度》,《新闻知识》2005年第9期。

处理,必须要将宣传语言、理论语言和版面语言贯穿其中,对记者的稿件进行大量的深加工,而这种深加工本身是对记者工作的否定之否定。这种否定之否定会反映出一定的矛盾。比如,有时编辑对于记者稿件的修改,就相当于重写。但我们要认识到这种矛盾,并不是编辑和记者个人化的矛盾,而同样是由岗位性质的差异造成的。

编辑应该与记者多沟通,将自己的工作手法渗透给记者,将版面语言、宣传语言和理论语言的意识传达给记者。记者着力在这方面进行培养,提高稿件水平,在一定程度上减少由工作手法不同所造成的矛盾和对立。

五、工作对象和服务对象的不同

编辑和记者的关系,还体现在工作对象和服务对象的矛盾上。记者工作的一个重要特点是服务对象和工作对象的分离,即服务对象和工作对象并不是同一的。在工作过程中,他更多接触的是工作对象,而同自己的服务对象并不见面。记者更靠近采访对象,编辑更靠近受众。采访对象和受众之间的矛盾关系,在新闻单位内部,往往是记者站在采访对象一边,编辑站在受众一边。编辑和记者的关系往往是采访对象和读者关系的内化。[①]

报纸新闻的生产制作流程是经过了采访对象——记者——编辑——读者的一个过程。记者和采访对象联系更为密切,通过新闻采访活动记者与采访对象建立直接的沟通关系。记者采写的稿件也一定程度反映采访对象的信息和意图。与记者相比,编辑更容易成为读者的代表。因为编辑,特别是版面编辑,会更加考虑读者的需求来安排版面,将读者的需要、兴趣、意见和反应纳入版面处理和稿件修改之中。因此,我们会发现这种天然的联系,即记者与采访对象的亲近性和编辑与读者的亲近性。由此,就会产生一定的矛盾,即记者表达和反映采访对象的要求与编辑考虑满足读者需要的矛盾。二者有时是不统一的,甚至是对立的,其实这也体现了传播者和传播对象要求的矛盾。在这个矛盾环节中关键的问题,就是传播的内容和传播效果的联系。只有当传播内容适合或满足传播对象要求时,才会产生积极的传播效果。反之,则会产生消极的传播效果。那么,我们如何解决由工作对象和服务对象不同,引起的编辑和记者的矛盾关系呢?

我们需要统一编辑和记者的观念。将采访对象、读者,新闻价值和宣传价值以及社会价值相结合,作为编辑和记者的一种共识观念。这种共识观念,一方面,有助于编辑了解记者的报道意图;另一方面,促进记者将新闻价值、宣传价值和社会价值纳入采写的环节之中,从制作环节中创造出符合编辑和记者共同要求的稿件,从而更好地为读者服务。而做到这种观念性的统一,就可以有效地消除或减少这种矛盾对立关系,使二者的关系趋向互动统一。

六、供需关系的不同

编辑和记者的关系还体现为供需之间的关系。在版面这个市场中,编辑是需方,记者是供方。有时由于供需关系的不平衡,二者就会产生一定的矛盾。比如,编辑需要的稿件记者没有提供,就会造成版面的空白;而记者提供的同类稿件太多,供过于求,一些稿件就可能不

[①] 艾丰:《新闻写作方法论》,人民日报出版社 1996 年 7 月版,第 171~172 页。

被采用。如何处理好编辑和记者的关系，达到供需平衡呢？

首先，供需双方，需要增进沟通了解。编辑应适时地将目前需要哪种类型的稿件信息，及时与记者进行沟通，使记者时刻怀有需求意识。这可以有效地提高记者采写稿件刊发的成功率。

其次，就是编辑对记者需要刊登的稿件在可能的范围内给予适当照顾，对记者的稿件进行深加工处理，在保持时效性的前提下，采用记者稿件，尽量帮助记者实现工作价值。

其实，编辑和记者的供需关系，也具有统一性。如果没有记者采写的稿件，再优秀的编辑也如同"巧妇"一般，难为"无米之炊"。因此，做好供需平衡，就能有效解决编辑与记者的供需矛盾。

七、把关内容和对象不同

"把关人"是传播学中的一个术语。把关人存在于信息采集、加工、制作和发布的整个过程中，在这个过程中，媒介中各个部门的工作人员，都起到了一定的把关作用。[①] 而编辑和记者，都是重要的把关人。他们在新闻内容的采写、选择和修改乃至是否刊用的过程中，都在发挥着"把关人"的作用。

二者把关的内容和对象有所不同。记者在新闻采访、写作的过程中，在作新闻价值的判断、选择的过程中，体现把关作用。他把关的内容是客观事实，对事实进行证伪、选择，使其成为新闻事实。而编辑的把关，更加复杂。他对记者采写的稿件进行把关，再次判断价值。这里面所说的价值，既包括新闻价值、宣传价值，更包括新闻的价值即社会传播效果。因此，编辑把关的内容和对象是记者的新闻事实，并且用理论标准、政策标准和读者标准，进行衡量和取舍。由此，编辑的把关，较记者的更为复杂。编辑的把关，是对记者把关的有益补充和进一步提高。然而，编辑的把关，有时会推翻或者否定记者的工作，这就使得二者会产生一定的矛盾。

如何有效解决这种由把关内容和对象不同而造成的矛盾关系呢？

首先，编辑要与记者形成统一的选择标准，编辑将新闻选择依据传达给记者，使记者的把关内容更为宏观化、丰富化。

我国媒体编辑选择新闻的标准可见表1-1：

表1-1 我国媒体编辑具体选择标准[②]

序列号	具体选择标准
1	党性原则要求以及党的新闻工作者的新闻宣传纪律
2	各种与新闻报道相关的法律、法规和文件
3	宣传主管部门的意见

---

① 谢新洲：《网络传播理论与实践》，北京大学出版社2004年1月版，第33页。
② 吴飞：《编辑学理论研究》，浙江大学出版社2001年1月版，第37页。

(续)

序列号	具体选择标准
4	所在媒体领导的意见
5	新闻价值与宣传价值
6	本媒体的编辑方针与风格
7	同行的选择情况比较
8	其他

这些因素和标准,也应该纳入记者的考量范畴之内。

其次,编辑应该理解和尊重记者的工作,编辑把关应该更加透明和严谨。并且,编辑也要耐心与记者沟通,对稿件的处理不能简单粗暴,要注意方式、方法。

以上,我们从七个角度分析了编辑和记者存在的矛盾关系,只要编辑注意方式方法,就可以使对立向统一方向转化。在处理二者关系中,编辑应该始终遵循两点宗旨:

一是编辑要与记者统一思想观念,记者既要树立版面意识、全局意识、读者意识和政策理论意识,编辑也要培养接受新情况、新问题、新动向的能力。二者由于岗位原因,会存在一定的矛盾性,但是互相沟通和理解,就会促进良性关系的形成。

二是编辑要足够尊重和理解记者工作,帮助他们实现工作价值,促进他们的进步和良性发展。

把握了这两点宗旨,就可以真正使编辑和记者的关系,呈现出良性的、健康的、互动的发展态势。

第三节 新闻事实与客观事实

在组稿过程中,首先要处理好新闻事实与客观事实的关系。

新闻事实是一般事实中具有特殊素质的一种事实,即指那些具有新闻价值的事实。只有那些新近发生的、能够引起普遍兴趣的新鲜的事实,才能够成为新闻事实。[①]

而新闻事实的本原应该是客观事实,客观事实是其第一属性。而编辑记者对其是否具有新闻价值要素的判断和选择,是新闻事实的第二属性。

编辑处理客观事实与新闻事实的关系,主要经过以下流程:

客观事实 — 记者采写、素材、稿件(初步新闻事实判断) — 编辑核实、修改、润色(形成最终的新闻事实)

编辑是通过记者采写的素材和稿件,来重新构思整合为新闻事实的,更是通过素材、记者稿件来了解客观事实的。因此,这就使得编辑对客观事实的认识是间接的。

---

① 艾丰:《新闻写作方法论》,人民日报出版社1996年7月版,第77~78页。

一、新闻事实与客观事实真伪性的判断

真实性是对新闻事实的首要要求,如果真实性不能够保证,其他的因素也不具备任何价值。因此,编辑的首要工作是对新闻事实和客观事实的真伪性进行判断,这体现了编辑把关的作用——"去伪存真"。

在实际工作中编辑会遇到这样的困惑,即局部真实和整体真实的关系。有时,新闻事实中的现象是地区性的、局部性的。在一定范围内,它们是真实的,但却是极少数可能发生的,不具有整体性和代表性。如果用它们来反映整体情况,就是失实。编辑就会遇到这样的矛盾,新闻事实是真实的,客观事实也是真实的,但由于选取和所要表达的主题不同,就容易造成错误。因此,编辑要尤其注意这种情况。

编辑在对新闻事实和客观事实进行真伪判断时,要遵循一定的依据和方法。

首先,要将新闻事实放到宏观背景下进行判断,编辑要努力掌握宏观状况和背景情况,从而为判断新闻事实的真伪提供依据。

其次,编辑要具有一定的辨别能力和逻辑分析能力。对于经济常识、法律现象以及其他方面的知识,编辑要有一定的积累和储备;对于一些新闻事实中的失实环节也能够敏锐地捕捉到。

再次,编辑对于新闻来源要进行核实。要通过对渠道的控制,降低虚假新闻事实的数量。对于记者的稿件和其他供稿来源,要进行沟通和了解,从中找到可能失实的内容,并要求对这些内容进行再度核准,从而有效杜绝失实信息。

二、客观事实是否具有新闻价值的判断

编辑由于对客观事实的认识是间接性的,所以对记者采写的素材和稿件是否具有新闻价值有时把握不准。比如,记者认识到了客观事实具有新闻价值,但是采访写作过程中,把握得不准确,没有把最核心的新闻价值要素体现出来。编辑在对记者稿件的审核过程中,就容易将不具备典型新闻价值的稿件撤掉。而这显然不是由于新闻事实本身不具有新闻价值造成的,而是这种间接的、二次处理过程造成的。

编辑如何消除由间接认识导致的局限性?

首先,在审核稿件的过程中,对于记者采写稿件所描绘的新闻事实,要准确地理解。根据这些素材,了解客观事实与新闻事实之间的关联。根据所掌握的背景情况,找出具有更大价值的隐含新闻事实,去除掉无价值的事实。其次,就是在处理稿件过程中,要多与记者的沟通,从而降低这种间接认识的局限性。

总的来说,编辑是除记者之外,连接客观事实和新闻事实的第二个桥梁。通过对二者进行真伪和价值有无的判断,敲定最终的新闻事实。

第四节　素材与主题

编辑组稿过程中,在对新闻事实真实性和价值有无进行判断之后,就需要对新闻价值大

小进行判定,从而从素材中选取价值最大的来重新构建主题。这是编辑修改、润色工作的体现,也是编辑把关引导和创作出更好稿件和作品的体现。

但是素材往往是记者采访获得的,记者在采访过程中已经完成了一个由原始素材筛选到半成品素材的过程。通过这个筛选过程,在新闻稿件写作中初步确定主题。而编辑对于素材的认识,是基于记者的半成品素材,通过修改、润色并对新闻价值大小进行再判断,来调整报道主题。这两个过程中,就容易造成一定的问题和矛盾。

首先,记者从原始素材筛选完成半成品素材时,由于了解情况的程度和理解认识问题的差异,可能会存在筛选偏差的问题,没有将最有价值的素材收录到半成品素材中,从而会造成主题的偏差。

其次,记者通过价值判断筛选出了具有新闻价值的事实,但是在写作过程中,没有突出最大价值的事实。

而记者的半成品素材是编辑素材处理的起点。如果编辑没能发现以上两个问题,就会一方面埋没了有价值的新闻事实,另一方面,没有确定准确的报道主题。因此,编辑需要格外注意从素材中提炼主题这一过程。

编辑在这一阶段,要遵循一定的依据和方法。

首先,比照新闻价值和宣传价值,判断出具有最大价值的事实来确定主题。新闻价值和宣传价值在事实中的分布是不均匀的。因此,编辑立应该善于分析和比较。

其次,编辑应该善于掌握和分析现有素材,通过相关情况的了解,选择适宜的角度,来确定主题。记者的半成品素材中,可能涉及一些有价值的事实,但是,可能处理方法不得当,没有将其突出。编辑就应该通过适宜的角度,来侧重突出。新闻角度,是指新闻工作者挖掘和表现新闻事实的角度。通过适宜的角度,可以更准确、更鲜明地突出新闻价值。

再次,编辑通过对半成品素材的分析,把握立场,确定主题。把握立场,要牢记尊重事实的原则。同样的新闻事实,由于立场的不同,其显示出来的主题和报道意图也就不同。编辑在组织稿件、修改过程中,首先应该确定准确的立场,从而保证主题的正确性。

案例

编辑科学预见　正确组织稿件

2003年8月,商洛市区出现玩具租赁热,记者采写了《玩具租赁火暴鹤城》,编辑审定稿件后认为"火暴"是假象,将标题改为《玩具租赁商机到底有多少》,玩具租赁业能不能火起来,编辑又让记者深入采访,以《红红火火开张　冷冷清清收场》为题,对玩具租赁、馋嘴鸭店面关门等行业现象进行追踪,剖析其经营失败的原因,稿件刊发后,在当地商界反响较大,许多商界人士来电来信希望多刊发这类报道。①

---

① 张志宏:《浅谈编辑如何选择新闻角度》,《新闻知识》2005年第9期。

第五节 价值大小与版面安排

编辑安排稿件是根据新闻价值、宣传价值以及近期报道方针来进行的,遵循重大事件重点处理的原则。因此,价值大小实际上与版面位置和处理力度成正比。对价值大的稿件,要安排优势版面位置,并加大处理力度。如对重大新闻稿件加大篇幅,通过连续报道或系列报道甚至配发评论等方式来高调处理,突出其重要性。

在时间选择方面,时新性越强的新闻稿件,在版面安排上也会更受关注。

在稿件的版面位置安排以及处理的力度和时间选择方面,编辑需要注意以下几个问题:

一、价值的相对性

稿件安排要遵循价值大小的排序原则。但是稿件的价值具有相对性,有时候新闻价值大的稿件的刊发位置并不与其重要性成正比。如记者撰写的常规报道与特别策划并存,由于版面有限,有时新闻价值较大的常规报道也会暂时搁置。如某一时期编辑组织的稿件都是具有很大新闻价值的,同期可以作为头条的稿件,但由于价值大的稿件扎堆儿,刊发的位置可能就会作相应的调整。

二、刊发的时宜性

所谓时宜性,是指选择最佳的新闻发布时机,力争达到最佳新闻效果和社会效果。稿件不同,刊发的时宜性会有所不同。例如事件性稿件与非事件性稿件,由于事件性稿件比非事件性稿件更需要注意报道时机的把握,可能会优先刊发,这是由稿件特点所决定的。

三、版面编排的整体性

稿件既是单个的个体,也是整个版面系统内的个体,一定程度上要遵循整体性的原则。版面编辑应该注意,报道题材、报道对象、报道地区等因素。报道题材方面应该力争广泛性。如果同一题材的报道较多,而新闻价值大小相差不多,就应该从中选取一个进行刊发,其他的搁置处理或舍弃不用。报道对象和地区相同的稿件,要么选取其中的一个刊发,要么,对其压缩处理,简要报道。

对于负面报道和批评报道,版面编辑需要进行平衡。新闻报道要以正面报道为主,过多的负面报道充斥报纸版面,会引起极大的消极社会效应。因此,对于有重大新闻价值的负面报道,视具体情况也会采取弱化处理的方式或者搁置的方式。

综上,编辑在处理价值和版面安排关系时,要综合考量新闻价值、社会价值、宣传价值以及同期稿件情况和版面情况,对新闻稿件进行取舍,利用版面语言、版面位置或者标题字样、字号等形式进行突出或者弱化。

案 例

2004年2月北京密云灯会事件《扬子晚报》版面编排

2004年2月,北京发生了密云灯会事件,死伤惨重。很多地方报纸就发了一条200字的消息,配个图片,说明了事情的原委。

而《扬子晚报》在2月6日A3版做了个版面策划。报纸上半部分的新闻内容的标题是"密云灯会拥挤酿惨剧",是据新华社的报道。中间是据《新京报》的报道,标题是"密云灯会事故现场目击"。在报道右面配了图片,并且简单介绍了密云灯会事件。在报纸的下半部分则是《扬子晚报》自己采写的一篇新闻,标题是"昨夜,夫子庙灯会挤而有序"。两篇新闻报道单独拿出一篇放在报纸版面上都很有影响力,密云事件的伤亡值得市民去关注,同样,夫子庙的灯会也是南京城春节期间的特色地方。此次的夫子庙的灯会,报道的焦点放在了挤而有序上,密云的乱和夫子庙的有序形成了强烈的对比,利用密云的乱衬托夫子庙的序,这样采用蒙太奇的手法可谓一举多得,两篇本来没有什么太多联系的事件,通过版面蒙太奇的手法被有机地放在了一起,寓意不言自明,又很有新意,发挥了意想不到的效果。[①]

第六节 编辑理念与宣传政策、法律法规和伦理道德

稿件编辑处理阶段,除了考虑以上因素之外,还需要把握好编辑理念和宣传政策法律法规和伦理道德的关系。

编辑理念,确定了报纸所能够刊发内容的内涵和外延,并对怎样选取、如何报道、报道对象作出了相关的界定。编辑是整个报纸内容的策划者、加工者和把关者。而宣传政策、法律法规和伦理道德,会对编辑理念起到制约作用。编辑理念必须在内容的选取上,同政策、法规和伦理道德相吻合。

一、与宣传政策的关系

党中央关于马克思主义的实事求是、一切从实际出发的思想路线,关于社会主义初级阶段的基本路线,以及党和政府有关部门依据上述路线所制定的一系列方针政策,是编辑审查稿件内容是否符合宣传政策要求的重要依据。稿件所写内容如果与上述路线方针政策的基本精神相违背,则不能刊用。

编辑在进行稿件分析时,要严格把关,不能让违反政策的稿件闯入版面,这是对稿件的最起码要求。从另一个方面来讲,编辑还应该注意稿件内容是否主动地、创造性地宣传党的方针路线。

---

① 杨韫羽:《形式烘托内容——以〈扬子晚报〉为例浅析报纸版面编辑特点》,《邵阳学报》2005年第8期第4卷。

编辑在处理编辑理念与宣传政策关系的时候,应该怀有政治警觉性和敏感性。要对领导人的"大名单"、排序以及相关字号、字体的规格熟悉掌握,防止出现政治性差错,比如领导人名称、职位以及外交和政策常识方面的误差。

二、与法律法规的关系

编辑理念除了要符合遵循宣传政策之外,还应符合法律法规的相关条款,这是编辑分析稿件时应注意的另一个重要要求。

我国还没有一部专门性的新闻法,但根据我国《宪法》、《刑法》、》《民法》、《著作权法》及其他法令的规定,编辑应注意如下几点:

1. 维护国家安全与稳定

凡是带有否定国家宪法内容的报道,都应严格把关,禁止刊载。维护国家制度及其尊严,是一切国家新闻立法的首要条款。与此相联系,不得报道未经核实的重大"事实"蛊惑人心,不得用发表耸人听闻的评论,来激发人民的情绪,更不能制造民族对立情绪。《中华人民共和国刑法》第一百零二条规定:"严禁煽动群众抗拒、破坏国家法律、法令。"第一百五十八条规定:"禁止任何人利用任何手段扰乱社会秩序。"1998年最高人民法院《关于审理非法出版物刑事案件具体应用法律若干问题的解释》第一条规定:"明知出版物中载有煽动分裂国家、破坏国家统一或者煽动颠覆社会主义制度的内容,而予以出版印刷、复制、发行、传播的,依照刑法第一百零三条第二款或者第一百零五条第二款的规定,以煽动分裂国家罪或者煽动颠覆国家政权罪定罪处罚。"根据版权法司法解释,我们可以了解到构成这两条犯罪的,不仅有提出煽动言论的人,还有包括编辑出版者、印刷复制者、销售者和其他方式的传播者。即使并无分裂国家颠覆政权的目的,而是出于营利或者其他目的,只要明知出版物中含有法律禁止传播的内容且对国家安全具有危害性却采取容忍的态度仍然加以传播的,同样构成本罪。

煽动虽是一种言论方式,但它不同于一般的言论,它具有如下几方面的特点:一是表述的方式的非理性,即使用浮夸的、情绪化的、蛊惑性的语言,二是内容的非事实性,如虚张声势、夸大其事,攻其一点不及其余,有的还要进行造谣诽谤;三是直接面向公众,公然散布;四是具有导致反常行为的目的,不是"书生清谈",而是希望激起他人的反常热情,采取某种不利于社会或他人的行动。这与新闻出版媒体对官僚主义和"行贿受贿"、坏人坏事以及其他不正之风的揭露的言论有根本的区别,因为后者只要是实事求是,是为了引导人们认识这些社会弊端的本质,为了更好地促进和维护社会稳定。因此,不能把对不良倾向的揭露与破坏社会稳定的煽动混为一谈。

2. 保守党和国家的秘密

《中华人民共和国保守国家秘密法》中规定:"报刊、书籍、地图、图文资料、声像制品的出版和发行及广播节目、电视节目、电影的制作和播放,应当遵守有关的保密规定,不得泄露国家机密。"在《保密法》第二章第八条中规定的保密范围,编辑尤其应该充分了解:(1)国家事务的重大决策中的秘密事项;(2)国防建设和武装力量活动中的秘密事项;(3)外事和外事活动中的秘密事项以及对外承担保密义务的事项;(4)国民经济和社会发展中的秘密事项;(5)科学技术中的秘密事项;(6)维护国家安全和追查刑事犯罪中的秘密事项;(7)其他经国家保密工作部门确定应当保守的国家秘密事项。

从近年来新闻出版的泄密情况看,主要的泄密有以下几个方面:

政治方面,有的传媒热衷于抢先发表党和政府及有关领导机关尚在研究中和尚未公开的重大决策、方针。发表国家的外交和海峡两岸上层交往、华人华侨交往的所谓秘闻。

军事方面,泄露国防和军队建设的重大方针与规划,军事领导机关的重大决策,重要的军事会议,军队的编制、实力等。

在公安司法方面,披露公安侦破手段、公安机关的实力等。

经济方面,泄露尚不能或者不便于公开的决策,发表未经国家有关部门正式颁布的有关统计信息和国家的经济情况。

科技方面,详细报道我国处于领先水平的重大科技成果。

所以,编辑应熟悉国家保密工作的宗旨、方针、管理体制、国家秘密的含义和范围、密级以及保密期限、变更和解密的法定程序以及保密制度和法律责任等。在披露政治经济等方面的重大历史材料时,要注意保密期限。对重大历史性事件和经济数据,须经有关部门批准、证实已过保密期予以解密或不属保密范围,才能公开报道。编辑应该充分发挥出"把关人"的作用。

3. 维护民族平等和团结

我国是拥有56个民族的大家庭。民族平等、团结、进步与繁荣是关系国家前途命运的大事。我国《宪法》强调:"中华人民共和国各民族一律平等,国家保障各少数民族的权利和利益,维护和发展各民族的平等、团结、互助合作关系。禁止对任何民族的歧视和压迫,禁止破坏民族团结和制造民族分裂的行为。"1955年全国人民代表大会常委会《关于处理违法的图书杂志的决定》中,就把"煽动对民族和种族的歧视和压迫,破坏国内各民族团结"列为禁载内容。20世纪80年代也有不少与此类似的法规,如《期刊管理暂行规定》和《报纸管理暂行规定》的禁载内容中都有"煽动民族、种族歧视或仇恨,破坏民族团结"一项。现行《刑法》第二百五十条规定:"出版歧视、侮辱少数民族作品罪":"在出版物中刊载歧视、侮辱少数民族的内容,情节恶劣,造成严重后果的,对直接责任人员,处三年以下有期徒刑、拘役或者管制。"

4. 避免侵权行为的发生

尽管新闻出版享有出版自由的权利,但人们不能把享受权利建立在对他人的权利的侵害基础之上。编辑工作者尤其要注意传播的内容不能干涉他人的自由。不能诽谤他人,不能侮辱他人的人格,要防止侵犯他人隐私权。

所谓新闻侵权行为,是指新闻单位或个人利用报纸、广播、电视、新闻电影、网络等新闻传播工具,以故意捏造事实或过失报道的方式向公众传播有损公民、法人及其他社会单位合法权益的不当内容或法律禁止的内容,从而伤害了公民或社会组织的真实形象,降低社会对他们的社会评价,影响公民个人生活和尊严的违法行为。较常见的新闻侵权

行为有如下几种:

第一,侵害他人的名誉权。

名誉权是指"以人在社会上应受与其地位相当之尊重或评价之利益为内容之权利"。显然,名誉权是法律赋予公民和法人所享有的一项权利,受国家的法律保护。公民有权要求社会对自己进行客观公正的评价并排斥他人贬损自己名誉的权利。

新闻出版侵害名誉权行为主要有诽谤和侮辱两种方式。一般认为新闻严重失实或者基本内容失实,损害了他人名誉,这就是新闻诽谤。新闻有侮辱他人人格、损害他人名誉的,这就是新闻侮辱。

第二,侵害他人的隐私权。

所谓隐私权,是指每个人享有的不涉及公共利益、不愿公开的个人生活权利。我国学者认为隐私主要包括个人的健康情况、生理缺陷和残疾情况;恋爱、婚姻与家庭生活情况;私人日记、信函、录音等。一般认为隐私除了不愿告诉别人或者不愿公开的"隐"的性质外,还具有"私"的性质,是个人的与社会生活无关的事情,而且不危害他人和社会利益。

另外,还有许多方式都可能导致侵犯隐私权,如扮演某种角色、伪装打扮、秘密潜入、使用隐藏摄像机等调查手段。尽管一些人认为只要是有利于公众的利益,可以采取这样的方式来获取报道素材,但在许多情况下会惹官司,法律也没有就此提出明确的条文。①

报纸审判。所谓"报纸审判"是指法院对案件进行判决前,报纸就对案件擅自作出评判。按照我国的《刑事诉讼法》和《民事诉讼法》的规定,诉讼是"以事实为根据,以法律为准绳"。法院根据调查属实的证据,通过公开审理、控辩双方的辩论情况,依法对被告人进行判决,它不受报道的约束。但由于报纸面向社会,它对案件的报道与评议能产生重大影响,形成舆论力量,会对一些尚未查清或有争论的案件的审理、判决形成干扰,可能会妨碍司法公正,引起新闻官司。所以,编辑应该对法律案件报道格外严格把关。特别是对于刑事案件的报道,尤其要注意,不能随意给别人戴上罪犯的帽子。凡未经法院认定的犯罪事实,都不能任意公之于众,凡未经法院宣判有罪的,不能先给人戴上"罪犯"、"犯人"等法定帽子。在平常报道中,也不能对那些有不良行为的人称为"恶棍"、"歹徒"、"凶手"、"匪徒"等。

为了避免新闻侵权行为,编辑应该牢记四大原则:事实与结论公开,避免传媒审判;报道与评论分开,把握公正原则;掌握平衡技巧,不为一方"代言";对事不对人,保护对象合法权益。②

三、与伦理道德的关系

编辑理念还要符合伦理道德规范,也就是符合新闻道德。新闻道德是从事新闻职业所应遵循的道德要求。稿件往往涉及与读者和报道对象的关系,编辑更应该注意在这些方面,遵守新闻道德。

第一,不要使受害者或无辜者受到困扰和伤害。稿件在向读者报道暴力事件、事故和自

---

① 吴飞:《编辑学理论研究》,浙江大学出版社2001年版,第178~199页。
② 阮志孝:《预防新闻侵权的八句关键语》,《湖南大众传媒职业技术学院学报》2005年3月期。

然灾害时,介绍相关情况不能运用细节描绘受害过程,避免使受害者及家属再度受到刺激。所涉及的妇女和儿童,更要加以保护,使用化名,避免对其形成"二度伤害"。

第二,对于广大读者要注意保护。编辑在选用报道灾情、疫情、事故等事件,要注意把握分寸和尺度,在引起读者相关注意和警惕的同时,不引起他们的恐慌和不安情绪。

第三,编辑要把好新闻关,一方面,不能允许"软文"形式的宣传性、广告性稿件替代新闻稿件;另一方面,不能因为利益等因素,来进行"有偿新文"。

国外的新闻机构也特别关注编辑理念与伦理道德的关系。美国报纸编辑协会、美联社经理编辑委员会和专业新闻工作者联合会,也都制定了有关于社会公认的新闻工作者的道德准则。这些准则对新闻工作者尤其是编辑平衡道德冲突提供了一定的指导和帮助,为他们确定职业道德和解决有关道德问题提供了基本准则。而罗伯特·M·斯蒂尔提出的"道德推理",值得我们在编辑工作中加以借鉴。当编辑和记者陷入报道两难境地时,就可以进行一些道德推理加以判断。例如为什么我会如此重视这条新闻、图片?报道的特点是什么?发表新闻会带来什么好处?据我所知,信息是否准确、完整?我有没有错漏什么重要的信息?我的读者需要知道什么?如果这则报道与我或我的家人有关,我会有什么感受?[①] 当报道的新闻与新闻伦理发生冲突的时候,就应该采用这些标准来进行稿件最终判断。

第七节 编辑意图与编辑效果

编辑组稿后阶段,编辑还应该注意从编辑效果角度出发,处理好编辑意图与读者关注点之间的关系。编辑往往通过稿件选择、修改和版面语言,达到信息服务、舆论引导和宣传的作用。然而,读者却可能由于群体差异和理解认识水平的不同,导致关注点与编辑意图发生偏差。这实际上是一种传播目标与传播效果的矛盾。但是,由于读者是我们内容传播的目标和服务对象,如果存在这种偏差,会引起内容制作和售卖的消极效果。所以,编辑应该注意解决这个关系存在的矛盾和问题。

首先,应该看到这种传播目标和传播效果的矛盾是客观存在的。读者基于个人差异,会发生三种选择行为,即选择性注意、选择性理解和选择性记忆。而这无疑会导致编辑意图的消解和有限效果。如"哈尔滨宝马肇事案"的报道,编辑意图实际上是通过报道事情进程,反映相关部门对这一恶性事件的相关处理情况。而读者的关注点却落在了肇事人的身份上,连续报道交代审判结果后,很多读者也因为审判结果联想到肇事人与当权者之间的裙带关系。可见,编辑意图和读者的关注点,有时是处于离散状态的。而这种"关注点的离散现象",也在一定程度上消解和淹没了编辑意图。

其次,虽然这种矛盾是客观存在的,但是编辑可以通过一系列的工作和努力,缩小编辑意图与读者关注点的差距。关键环节在于读者的调查和反馈,对于一些报道可以通过读者反馈的形式,了解读者的关注点和它们的兴趣点。在将这些因素应用于编辑的稿件处理和

---

① 吴晶:《新闻报道与新闻伦理的失衡现象》,《青年记者》2007年第6期。

版面安排之中，从而用读者喜闻乐见的方式和内容表达编辑意图，进一步缩小编辑意图与效果差距。

第三，编辑部应该制定长效读者调查机制，反映出阶段性的读者需求和读者群变化，从而改进报道方针和编辑方针，增强传播效果和力度。

另外，连接编辑和读者的桥梁就是信息，编辑应该从信息的角度，增强读者的接受程度。主要应该从三个方面做工作：

首先，信息的质量因素。信息的质量因素不仅是信息的"好"与"坏"的问题，更重要的是信息的性质问题，也就是受众对信息的理解问题。编辑应该注意向读者提供它们迫切需要了解的信息。如关系国计民生、与老百姓息息相关的事情。

其次，信息的数量因素。编辑在新闻加工的时候，要摒弃无效信息和多余信息，减少重复，消除噪音，这样可以增强有效信息量。编辑在组织稿件版面编排时，要有整体意识。通过稿件和图片的有序组合，通过位置的安排和同类稿件的组合，增强信息表现力。对于重要的新闻事件，要从报道力度上入手，进行连续的密集的报道，增强读者的关注度。

再次，就是信息的效益因素。在稿件的选择和安排上，考虑其社会效果和其他方面的影响力。具有效益因素越多的内容，越容易引起读者的兴趣和认同感。

归根结底，编辑意图的实现，编辑效果的达成，必须以读者为最终出发点，尊重他们的需求。编辑不能将编辑意图强加给读者，而是应该采取有效的方式与方法，解决编辑意图与读者关注点的对立矛盾。

第二章 新闻稿件编辑

第一节 新闻稿件的选择

新闻稿件是稿件的主体,是编辑工作的主要对象。稿件质量的高低,常常影响报纸的质量,因而稿件的选择也就成为报纸编辑过程中十分重要的一个环节,在编辑工作中占有相当重要的地位。编辑只有将稿件选择好,选得恰当,再辅之以其他编排手段,才能编排出高质量的报纸。

一、新闻稿件的来源

在信息爆炸时代,纷繁芜杂的信息林林总总。大量新闻稿件在加工、上版、印刷之后才能和读者见面。这些稿件就成为组成报纸成品最核心的组成部分。对报纸来说,稿源充足,就有充分的选择余地,报纸质量的提升也就有了基本保障,因此,广开稿源,组织稿件是稿件编辑工作的一部分。当前,报纸的稿源主要有:

(一)通讯社稿件

通讯社稿件是最主要、最可靠、最稳定的稿件来源。通讯社稿件,经过编辑的审查加工,播发出来的已是成品,其稿件质量有保证。

(二)本报记者稿件

本报记者稿件即报纸媒体的新闻记者自己采写的稿件。

(三)其他媒介

报纸可以从其他媒介上获得可供转载或做线索与资料的稿件。

(四)其他来稿

其他来稿包括各地党政机关通讯员、自由撰稿人、专家学者、读者中一些热心人、新闻线索提供者提供的稿件。一般说来,这些来稿的稿件质量不够稳定,有些较好,稍作修改润色就可采用,有些尚达不到见报的标准。通讯员和某些作者虽然也有供稿的承诺,但由于主客观条件的限制,一般与报社都没有形成固定的契约关系,稿件的供应具有一定的自发性。

(五)网络

近年来,随着互联网的大力发展,网络越来越成为传统媒介寻找信息的来源。网络成为打破新闻垄断的重要武器。

不同稿源的稿件可能具有不同的特点,但是,无论是哪一种稿源的稿件,报纸编辑都需要去伪存真,去粗取精,都需要根据报纸具体的定位、报纸的风格和特点来决定是否选用和如何选用,使报纸在最短的时间内落实各类策划及策划方案。

二、选择新闻稿件的意义

选择稿件就是从大量稿件中选择可供传播的稿件的过程。选稿处于编辑工作的起始阶段,是编辑部对稿件的第一次评价。戈公振先生在《中国报学史》中曾指出,新闻是"发生事件之报告,但于报学之处置上,有散漫而不明显之憾"。这意味着,每天发生的新闻事实都不可能全部被收录选用,必须要对新闻事实进行选择。选稿所要解决的是稿件的内容价值判断问题,其意义在于:

(一)贯彻落实报纸的编辑方针,体现报纸的政治方向

每家报纸都有自己的编辑方针,这一方针是根据媒介定位与发展战略对编辑工作作出的决策,它规定了报纸的读者群、传播内容和风格特色,是编辑工作必须遵循的准则。编辑方针具体落实到媒介新闻产品生产的过程中,不仅对新闻报道的策划和组织具有约束力,而且选择的每一篇稿件都要符合规定。也就是说,在新闻传播活动中,新闻编辑只有通过对稿件的分析与选择,才能保证新闻报道以及新闻产品合乎编辑方针的要求。因此,不同媒体的新闻编辑对同一条新闻稿件的取舍往往存在差异。

(二)解决海量信息与报纸版面之间的矛盾,维持媒体的正常运转

报纸稿件来源广泛,其内容包罗万象,体裁多种多样,作者水平参差不齐,稿件质量有高有低。而要从海量的稿件中选择出其中的一部分刊登在报纸有限的版面上绝非易事,报纸无论怎样扩版增容,也不能把遍及世界各个角落的新闻全部吸纳到版面上。面对海量信息与有限版面之间的矛盾,通过对稿件进行选择可以得到解决,即选择那些最有价值、最受读者关注的新闻稿件提供给读者。

(三)提升报道水平,保证媒体的面貌精神

每天汇集到编辑部的稿件,数量众多,水平参差不齐。编辑选稿件时,对于有一定质量保证的稿件,还要进行选择,有所保留,有所舍弃,做到优中选优。报纸编辑工作的其他环节,如改稿、做标题等,也都承担着优化新闻报道的责任,但稿件的选择处于支配地位,稿件

选择得当,有了好的基础,稿件才可能锦上添花。所以说,选择稿件是编辑工作的第一环节,也是提升报纸新闻报道水平的关键。

(四)形成报纸的风格特色

任何一张报纸,都必然有自己的社会效益和经济效益追求,为了实现效益最大化,就必然会关注信息的公共性和公益性。否则,公众对报纸所传播的信息不感兴趣,报纸的效益就难以实现。尤其是当今这个时代,报纸面临着同质化竞争的威胁,要想在竞争中脱颖而出,占有自己的一席之地,就必须有自己的编辑方针,这种方针是一个大的原则标准,决定了整张报纸的风格和质量。而报纸版面是由一个个具体的稿件支撑起来的,选择出来的稿件必然会全部或者部分地反映着报纸的编辑方针,从而进一步形成专属于这份报纸的风格特色。

(五)满足受众的需求

从读者的角度考察,报纸的阅读对象是读者,报纸选择新闻稿件最终是为读者服务的。不同的报纸由于其受众群体在年龄、性别、职业、知识水平、兴趣爱好等方面不同,所提供的新闻内容就有所不同,虽然不同的读者对于报纸信息内容选择不同,如机关报与市民报、综合性日报与专业报,虽然有时会有针对同一主题选稿,但选不同主题的情况更为常见,这就意味着报纸要在既定的编辑方针下,根据读者的阅读习惯即阅读兴趣选择满足受众需求的稿件,使报纸的内容与受众的需求相吻合。

三、选稿的特点

(一)选稿标准的绝对性与相对性

选稿标准的绝对性:即选用稿件的主体不得有违反政策、法令和道德规范等禁载的内容,事实和材料比较充实,具有新闻价值,这是任何稿件必须达到的要求。

选稿标准的相对性:即每一篇稿件都不可能完美无缺,必须对稿件进行修改,需要在初步筛选过的稿件中优中选优,而选择的标准具有很大的弹性。

编辑进行比较的范围和时间是变动的。在不同的环境下,稿件的编辑某稿今天是最优的,明天来了新稿,它就不一定是最优的。

(二)选稿过程的动态性

稿件的选择是一个动态的过程,这是因为:

第一,稿件的第一次选择,是就单篇稿件是否可用的选择。报纸是众多稿件的集合体,是一种合成的作品。有些稿件可以单独使用,但同其他稿件放在一起却难达刊载的条件。另外,有一些稿件出于报道平衡的原因不宜刊用。

第二,从报纸的生产过程来看,稿件经过第一次选择之后,到见报尚有一段时间。在这段时间里,外界形势的急剧变化,可能会使某些拟用的稿件变为废稿。

第三,编辑工作是各个环节的编辑通力合作的工作,对于稿件要集体把关。

总之，从把握全局、把握时机以至集体把关的角度来看，稿件的选择是一个动态的过程。

四、选择稿件的程序

新闻稿件的选择并不是一次完成的，而是一个不断筛选的动态过程，一般要经过初选、复选和定选三道程序。

初选也可称为"粗选"，是编辑部对新闻稿件的最初的、比较"粗糙"的挑选。它主要在各编辑部门进行，主要操作者是各部门编辑。复选也称为"精选"，是编辑部门对于新闻稿件的第二轮、也是比较"精致"的挑选，主要在各部室负责人处进行。复选是对初入选的稿件的再一次挑选，大部分稿件经过复选就刊发了。定选就是经过前两轮选择而不能确定的稿件做最后一次权衡和选择，定选的稿件通常由总编辑或编委会集体审定。

初选、复选、定选三道选稿程序是就一般情况而言的，有时在具体操作过程中并非如此简单。初选和复选阶段都可能因编辑部内部意见不一而进行反复讨论。也就是说，编辑过程中，初选和复选可能会反复多次进行。

五、选择新闻稿件的依据

对新闻稿件的选择有一定的依据，这些依据主要包括：

（一）报道宗旨

每家报纸，都有自己的报道宗旨和报道任务，而这些宗旨和任务都是由其读者群和其服务的领域决定的。"我们国家的媒体结构是以党报为主体，以专业报和企业报为两翼的主从结构，各有明确的分工，报道领域相对固定，宗旨和任务划分明确。"[1]以日报为例，日报基本上由党委主办和主管，对同级党委负责。各类报纸都是根据报道宗旨来选定新闻稿件，这样选择出来的新闻稿件才能符合目标读者的需求。

（二）报道计划

所谓报道计划，就是编辑部根据事实的发展趋势，对各方面情况做充分评估后作出的报道决策，是编辑从事编辑活动的指导意见和工作依据，同时也是编辑部一段时期的工作大纲。一个合格的编辑工作者，必须十分熟悉报道计划，严格遵循报道计划来选择稿件，组织版面，从事报道。任何报纸所从事的新闻报道活动都是有其预期目标的，不会盲目开展新闻报道。报社通常会根据需要作出各种报道计划，在不同时期采取特定的报道计划。经验丰富的报社负责人会尽量制订出重点突出、全面平衡而又能体现报社主张的计划，并将它作为编辑选择稿件的依据和准则。

（三）选题计划

所谓选题计划，是指根据报道计划，对当前具有战略意义的重大活动和事件、热点情况

---

[1] 刘行芳：《实用新闻编辑学教程》，西南师范大学出版社2006年版，第66页。

和问题进行的具体决策,是实现报道宗旨的具体安排。如果说报社宗旨和报道计划发挥着宏观指导的作用,那么选题计划就在微观上发挥了具体的执行功能。选题计划由编辑和记者共同讨论形成,因此,也必须由记者和编辑共同执行和落实。

选题计划的微观指导性决定了选题计划是以部门为单位来制定的,而不是由报社制定的,这是报社为了报道上的平衡,按照社会不同部门设置报社内部组织的结果。所以,选题计划一般由部门制定,报总编室评审后由总编辑办公室批准,然后由部门执行。这种做法的优点是,部门往往能够拥有自主权。选题计划一旦制定,就要严格按照计划的规定行事,不能随意更改。通常情况下,各部门在制订选题计划时需要认真分析形势,对本部门负责的宣传对象的情况有充分的了解,力争作出准确的预测,目标选题要有回旋余地。万一发生不可预测的事件,应该补报选题计划,经过批准程序后再去实施,以便争取主动。

六、新闻稿件选择的方法

在修改稿件、配置稿件时仍会对稿件内容的构成因素重新进行判断,但是大量的筛选工作是在选择稿件这一环节完成的。因此,新闻编辑从事选稿活动,对新闻稿的鉴别选择技巧就显得越来越重要。

(一)选择新闻稿件的标准

选择稿件是从稿件的整体上分析稿件是否具有刊用的价值,在稿件的初选阶段主要考虑的是稿件中的事实是否符合要求,大体要依据三个标准:新闻标准、社会效果标准和报纸需要标准。

1. 新闻标准

(1)真实性标准

新闻是新近发生的事实的报道,新闻稿件最基本的要求就是报道事实,因此,编辑选择的新闻稿件的内容必须是事实的,不能虚构或者夸大,也就是说,首先要保证稿件的真实性。没有真实性约束的假新闻很可能会给社会带来危害或者混乱。一个富有责任感的编辑一定要有甄别真假新闻的能力,谨防假新闻给读者和社会带来不良影响。

违背真实性原则的假新闻,主要有以下几种情况,在编辑工作中需要引起注意:

第一,无中生有。

这种假新闻,就是作者在报道过程中凭借自己的主观想象随意发挥,没有任何事实依据,凭空捏造出来的新闻。2012年10月4日,《南京晨报》在"南京新闻"版报道《江宁一鹿场长假每天有人排队喝鹿血》。记者称,"十一"长假期间,在南京江宁横溪一个梅花鹿养殖场的会客室里,"一大早便挤满了从城里来的男男女女,有年长的也有年轻的。原来,一打听,他们是来排队喝鹿血补身子的。"最后,"有七八名排队争喝鹿血的市民,没有喝到鹿血,甚至与(养殖场老板)杨师傅大吵起来。"报道同时配发了记者拍的图片,一名男子站在梅花鹿群前,正拿着一只鹿角吮吸鲜血。这条新闻迅速成为网上热帖,成为"十一"长假期间最受关注的热点之一,"残忍"的南京人遭到指责。到10月16日,只视播出《真相调查:南京人长假排队喝鹿血?》节目,披露这则新闻纯属虚构。①

第二,夸大事实。

即稿件中报道的事实确有其事,有准确的消息来源,但在写作新闻稿件时关键细节被夸大,把一分说成十分,把偶尔说成经常,造成新闻整体失实。媒体的夸大和渲染虽然在一时间引起了轰动效应,寻求了更大的卖点,但最终也只是昙花一现,影响恶劣。

2012年10月31日,《南方日报》在17版刊登了题为《论证国际数学猜想的90后男孩王骁威:想做敢追梦的"中国高斯"》。报道称,10月15日广东韶关学院大四学生王骁威的一篇关于数论的学术论文在国际知名数论期刊上发表,论证了国际数论学界一个尚未破解的数论猜想,并引起国外学者的关注。数学大师丘成桐就此与其进行了邮件交流,并对王骁威表示了肯定。11月6日,《广州日报》刊发报道《60年未解的世界数学难题"90后"的他破解了》,详细记述了王骁威与数学结缘的成长历程。11月16日,《广州日报》刊发报道《破解世界级数论猜想大学生:中国缺少静心做学问的人》,继续渲染王骁威的成就。

经多方核实,《中国青年报》于11月23日刊发深度报道《媒体制造的"数学天才"神话》,指出《南方日报》、《广州日报》等媒体报道中存在诸多失实之处。首先,王骁威解决的"仅用1表示数问题中的素数猜想"算不上什么世界数学难题,只是《数论中未解决的问题》中的一个小问题,比较初等。其次,"王骁威成功论证了猜想"这个说法也有误,他并没有证明,只是用计算机找到了反例。事实上,类似反例前人已找到1000个,王骁威的结果和前人比可以忽略不计。第三,丘成桐与王骁威进行邮件交流也不是事实,王骁威承认自己把丘成桐和其弟弟丘成栋搞错了。第四,有学者认为刊登其论文的《数论杂志》只是一本很普通的数学期刊。②

第三,道听途说。

即事出似乎有因,看起来也有新闻源头,但仔细查证后没有真凭实据,对一些没有确凿证据的内容不加核实就信以为真,付诸报道,造成失实。

2012年6月18日《经济观察报》刊登《筹组三大集团 铁道部政企分开》一文,报道称铁道部改革方案将于10月份落定,谋划成立投资、建设、运营三大集团。之前,这篇报道已在各大网站上刊出。

同日,新华网发表消息称,铁道部宣传部接受新华网记者专访时表示,《经济观察报》的报道纯属谣言,6月25日《经济观察报》在头版刊出《致歉声明》,称《筹组三大集团 铁道部政企分开》文章内容完全失实。据调查,记者没有经过采访,而是搜集以往有关专家言论和网络论坛信息整合而来,没有严格履行新闻采访程序,尤其是未向铁道部有关部门进行核实。最后,该报对相关责任人分别给予处分,当事记者予以除名。《经济观察报》被山东省新闻出版局依法给予行政处罚。③

第四,东拼西凑。

稿件内容的各个部分也许都是从某些事实出发的,但是这些事实并非全部是报道中所

---

① 参见年度虚假新闻研究课题组:《2012年虚假新闻研究报告》,《新闻记者》2013年第1期。
② 参见年度虚假新闻研究课题组:《2012年虚假新闻研究报告》,《新闻记者》2013年第1期。
③ 参见年度虚假新闻研究课题组:《2012年虚假新闻研究报告》,《新闻记者》2013年第1期。

说的人物所为,甚至完全是他人所为;或者报道内容并非出自同一人或同一时间,而是把不同人在不同时间、不同地点所做的事拼凑成一个人在同一时间或同一地点所做的事,造成了内容失实。这种稿件的迷惑性很大,需要编辑具有"拨开迷雾见天日"的能力。

2012年8月3日某报文娱新闻版报道这样的消息:《广电总局提六项新要求》的消息,全文如下:

某报讯(记者刘玮) 昨日,经国家广电总局相关人士证实,广电总局日前对于电视剧创作提出六项要求,其中包括革命历史题材要敌我分明;不能无限制放大家庭矛盾;古装历史剧不能捏造戏说;商战剧需要注意价值导向;翻拍克隆境外剧不能播出;不提倡网络小说改编,网游不能改拍。据悉,目前这六项创作要求已经开始陆续实施。而对于湖南卫视目前正在播出的网游改编剧《轩辕剑》是否会因此受到影响,广电总局相关负责人则表示,"任何事都会有一个过程,管理也一样。"

昨日,记者就此六项要求向广电总局相关人士求证,该人士表示总局确实有这方面的创作要求,这六项建议目前也已开始陆续实施。在各大卫视正在播出的剧目中,湖南卫视的《轩辕剑》因为改编自热门网络游戏,也成为"众矢之的"。而湖南卫视工作人员则表示,目前尚未接到播出变动通知,该剧仍在正常播出中。按原计划,将于8月底9月初播完。

2012年8月10日,广电总局电视剧司副司长王卫平出席华策影视举办的业内恳谈会时,否认广电总局将对电视剧出台六条限令,明确表示这条消息是子虚乌有。而该消息的新闻来源于之前曾有过报道:如2011年12月,人民网发布《广电总局欲出新限令 宫廷剧穿越剧禁上黄金档》的消息;2005年3月,《京华时报》刊发过报道《广电总局严控"胡编乱造剧"》等。而这一新闻的源头则来自于7月25日一个名为"中国剧本网"的认证微博发的相同内容的帖子。作者在写这条消息时,没有写出采访对象的真实名字,而是以"国家广电总局相关人士"、"广电总局相关负责人"等字混淆视听,并且将几条已有的新闻信息人为地拼凑从而导致了新闻失实。①

第五,强扭角度。

有些记者,为了证明自己的某个观点或想法,违背事实原貌地选取材料进行论证,以偏概全、有意回避某些重要情况重要因素,造成因果关系不真实。如《证券时报》2012年8月24日A5版刊发了消息《邱晓华出任民生证券首席经济学家》,内容如下:

记者获悉,民生证券已聘任原国家统计局局长邱晓华担任首席经济学家一职。民生证券相关负责人介绍,该公司成立了"研究咨询专业委员会",由董事长及总裁牵头,部分研究业务负责人参与,邱晓华将扮演研究业务带头人的角色。

根据资料,邱晓华1996年至1997年在美国斯坦福大学亚太研究中心任高级访问学者,1999年出任国家统计局副局长,2006年3月任国家统计局局长。2008年6月,赴中海油总公

---

① 参见年度虚假新闻研究课题组:《2012年虚假新闻研究报告》,《新闻记者》2013年第1期。

司下属研究机构任职。在中海油从事研究期间,邱晓华较少公开露面。最近一次发表观点是在海通证券的一次高端内部会议上,他认为中国经济短期不要太悲观,可以看到一点曙光。但需要做好应对长期困难的准备。

从这条消息的字面意义上看,本身没有什么不妥的地方,但是作者在稿件中忽略了一个重要的事实信息:邱晓华2006年10月因收受不法企业主所送现金、生活腐化堕落、涉嫌重婚犯罪等,被双开并移送司法机关,获罪入狱一年。漏掉了这一信息,给读者带来的阅读感受是邱晓华一直是位清清白白的好官,这次到民生证券任职,并非刑满释放后的重新做人,而是一次正常的工作调动而已。这样的消息不仅不符合客观真实的新闻报道原则,而且对受众是一种误导。①

(2)新闻价值标准

新闻之所以成为新闻,是因为它报道的事实具有某些特殊的素质,能够满足读者了解最新情况的需要。如果一篇新闻稿不能把具有新闻价值的东西传达给读者,那么就不具备新闻稿件必须具备的最基本条件,也就不会被编辑所采用。所以,报纸编辑在选择稿件时还要将新闻价值作为衡量稿件是否可以被采用的标准。判断一篇稿子是否有新闻价值,要看其是否包含构成新闻价值的要素。

第一,时新性。

新闻是对新近发生的事实的报道,报纸只有最迅速、最及时地把收集到的新鲜信息传达给受众,才能满足人们阅读的需求。新闻事实发生的时间与新闻报道的时间,两者之间的时间差越小,新闻价值越大。过时的新闻不再具备新闻价值,只能成为历史的纪录。

编辑选稿,应挑选那些新发生的,有现实意义的,为公众所关注的新闻,对人们最关心的问题和要点加以解决。特别是读者未知而欲知的东西,有助于消除读者认识的不确定性,满足其好奇心、求知欲。

第二,接近性。

接近性是指新闻稿件的内容与读者在地理上和心理上的接近性。一是地理因素上的接近性。它是指新闻稿件所报道人物或事件在地理上与读者接近。通常情况下,人们对发生在自己身边的事要比对发生在远处的事更加关心、更想知道其具体发展态势。因此,新闻稿件所描述的事件发生的地点与读者所在的地点的距离越近,就越具有新闻价值,就越能吸引读者的视线。如报纸媒体对于"北京园博园"的报道,对于身处北京的人来说,开放的日期、参观的路线,交通工具的选择,园内的景观及娱乐设施等就是他们关注的焦点。

二是报道内容与读者心理上的贴近性。如果新闻稿件的内容无法占据地理上接近的优势,就需要考察稿件的内容是否能唤起读者的好奇心、同情心,以心理上的接近来获得读者的关注。

当然,心理上的接近比地理上的接近性更显得重要。人们经常会因为新闻中的人物、地点、时间与自己相关,比如自己熟悉的或与自己有相同、相似之处,而产生阅读的欲望,这也

---

① 刘霆昭:《新闻报道要符合客观真实的原则》,《新闻与写作》2012年第11期。

正是心理接近的基础。因此,报纸编辑在选择稿件时,考虑一条新闻稿是否具有新闻价值,从是否接近读者心理的角度进行评价是很必要的。

第三,显著性。

显著性是指事实所涉及的人物、地点、事件本身等凡是构成新闻诸要素为众人所瞩目,因而选取这些题材报道的新闻稿件往往会引起人们的关注。显著性也指某些异乎寻常的事实,极好或极坏,这样的事实也会特别地吸引人们的注意力。如"神舟十号"载人飞船的发射,在成为中国媒体报道重点的同时,也被世界各国媒体视为报道焦点。

第四,重要性。

新闻的重要性,有人称之为"影响力",是由新闻所报道的事件、现象对社会产生的影响所决定的,影响所涉及的社会领域、社会成员越广泛,影响的程度越深刻,则重要性越显著。

重要性是新闻价值的核心要素之一,也是新闻编辑选稿的首要参考要素。世界各地每天都在发生不同的事件,编辑不可能面面俱到,这就需要新闻工作者去识别、去判断。事件的重要性越高,被报道的可能性就越大。新闻工作者的重要责任,就是要告诉受众,他们的生存环境发生的最新变化会对他们的生活产生什么样的影响。事件影响的人越多,波及的范围越广,影响越深远,越具有新闻价值。2013年3月底在上海和安徽两地率先发现H7N9型禽流感是全球首次发现的新亚型流感病毒,就是因为这一事件中出现了一种人类历史上从未出现过的病毒并且在全世界蔓延,使得越来越多的人的生命安全受到威胁,因此,这样重要的新闻显然受到全球媒体关注。

一般而言,新闻稿件的重要性主要体现在某一信息对国家和人民的利益、对党和政府的工作以及国际和平、稳定与发展有重要影响。

第五,趣味性。

指具有奇特的、冲突性的、人情味等素质,让受众觉得妙趣横生,不忍释手。这种新闻事实的发生,在心理上对人产生某种作用与影响。报道这类事实,能满足人心理的某种需要和愿望。近年来人情味素质较受重视,指新闻报道具有平民意识,以平民百姓的眼光看待事物,使新闻贴近生活,有打动人心的效果。

事实因为新奇,为人们始料未及,或富有戏剧性,情节曲折跌宕;或给予人情味,能引起人们的感情共鸣,因而这类事实对受众具有特别的吸引力。一般来说,奇闻趣事、社会新闻、曲折遭遇、感人事迹等都可归入趣味性。西方新闻理论十分强调趣味性。过去我国对于趣味性这一标准并不十分认同,但是随着新闻竞争的日益加剧,在构建以人为本、和谐社会的大环境下,选择有趣味性的新闻稿件刊登,既是报纸的要求,又是编辑的责任。

以上的五个要素,编辑尽可能优先选择五要素都具备的新闻,因为五要素体现得越全面,表现得越突出,新闻价值就越大。

2. 社会效果标准

新闻媒体的社会效果指通过媒体的新闻活动为满足社会各界的物质和精神需要所做的贡献和承担的责任。

新闻信息一经传播,就可能在社会上产生较大的影响,会对受众的思想观念发生显著或潜移默化的作用。传媒负有社会责任,对信息赋予体独特的价值取向,以使之产生满意的社会效果,满足自身的利益需求。

报纸作为新闻媒体,承担着巨大的社会责任,这决定了它要有选择性地发布新闻。在我国,选择新闻稿件的着眼点表现在四个方面:一是稿件是否有利于宣传党的路线方针政策,推动我国的经济建设和社会进步;二是稿件是否有利于宣传我们的建设成就,鼓舞和激励人民;三是稿件是否能够反映人民群众的呼声与愿望,发挥舆论监督作用;四是稿件是否有助于传播科学文化知识,丰富人民的物质文化生活,提高民族的整体文化素质。①

那么如何在社会效果标准的指导下选择新闻稿件?这需要从下面几个方面来考虑:

第一,考虑新闻稿件的内容同发布新闻的时机、社会背景之间的关联。同样一个事实,在编辑那里可能是正面的引导,但在读者那里就可能带来负面的影响。选择稿件时,要仔细斟酌读者的阅读心理,时刻以大局为重。新闻事实的发生不以人的意志为转移,但编辑一定要具备正确选择稿件的能力,否则一条看似正面的稿件也有可能引起社会的动荡和不安。因此,是否发布一条新闻,什么时间发布,怎样发布,都要结合当时的社会背景。我们所说的社会背景,包括主要的社会矛盾和读者情绪的主流。这就要求编辑要从全局出发看问题,用长远发展的眼光去判断稿件是否适合刊发。比如说有些稿件从内容看并无不妥,但结合实际分析却有一定的负面影响,这样的稿件该如何刊发就值得商榷,需要考虑时机是否成熟。

此外,在一些连续性报道中,对一条新闻稿件的社会效果分析,还要放在整个报道系统中进行分析,要从整组报道的最终效果出发,决定稿件的取舍。

第二,要注意用辩证的眼光看问题。事物的矛盾性决定了事物的利弊双方相互依存。在编辑稿件时,要考虑到事物的复杂性,用辩证的眼光看问题。比如改革开放以后,我国新闻媒体上的经济新闻开始增多,经济成就报道数量尤其可观。一些报纸在报道一个地区、一个企业的发展成绩时,总是津津乐道于他们把多少产品打入了多少个国家和地区,这似乎成了衡量经济发展水平和企业业绩的标准。但是,市场问题并不是几个片面的数字可以说清楚的,什么时候都有一个处理国内市场和国际市场的关系问题,国内市场中还有城市市场和农村市场的关系问题。企业应面对国内国际两个市场,产品进入国家和地区的数量并不能够证明企业发展是否良好,如果仅从数量上报道,那就是片面的。我们应该鼓励一切有条件的企业到国际市场上去竞争,但不能忽略一个事实,那就是,现在世界各国都看好亚洲,在亚洲各国中,又把中国看作是最大的市场。在21世纪的国际竞争中,中国的企业家们能否把自己家门口的市场占领住,不仅关系到企业的生存和发展,也关系到全民族的利益。因此,在编辑稿件时,要权衡利弊,不能只注重某一方面的报道,以防有失偏颇。

编辑还要辩证地看待和分析问题。面对稿件要多问几个为什么,学会全方位地思考,保证新闻报道的公正立场,以便产生良好的社会效果。

第三,要遵守政治规范,不能背离社会主义思想体系和党的领导。有严重政治错误的稿件不能用;违反现行法律政策的稿件不能用;信仰极端民族主义的稿件不能用;宣扬低级趣

---

① 蔡雯:《新闻编辑学》(第二版),中国人民大学出版社2010年版,第155页。

味封建迷信的稿件不能用。

对于党的机关报纸来说，尤其要注意不能遗漏反映党和政府重大活动、重要主张的要闻，不能遗漏反映党和国家领导人重要活动和重要指示的新闻。同时，还要注意不能刊登与现行政策不符的新闻。

第四，要遵守法律规范。根据宪法和相关法律规定，以下内容应禁止刊载：

煽动——煽动推翻无产阶级专政的政权和社会主义制度；煽动群众抗拒、破坏国家法律、法令的实施；煽动闹事；煽动民族仇恨、民族歧视，破坏民族团结等。

诽谤——捏造并散布虚假的事实来损害他人的人格，破坏他人的名誉。

侮辱——贬低他人人格、名誉。

泄密——违反国家保密法规，泄漏国家机密，危害国家安全。

造谣——散布谣言、欺骗群众。

教唆——教唆他人犯罪（如赌博、偷盗、吸毒等）。

传播淫秽——具体描写性行为或露骨宣扬色情淫荡形象。

侵犯隐私权——未经本人同意，公布私人生活方面的秘密。

3. 报纸需要标准

报纸需要标准，就是说编辑应当根据报纸自身的特点和需要，判断一篇稿件是否适合本报，然后挑选出最能体现该报风格的新闻稿件。

由于编辑方针和目标读者群不同，报纸呈现的风格也就不同，而选择稿件是形成报纸风格的基本保证。编辑在选择稿件时，除了要从新闻价值、社会效果角度进行判断以外，还要对稿件是否符合报纸的风格作出判断，衡量一下报道内容是不是目标读者所关注的，是不是报纸报道范围内的，报道形式是不是读者所习惯和熟悉的。在实际编辑过程中，要有一定数量符合本报风格的稿件做保证，否则，报纸的特色就无从谈起。

一般来说，按照报纸风格特色编辑稿件，可按以下步骤操作：

一是围绕报纸风格精心选择稿件。编辑要有一双"新闻眼"，也就是在高度相似的领域找到与别的报纸的不同点来。在很多情况下，不同点就是闪光点。编辑要掌握"先人一步"的新闻素材，加工出"人无我有、人有我精"的新闻稿。功能定位不同，在报道内容上肯定各有侧重，像经济类的报纸，需着重挖掘新闻事实中的经济因素，而以娱乐为主打的报纸，则更多关注事实的娱乐因素。

二是点面结合。在一个时期，报纸往往有一个报道中心，报道中心就是实际生活中的主要矛盾，也就是我们所说的"点"。围绕报道中心选择稿件理所当然，也是必要的，但不能成为唯一的选择。因此，选择稿件要注意照顾整个报道面。

三是注意报道地区、单位的适当平衡。一般来讲，先进地区和先进单位报道常常多一些，这是符合新闻规律的。但是每个地区和单位都有自己的情况和特点，所以注意这方面的平衡也是很必要的。

4. 宣传标准

除了上述标准外，编辑选择稿件时还要参考宣传标准，即在特定时期和阶段，配合政策理论的实施检验,选取具有较大宣传价值的稿件。

一般来说,具有较大宣传价值的稿件有:符合一定时期的重大政策,反映其实施成效,具有先进性事迹和发展经验的具体行业和领域中的典型人物或群体。

七、选择新闻稿件应注意的问题

(一)充分利用来稿

所谓充分利用来稿,是针对稿件利用不充分而言。在新闻稿方面,一般有两类稿件容易被忽视,不易得到充分利用:一类,未包括在报道计划之内的稿件;二类,局部有缺陷的稿件。充分利用来稿,可以采用两种方法:一是公开见报,包括稿件单独发表或作为组成部分编入专栏或以单个素材纳入其他文章中;二是内部参考,包括载入内参、作报道线索、留作组织报道的参阅资料。

充分利用来稿,犹如沙里淘金,是一件有重要意义的工作。充分地利用来稿,给予发表的机会,对稿件作者是一种鼓励。有些稿件虽属于计划之外,但若能充分利用就可以从另一方面较好地反映现实生活。有的稿件虽然局部有缺陷,但若能扬长避短,充分利用其有价值的部分,也能取得很好的效果。

(二)注意报道平衡

所谓报道平衡,就是各种报道的量符合一定比例,而不是畸轻畸重。选稿中要注意报道平衡,包括以下几个方面:

首先,是报道重点与报道面的平衡。这种平衡是属于选材内容的平衡。

其次,是选材领域的平衡。无论什么报纸,在本报所分工的范围内,都显现出一种综合性。

第三,是报道对象的平衡。读者需要吸取发展不平衡的各类地区的信息,如果报道对象过于集中在某一地区,不利于扩大读者的眼界,不利于报纸联系各个地区的广大读者。

(三)坚持择优选用

编辑要按质选稿,不以人取稿,不因人废稿。在取舍稿件和稿酬发放上,不分名气大小、职位高低和熟人与否,要杜绝"关系户"等不正之风。我国著名报人邹韬奋在办《生活》周刊时就曾经提道:"我对于选择文稿,不管是老前辈来的,或是幼后辈来的,不管是名人的,或者无名英雄来的,只要是好的,我都要竭诚欢迎,不好的我也不顾一切地不用。在这方面,我只知道周刊的内容应该怎样有精彩,不知道什么叫作情面,不知道什么叫作恩怨,不知道其他的一切。"[1]只有编辑采取客观公正的态度,才能使优秀的稿件脱颖而出,才能在更大的范围团结作者、发掘人才和培养人才。

---

[1] 刘景华:《韬奋办报刊(二)》,《新闻记者》1983 年第 2 期。

(四) 既要有中心,又要多样化

新闻媒介要突出反映党和政府的中心任务,但仅仅做到这一点是不够的。我们的版面或节目既要有中心,又要有一般;既要有重点,又要有全貌。多样化包括两个方面:一是报道面要广,要反映各条战线、各种行业的群众活动,要反映生活的各个方面;二是体裁、角度要多,这样才有助于报道面的扩大,有助于报道思想的深化。只要报道的内容是于读者有益的,能扩多大就扩多大。编辑如果都能这样辩证地看这个问题,新闻报道就会少出现"单一"的情况,扩大报道面的路子也就宽得多了。

(五) 遵守宣传纪律,考虑社会效果

是不是政治上正确的稿件都可以发表呢?不是。还有另外重要的原则,即政策观点和社会效果。党的新闻机构以及由它所传播的新闻内容,要受到党纪国法的约束。在宣传上要善于分清哪些是对内部讲的,哪些可以公开见报的;哪些由中央宣传单位讲,哪些应当由地方宣传单位讲;哪些是现在讲的,哪些是需要经过一段时间才讲的;哪些是已实现了的,还是尚在计划中的;是局部小型示范的,还是普遍推广的。总之,编辑头脑里要讲辩证法,选稿要十分慎重。

第二节 新闻稿件的修改

新闻稿件的修改是选择稿件的延续,是对入选稿件的一次全面地再检验。编辑对新闻稿件的修改有两种情况:一种是绝对性修改,一种是相对性修改。值得注意的是,新闻稿件的修改与其他稿件的修改,有相同之处,也有不同之处。修改稿件是一种艰苦的劳动。

一、修改稿件的基本任务

稿件是包括各种体裁的文字稿和图片稿,对它们的修改,主要是运用一定的方法对稿件的内容及观点进行修改,使稿件符合报纸的刊载要求和读者的阅读需求。稿件的修改主要完成下面几个方面的任务:事实的订正、观点的修改。

(一) 新闻事实的核实与订正

修改新闻稿件就是要把存在不足或有问题的新闻作品加工成质量上乘的新闻报道,力争"改瑕为瑜"。因此修改稿件是编辑工作的重要环节。新闻是对客观事实的报道,新闻编辑在改稿时,首先对稿件中有关新闻事实的内容进行分析,看看有无需要核实和订正的地方。

1. 订正事实的基本要求

对新闻稿件报道新闻事实进行修改的基本要求是:真实、准确、科学、清楚、统一。

（1）真实

新闻的本源是事实,因此,无论新闻稿件的体裁如何、规模多少,编辑在选择稿件时,需要判定稿件内容是否真实,这是修改稿件的首要任务。

新闻内容与事实不符的情况主要是这样几类:一是作者凭空捏造出现实生活中根本不存在的问题,并予以报道;二是作者张冠李戴,将不同时间不同地点发生的不同的事件,导致的不同结果进行分解,再对这些要素重新组合,得到了新的事件;三是夸大渲染,作者将事实的本来面目进行了不同程度地渲染,如数量、规模、影响作用等,目的是为了造成轰动效应;四是以偏概全,主观孤证,稿件反映全局情况时,援引的例证是孤立的个别事例,缺乏代表性。例如,稿件说某项事业正在蓬勃发展,而所举的事例比较零碎,不能为"蓬勃发展"这一判断提供有力的证据;五是偏听偏信,捕风捉影,对新闻现象不加分析判断地进行报道,致使假象掩盖了真相。此外,还有作者有意"导演"等。判断新闻稿件内容是否真实是十分复杂的工作,这需要编辑认真地作出分析和核实。

（2）准确

稿件内容不但要真实,而且在表述时要准确无误,时间、地点、人物、名称、数字、称呼、术语、引语等各新闻要素都要做到十分准确。对法律用语、政治用语也要准确、规范。有些记者把"犯罪嫌疑人"说成是"罪犯",把人大代表"提的议案"称为"提案",将"国有企业"说成"国营企业",把"内蒙古"简称为"内蒙",这些概念是不同的,编辑在修改时要注意仔细辨别。

稿件中词语的使用也要注意,要能准确把握词语、成语、典故的含义,以免出现错用、误用,褒贬失当。

随着社会的发展进步,会不断出现一些新的语汇,也会有一些词语的意义发生变化。同时一切事物都是在运动着的,随着时间推移,有些过去被认可的说法放在现在就不一定合适,这就需要编辑及时地作出修正。

（3）科学

稿件所叙述的事实有很多涉及自然科学、社会科学的内容,对那些并非是相关领域专家的记者来说,稿件中很有可能出现差错。编辑在修改时,要使新闻事实的叙述以及文字的表达符合科学。如对某一病症的报道,报道者往往因缺乏必要的专业医学知识而导致报道不符合科学事实。

（4）清楚

清楚就是指新闻发生的时间、地点、参加人员、具体过程、结果等各个要素应该清楚明了,让读者不产生阅读障碍。

第一要重点注意在稿件中第一次出现的人名、地名、机构名称,要写清楚全称;第二是稿件中不能遗漏事实信息;第三是描写事情发生的经过不要太笼统,写得很笼统,要将细节展示出来;第四是所涉及的新闻背景资料在稿件中应有交代;第五对于英文缩写的使用要恰当,不宜过多、过滥,毕竟在我国大多数读者并不一定能一见某些英文简称和缩写就都明白。

（5）统一

新闻稿件的表述要注意统一。统一是指新闻中的某些表述方式要和国家规定的或通用的方式一致,如译名、计量单位、数字的使用,国家有通用或统一的表达方式的就要按照统一的要求表达。统一也要求在一篇或一组稿件中,同一地名、人名、事件的表述要前后一致,以免给读者带来阅读的障碍。例如,把"斤"换算成"公斤"、"英寸"换算成"厘米"时也会出现数字上的错误。有时在"增加×倍""翻几番"的换算上也容易失误,曾出现"成本比去年同期减少×倍"的说法。另外,凡在稿件中多次出现的内容前后也应表述一致,如前文出现阿拉伯数字,在后面的文字叙述中就不应该再出现大写的汉语数字。

2. 核实与订正新闻事实的方法

(1) 分析法

分析法是记者编辑根据具备的知识与已有的审稿经验,通过对稿件所叙述的内容进行分析,进而判断稿件是否符合事实要求的方法。分析法是修改稿件中最基本最常用的方法。

运用分析法核实、订正事实时,稿件所写内容如果存在以下现象,则对其真实性要特别加以审核:

第一,前后矛盾。世上任何事物都有其存在发展的规律,违背常识和规律的事情往往可能有假。

第二,不合情理。稿件如果写得像小说一样悬念迭出,就需要仔细考察。

第三,文艺色彩浓厚。如刻画人心理活动。

第四,笼统含混。有些稿件事实交代不清,编辑在处理稿件时,只需多加思考,便能发现各种各样的疑点。

第五,超越采访可能。比如,处理某位已牺牲的英雄人物的报道,采写时加上英雄牺牲前瞬间的心理活动。这样的内容是超越采访可能的。

第六,还可以对照写作时间和稿件内容来进行分析。

(2) 核对法

核对法就是依据权威性资料对稿件内容进行检查。核对法的特点是对照、核实,所依据的资料包括权威性的书面材料和权威人士提供的口头材料。书面材料应该是最新的、第一手的。口头资料应该是可靠的人员或部门直接提供的。

(3) 调查法

没有调查就没有发言权,调查法就是再次通过直接向当事人和相关人员情况的了解来检查稿件内容的真实性和准确性。对事物的直接了解与再认识来检查稿件是否存在错误,是调查法的特点。

特别需要调查核对的稿件有:反映重大新闻事件的稿件;批评性稿件;在事实或观点方面有疑点的稿件;新作者的稿件;容易失实的稿件;积压时间过长的稿件。

分析法、核对法和调查法在核实和订正错误方面各有优势,在实际工作中,经常是结合使用,互相补充的。采用分析法能够找到事件中的疑点和破绽,但没有具体改正,然后采用核对法和调查法可以进一步改正采用分析法所发现的疑点和破绽。因此在选择、修改稿件的过程中,这三种方法常常并用。

(二) 对新闻稿件中观点的修改

经过选择、筛选过的稿件,一般来说,对事实的叙述、原则上不会有差错,但在一些具体的观点、提法上可能仍然会有失当的地方,这些差错有的是直接陈述出来的,有的是间接表现出来的,无论是哪种形式的差错都需要编辑在修改稿件时将它们一一修改过来。

对新闻稿件出现的立场、观点方面的问题进行修正,主要从以下几个方面着手:

一是对新闻稿件中涉及政策政治问题的表述要特别注意审查,严格把关。

文字表述不当会导致政治性差错。如:将"中国"与"台港澳"并列,将台、港、澳同胞来内地投资的商人称为"外商",将台、港、澳同胞来内地旅游称为"国际旅游客人"等等,由于表述不当而违反我国一贯坚持的台湾、香港、澳门是中国领土的一部分这一立场,属于严重的政治性差错,需要及时修正。

二是对新闻报道中所表达的观点与事实两者之间缺乏合理的逻辑关系,会造成"牛头不对马嘴"的错误。

三是由于选材和切入角度不当导致的错误。不同的作者对某一新闻事件会有不同认识,如果没有全面掌握新闻事件的情况,或者对事件的影响理解不准确,又或者报道的角度不恰当的话,该新闻就容易误导受众。如:关于对2008年6月28日下午发生在贵州省瓮安县的群体性事件的有关报道,如果新闻记者在没有全面准确地掌握该事件整个来龙去脉,对该新闻事件产生的影响估计不足,片面报道事件中打砸烧的场面等,就会为处理该事件造成被动局面,给社会带来负面效应。

四是对涉及法律的内容要慎重。在修改稿件时,编辑一定要把握好有关的政策、法规界限,认清事物性质,掌握政策界限,具体问题具体分析。批评性的、揭露性的及法制类的稿件,往往会涉及社会阴暗面或一些不宜公开的内容,编辑在修改这类稿件时,要特别注意把握好"度",对于案件的审判过程和结果应采取客观公正的态度如实报道,不要随意添加带有倾向性的评价,防止"媒体审判",对于犯罪行为不宜过细地描写,对于受害者以及某些失足者的姓名应加以隐匿。新闻稿件中涉及以下对象时,不宜公开报道真实姓名:犯罪嫌疑人家属,涉案未成年人,涉案妇女儿童,精神病患者,艾滋病患者;有吸毒史或被强制戒毒的人员,稿件可以使用真实姓氏加"某"字指代,不易使用化名。

五是新闻稿件中有可能泄密的内容要严格把关。新闻编辑要防止泄密,不仅要加强保密观念,还要明确保密的范围。稿件中泄密主要表现在报道过细而言多必失、时间把握不当、不注意内外有别。从近年来新闻报道泄密的情况看,泄密的"多发区"主要集中在尚未公开的政治、经济决策方针、涉及国防军队建设的规划、决策,处于世界领先水平和地位的重大科技成果等领域。

(三)稿件辞章的修改

对稿件的修改除了上面讲过的修正观点、修改导语、主体和新闻背景以外,还要注意对辞章的修改。这方面的修改主要针对稿件中文理、语法不通的现象进行的。如逻辑混乱、词语搭配不当、语意含混不清以及稿件中的错别字等,当然,还要根据报纸的风格进行修改润色,这样的修改是为了让新闻更加吸引读者的眼球。在修改方法上可以综合运用校正、压缩、增补等。在辞章的处理上,尤其要注意那些微小的错误,比如错别字、词语误用、语法滥用的问题。

对付错别字主要留意文字的音、形、义,编辑手边应配备《辞海》、《辞源》、《现代汉语词典》等工具书,以便随时查阅。

有的记者因误解词义而误用词语,如"的""地""得"、"定"与"订"、"粘"与"黏"、"启事"与"启示"、"成分"与"成份"、"入座"与"如坐"、"盈利"与"营利"、"权利"与"权力"这些词语容易混淆,平时应多加区分。有的记者用词将褒贬义弄混,造成语病,如"望其项背",意为能看见别人颈项和脊背,距离不大,要强调距离悬殊,应采用否定式,如:"不能望其项背"、"难以望其项背",而"只能望其项背"之类提法,系误用。这就要求编辑具备扎实的词语功底,随时查阅字典词典,确保万无一失。

语法上主要从词法和句法着手。一要注意名词、动词、形容词的使用和搭配。比如"戴上紧箍咒","紧箍咒"只能念,不能"戴",放在这里不搭;二要注意介词、副词的使用;三注意句子成分是否残缺或多余;四是看语序是否得当;五是防止句式杂糅;辞章的修改,一定要保证稿件内容的准确,令稿件读起来通顺入耳,品起来文理通达。

二、修改稿件的程序

修改稿件是一项复杂的脑力劳动,为了保证稿件修改后的质量,编辑不但要掌握一些改稿的方法,还要注意按一定程序去修改,以保证改稿过程的科学性。改稿一般要经过三个步骤:

(一)通读全文

编辑只有认真通读全文,才能对稿件的主题、结构以及语言的使用有一个全面的了解,在此基础上才能确定需要修改的地方。在这个阶段,稿件阅读得越仔细,编辑就越能够发现修改的方向和重点,对稿件的修改也就越完善。

在通读的过程中,可以先做一些文章字句上的修改,如改正文字错误,处理冗余的句子。编辑在第一遍审稿时,对新闻价值也基本上作出一个整体地判断。往往这一阶段就能发现某些新闻在事实上经不起推敲,就应该考虑这篇稿子能否使用。

然后第二次通读,再次思考原稿的主题和角度是否符合本报定位和发稿要求。如果不符,编辑要根据原稿提供的主题以及自己掌握的情况,迅速想出一个更好的主题或角度,力求精益求精。如何修改导语,如何调整段落结构,需要增减哪些内容,应该做到心中有数。

同时,应该细致地核实每一个基本事实和重要数据。即更稿子初定可以发了,编辑也要有怀疑的精神,对存在疑虑的地方及时询问。

(二)着手修改

可以自己动手,或者打回去让记者修改。稿件修改完毕,编辑需要再回过头来检查。一方面,通过检查,编辑可以发现修改是否得当,以便及时补正。另一方面,通过检查,编辑可能会产生一些新的想法和认识,对修改的地方仔细揣摩、细细衡量。如果发现还有不尽如人意的地方,就还得再次斟酌。所以,反复阅读的过程,常常也就是再修改的过程。

(三)填写稿签,送去排版

待打出清样后,编辑还要在纸面上再做修改。需要指出的是,上述修改程序针对的是时效性不是特别强的稿件。如果时效性特别强,编辑应在核准基本事实无误的情况下,抢在截稿时间前尽快付印。另外,部门编辑对于自己吃不准的稿件,要拿去与其他编辑、副总编辑、总编辑或有关部门人士商量,再确定怎么修改。对于有送审要求的稿件,要及时送审。

三、修改稿件的具体方法

编辑既要"揣摩"作者的心态、思路,又得面对读者的要求,还要考虑社会效果,这种修改就更难了。但不管怎样难,作为编辑,只能也必须知难而上,尽心去修改,才能将稿件修改得内容美与形式美、实用性与审美性相统一,融传播信息、引导舆论、介绍知识、服务娱乐等于一体,满足社会需求。

新闻稿件的修改方法多种多样,概括起来讲主要有校正、压缩、增补、改写、分篇、综合这几种。在校正原稿各种差错的基础上,对原稿件进行信息的二次加工,最大限度地挖掘稿件中的新闻价值,并对稿件做各方面的润色。目的是使特点不突出的稿件,变得让读者非看不可;或者说,通过修改,让原本已经不错的稿件好上加好。修改一篇稿件往往不是单纯使用一种方法,而是几种方法交叉使用。

(一)校正

客观事实第一,新闻报道第二。离开事实就没有新闻,新闻是事实所派生的,新闻中所表达的观点,也是由事实衍生的。因此,报纸所报道的任何事实,都必须完全符合事实原貌,不夸大,不缩小。新闻表现出的任何观点,也要与客观事实完全相符,不曲解事实,不文过饰非。这样,校正就成为修改稿件第一位工作。

校正,就是改正稿件中不正确的内容和写法。校正的范围包括稿件中的事实、观点、语法、修辞、逻辑等各个方面,其目的是要消灭这些差错,使稿件的事实准确、观点正确、文字通顺,客观、公正、真实、生动地反映现实的变动。校正法是修改稿件最基础的方法。校正可以采取如下的三种操作方式:

1. 替代法

以正确的内容叙述代替不正确的内容叙述。凡是稿件中有错误表述的文字、标点、图片等都需要用正确的内容加以替换。

2. 删节法

将原稿中差错的部分删去,保证新闻信息的准确性。利用删节法修改稿件,要注意的是,删节的目的是为了突出新闻信息,而不是将有趣生动的内容删掉,只剩下干巴巴的几句话,删节的内容需要根据稿件的题材具体确定。再者,删节时要注意全文的连贯性,避免因删掉重要的信息而导致新闻的失真。

3. 加按语法

即不改动原稿的错误,而是在有错误的地方,附加编者按语,指出错误所在。如新闻稿件中出现的材料是被采访对象提供的,这些材料既不能被删除,也不能被编辑随意改写,就需要用加按语的方式指出错误,并将错误之处改正之后进行说明,如:(按:"×××"

有误,应为"×××")。

(二)压缩

压缩就是删除稿件中的某些部分,使之更加重点突出,结构紧凑,文字精练。稿件冗长、繁琐,是编辑经常遇到的问题。新闻报道要简洁、洗练,这是新闻写作的基本特点,也是处于当前快节奏社会中的读者的要求。编辑对稿件进行压缩,删除掉多余的、累赘的部分,就是为了使稿件主题鲜明,内容精练,语言简洁。编辑修改稿件在大多数情况下,都是做压缩工作。压缩不是一般的精简,而是一项艺术性的工作。

1. 压缩导语

导语是一篇消息的先导,位于消息的开头。它是开头的第一句话或第一段文字,它要求用最精粹的文字,简明、扼要、生动地写出消息中最主要最新鲜的事实,或是最能吸引受众的内容。麦尔文·曼切尔认为,导语的字数应在"30~35个字以内",而美联社则要求它的新闻稿的导语的字数从平均27个字压缩到23个字。他们对于导语"简要"、"精准"的要求是值得我们学习的。导语短了,就要求我们对新闻事实的导入必须有的放矢,开门见山,容不得废话。[①]

下面是一则新闻的导语,修改后的导语篇幅减少了,300字压缩成了110字,但却抓住了这条消息所要传播的主要信息,即举行"重视历史资源,弘扬民族精神"座谈会,经过压缩,重要的事实信息点出来了,而将描述的部分放在主体当中去体现。

本报讯(记者危兆盖) 当今世界,唯有中国享有从远古到今天不曾间断的丰厚历史资源。为了使更多的人从理论上正确认识、在实际工作中高度重视中华民族丰厚的历史资源,本报于11月16日邀请田居俭、瞿林东、蒋大椿、于沛、辛德勇、尹韵公、王宏志、石太林、宋小庆等首都部分历史教育和研究工作者举行"重视历史资源,弘扬民族精神"座谈会。与会专家一致指出,全社会特别是各级领导干部应充分认识加强历史学习、历史研究、历史教育和历史宣传的重要性,利用祖国丰厚的历史文化资源,对广大人民特别是青少年进行广泛深入的爱国主义教育。

压缩后的导语:

本报讯(记者危兆盖) 本报于16日邀请有关领导和专家以及首都部分历史教育和研究工作者,举行"重视历史资源,弘扬民族精神"座谈会。会议的精神是,利用祖国丰厚的历史文化资源,对广大人民特别是青少年进行广泛深入的爱国主义教育。

2. 删削多余的背景材料

新闻背景是指新闻发生和发展的历史背景和现实的环境。新闻中必要的背景材料可以起到突出、深化主题,增强知识性和可读性的作用。但是,背景材料不能过多,多了反而会冲

---

① 肖小明:《新闻导语写作症候探析》,《青年记者》2012年6月上。

淡主题，"喧宾夺主"，并且使新闻臃肿，阅读不便，让读者不易掌握要领。

对新闻背景进行修改，主要就是令稿件所提供的新闻背景发挥出自己的作用，比如深化新闻主题，解释新闻事实，回答新闻关系，表明作者的倾向。因此，新闻背景的修改一定要适当。以《人民日报》为例，该报于2012年11月5日在第4版发了题为《"敢为天下先"的蛇口工业区，又在科学发展、转型升级中开拓创新——擦亮"改革之窗"》的报道。见报前，初稿在文章开篇的新闻背景写道：

★ 原 稿 ★

蛇口，现代中国梦想的源头。如果说，改革开放是中国历史上的一部伟大征程，那么，蛇口无疑是这部征程的辉煌起点。

蛇口位于依山傍海的南山半岛。从地图上看，半岛向海上延长的形态很像蛇头，加之她背靠南山、面向大海，"蛇口"之名因此而生。

33年前，这里炸响了中国改革开放的第一炮，喊出了"时间就是金钱，效率就是生命"、"空谈误国、实干兴邦"的时代强音。从此，蛇口以"改革之窗""试管婴儿"的形象享誉神州，镌入史册。

世易时移。转眼间，昔日的"初生牛犊"已过了而立之年。当鲜花和掌声慢慢远去，迷茫与阵痛渐渐袭来，一向"敢为天下先"的蛇口，如何实现转型升级、自我蜕变？

"再造新蛇口"——便是他们给世人的有力回答。

★ 见 报 稿 ★

广东深圳蛇口工业区，改革开放的窗口，经济特区的源头。

从地图上看，蛇口背靠南山，昂首向海，颇有大蛇饮海之势。

33年前，这里炸响了特区建设的"开山炮"，喊出了"时间就是金钱，效率就是生命"、"空谈误国、实干兴邦"的时代强音。从此，蛇口这扇"改革之窗"引起世人瞩目。如今，蛇口和深圳一起，长大了，健美了，神气了，一个现代化国际化的大都市拔地而起，与香港隔湾相望。

转眼间，"初生牛犊"已过而立之年。一向"敢为天下先"的蛇口，又在科学发展、转型升级中不断深化改革，开拓创新，擦亮这扇"改革之窗"。

在修改后的稿件中，背景中关于蛇口的来历在背景中略去，简单明了地介绍了蛇口在改革开放中的重要作用。

3. 对主体的压缩

新闻主体是指除导语和背景材料之外，主要报道新闻事实和观点的部分。新闻主体一般在新闻稿中所占篇幅最长，地位也重要。在稿件的修改中，编辑要根据报纸的需要、体裁的需要删减新闻主体，以保证新闻的简洁明了，易于阅读。我们来看个例子。

案 例

★ 原 稿 ★

"妇女要自强、自尊、自重"

本报记者 李志伟

3月8日妇女节,下午对全国政协会议来说,是小组讨论正常的时间,而对全国政协委员樊锦诗来说,又有着特别的感觉。

这位扎根西北荒漠四十多年的敦煌研究院院长,说第一次亲身感受到妇女"拼命争取权益"的场景。

今天讨论的开始环节是各自自我介绍。樊锦诗坐在会议室的一角,翻开自己的记录本,眼睛盯着每一个发言的委员。

已是五届全国政协委员的她,对在场的并不都认识,因为此前,她一直在政协社科界别。当主持人说完新老委员可以畅所欲言,突然,她边上的一位委员把话筒拨向自己一边。

"该理直气壮一些"

"王小兰永远第一个发言,"讨论会主持人感觉并不意外地说。

"我们的讨论题目一定要选得准确,比如家暴问题,难道跟在座的男同胞无关吗?"在场旁听的十多位男记者,不约而同地笑了起来,环坐了两圈的女性委员看了看旁边继续听着。

"我们的战斗性还要再强一点,更该理直气壮一些。"王小兰的话,像是揭开了这场讨论的女性视角。

张礼慧是一名妇联界别的连任委员,已经有过五年履职经历。在她过去的提案中,有三分之二的主题跟妇女儿童权益有关。

今年的提案中,她特别提出解决中小学校女生注册难的问题。

全国政协委员孙丹萍接过了张礼慧的话题,作为一家电力公司经理,她在来会场的车上,与另外一名委员说到农村妇女教育程度太低的问题。

会场上,她将女性教育问题聚焦到老少边穷地区。

"很多农村的女孩子读完初三就纷纷退学,背井离乡外出打工了。"张礼慧解释原因之一是"合乡并校"——把分散的学校并到县城,一些家庭无法供得起上学。

在场的南开大学教授袁直更是亲身说法谈女性教育,"作为女博士,其实是非常辛苦的。在科学面前是人人平等的,无论是晋升还是奖励。"

她举例说,无论是长江学者还是杰出青年评选,划定的年龄,男女都是45岁。很多女孩子念完博士就快30岁了,还要生孩子尽社会责任。"付出的辛苦几倍于男人。"

"妇联是女性的娘家"

"我是来听大家意见的,委员们的发言引发了我的很多思考。这场讨论是围绕如何发挥界别作用,而我的工作就直接和妇联有关。"在场的全国妇联副主席宋秀岩一说话,让整个会场变得鸦雀无声。

"妇联是女性的娘家。"宋秀岩说,不可否认,和父辈相比,妇女的地位已经有了历史性的进步。

她拿出了第三期中国妇女社会地位调查报告,"现在从宇航员到潜水员,都有女性参与。"还拿身边的经历说,现在,公务员考试成绩排名靠前的许多都是女性。

这份报告显示,相比男性,女性平均受教育年限提高幅度更大,性别差距已由10年前的1.5年缩短为0.3年。而女性高层人才具有大学本科及以上学历的占81.4%,比男性高7.1个百分点。

不过,她给的另一组数据,却引发了在场女性委员们不小的躁动。调查显示:仍有33.7%的人认为男性地位比女性更高;两院院士的女性比例在5%。"越往上走,精英的女性比例越低。"

这时,宋秀岩一连拿出了《妇女儿童权益保护法》、《中国妇女发展纲要(2011-2020)》等几份材料。

在座的委员们盯着她手上的东西,樊锦诗也不例外,不时地还在记录着,在场的记者也很认真地在听。

她用"五个一"来概括现在妇女工作的基本格局,"一部专门的法律,一项基本国策,一个发展纲要,一个工作机构,一个全国性的组织"。

"我们一定要通过努力,改变不利于妇女平等发展的一些观念。"

"给男性放产假,要让更多的男性肩负起家庭责任,从另一个意义上来说,也是为了提高女性就业门槛。"她又引用了一个调查数据:82.0%的人同意"男人也应该主动承担家务劳动"。

而《中国妇女发展纲要(2011-2020)》也给出了一个数据:妇女占从业人员比例要保持在40%以上。

会后,樊锦诗对记者说,以前在政协社科界别中没有特别的性别意识。

"妇女首先要自强、自尊、自重,才会引得别人的尊重。"她说,"当然,女性身上家庭、孩子等负担,有时还是需要男性支持的。"她笑了笑。

★ 见 报 稿 ★

"数"说妇女权益

本报记者 李志伟

《人民日报》(2013年3月9日)

3月8日下午,全国政协妇女界别小组讨论会上,女性委员环坐了两圈,全国妇联副主席宋秀岩坐在后侧。

"我们的讨论题目要选得准确,比如家暴问题。我们的'战斗性'还要再强一点,更理直气壮一些。"王小兰委员的话,揭开这场讨论的序幕。

对樊锦诗委员来说,讨论有着别样感觉。已是五届全国政协委员的她,此前一直在政协社科界别。"宋秀岩副主席列举的几组数据,让我对妇女权益保障有了更强劲的动力。"这位扎根西北荒漠四十多年的敦煌研究院院长说。

在听了几位委员的发言后,宋秀岩发声了:"委员们的发言引发了我很多思考。这场讨论是围绕如何发挥界别作用,而我的工作直接和妇联有关。"

"妇联是女性的娘家。"宋秀岩说,当前我国妇女地位已经有了历史性的进步。她拿出最新的一份中国妇女社会地位调查报告:"现在,从宇航员到潜水员都有女性参与。公务员考试成绩排名靠前的许多都是女性。"

这份由全国妇联和国家统计局联合调查得出的报告显示,相比男性,女性平均受教育年限提高幅度更大,性别差距已由10年前的1.5年缩短为0.3年。而女性高层人才具有大学本科及以上学历的占81.4%,比男性高7.1个百分点。

不过,接下来的另一组数据,却引发了在场女性委员们不小的躁动。调查显示:仍有33.7%的人认为男性地位比女性更高;两院院士的女性比例在5%。越往上走,精英女性比例越低。

"我们一定要通过努力,改变不利于妇女平等和发展的一些观念。"宋秀岩说,这些观念目前有回潮迹象:"越来越多的男性(包括女性)认为男性应该以社会为重,女人应该以家庭为重;接近一半的女性认为'干得好不如嫁得好'。"

宋秀岩又引用了一个调查数据:82%的人同意"男人也应该主动承担家务劳动"。《中国妇女发展纲要(2011—2020)》提出:妇女占从业人员比例要保持在40%以上。

"妇女首先要自强、自尊、自重,才会赢得别人的尊重。"樊锦诗说。

上例中,稿件的篇幅得到了压缩,主要是对新闻主体中描述的诸多细节,如会议的状态、会议场景和会议背景删除,这样突出了会议的主要主题,即会议中发言人的主要观点,编辑在修改时,突出了主体中最扣人心弦的部分,做到了去粗取精。

4. 压缩字句

压缩字句是对稿件中重复啰唆的字词进行删刊,使稿件语言简洁干练。新闻稿件无论是短消息还是长通讯,是叙事还是说理,都要求简明扼要,以精练的语言来表达内容和思想。删字就是在文字上推敲,"抠字眼儿",尽量去掉那些多余的、可有可无的字词。

请看《人民日报》2013年1月23日第9版刊发的报道,编辑在原稿件的基础上删除了多余的文字。

★ 原 稿 ★

中央军委下发"禁酒令"近一月
"禁酒令"吹来军营清新风

本报北京1月22日电(记者冯春梅、倪光辉) 近一个月来,细心的人们会发现,在北京各大酒店餐厅会所的门前,挂有军牌的车是越来越少了。这一变化来自一个月前中央军委"禁酒令"。去年12月下旬,中央军委印发《中央军委加强自身作风建设十项规定》,要求在接待工作中不安排豪华宴请、不喝酒等。

"禁酒令"印发之际正值岁末年初,又逢"两节"期间,正是总结会议、联欢活动、走访慰问的旺季。然而近一个月来,记者借对一些部队采访之机进行"明察暗访",非但没捞到影响恶劣的"活鱼",席间以往劝酒现象难见,还时常感受清风扑面:茶杯代替了酒杯,家常菜代替了招待宴。近一个月来,以"禁酒令"为契机转变作风在许多部队里已经蔚然成风。

★ 见 报 稿 ★

中央军委下发"禁酒令"一个月
少了酒气,多了锐气

《人民日报》(2013年1月23日9版)

本报北京1月22日电(记者 冯春梅、倪光辉) 近一个月来,人们发现,在北京各大酒店、餐厅门前,军牌车越来越少。这一变化来自一个月前中央军委的"禁酒令"。去年12月下旬,中央军委印发《中央军委加强自身作风建设十项规定》,要求在接待工作中不安排宴请、不喝酒等。

"禁酒令"印发之际正值岁末年初,也正是年终总结、联欢活动、走访慰问的时候。然而近一个月来,记者借去一些部队采访之机明察暗访,席间,以往劝酒的现象难见,许多接待餐上,茶杯代替了酒杯,家常菜代替了高档菜肴。以"禁酒令"为契机转变作风在许多部队蔚然成风。

压缩稿件时,编辑应注意掌握三条原则:

第一,与新闻价值相适应。新闻稿件的长短受新闻价值大小的制约。压缩稿件要符合这个要求,对于具有较高新闻价值的事实可以适当写得详尽一些,对于新闻价值较低的事实要尽量写得简略,对没有新闻价值又并无必要叙述的事实则要删削。

第二,顾及报纸的风格、特色。各种报纸都有自己特定的读者对象、发行地区及任务。不同的报纸对同一篇稿件的压缩就会不一样。大报与小报,日报与晚报,综合报与行业报等,对同一事实的报道都各有侧重点。有的在这种报纸上篇幅长一些,在那种报纸上则要短一些,反之亦然,不可一概而论。

第三,不损伤原意。删削的目的是为了更好地突出思想内容,简练精悍。因此,在删除多余信息的同时要注意保存稿件的精华,不要把稿件压缩得支离破碎,更不要把有意义的东西删掉,失去了稿件本来的面目,这种情况要尽量避免。

(三)增补

增补,就是为原稿增加和补充所缺少而又需要的内容。有的新闻很有意义,但作者写得不太清楚,如只说因未讲果,或只谈果未说因,或缺少某些要素等等,使人一知半解,缺乏完整的印象。编辑就有必要在已掌握情况的条件下,对稿件作某些必要的补充,以帮助读者更

清楚全面地了解新闻内容及其意义。增补的方式主要有以下几种:

1. 增补背景

背景材料是介绍新闻中有关人物、事件的历史,或事件发生的环境等情况的材料。背景材料在新闻中起补充、烘托、解释等辅助作用。增补必要的背景材料,可以使读者更完整地了解新闻中的人物、事件的状况和意义。为了使读者明白,对稿件中一些生僻的概念和专业术语,编辑可在文尾附以名词解释,或者直接在词语后面加上注解。比如关于雾霾天气的报道,报道中经常会出现"PM2.5"的字眼,为了解除读者对"PM2.5"为何物的疑惑,这就需要编辑查阅资料,对它加以解释,像这样的背景资料就需要增补。

2. 增补回叙

回叙是对近期已报道过新闻的简要复述。报纸上对一些处在发展过程中的事件往往进行连续报道,每次报道的都是事件发展的最新变化,但读者不一定都看过前面的报道,即便看过,也可能记不清楚了。因此,在一些连续报道中,对已经报道过的重要内容作适当的回述,是为读者提供方便,使他们对事件的发展过程有比较全面的了解。

3. 增补必要的事实

上述几种增补,编辑一般靠手头已有的资料就可以办到。有时有的稿件需要增补,单凭身边资料是无能为力的。如有的事实中缺少某些看似细微的因素,但又是读者需要的内容,对他们来说关系密切,那么就不应让读者囫囵吞枣、隔靴搔痒,而应尽量补充详情,满足读者的要求。此时可以请作者予以补充。如一时与作者联系不上,稿件又急等用,编辑可通过电话采访或实地采访等方法,为稿件增补所需要的内容。这种情况主要表现在那些服务性的消息上。如:某单位以"七个一"助推生产发展等等,通篇看下来,完全没有"七个一"的内容,如果不加以补充,就无法使人弄清楚助推该企业生产发展的"七个一"到底是什么。

编辑运用增补手法,是为读者着想,使稿件"锦上添花",发挥更好的效果。但编辑增补必须坚持这样的原则:增必有据,适可而止。首先,编辑是补稿件的不足,不是"妙笔生花"。所作的补充,要有充分的缘由根据,所用的材料要完全可靠,是最新鲜的、最权威的。其次,增补的内容务必紧扣新闻事实,并且要少而精,不可偏离主题、洋洋洒洒、喧宾夺主。不该补的地方,绝不要画蛇添足,反而弄巧成拙。

(四) 改写

改写就是在原稿的基础上重写。有的稿件内容有意义,材料也丰富,但写得不好。如:观点和材料不统一,内容与体裁不协调,或结构杂乱,或导语枯燥等等,需要对稿件重新改写。改写常用的方法有以下几种:

1. 改变主题与报道角度

改变主题与报道角度即改变稿件的中心思想。是对原稿中不够新颖的主题做改动,重新确立主题,使其更突出、更鲜明。改变主题是对原稿的重大改动,要慎重,一般要征求作者同意或请作者自己修改。

案 例

★ 原 稿 ★
柳斌杰：我国拥有世界发行总量最大报业市场

新华网北京1月13日电（记者璩静） 新闻出版总署署长柳斌杰在13日召开的全国新闻出版工作会议上表示，我国日报出版规模已连续9年位居世界首位，成为世界发行总量最大的报业市场，图书出版品种27.57万种，销售额1456亿元，仅次于美国；印刷复制业总产值达到5746亿元，位居世界第三位；数字出版总产值达到750亿元，年增长50%以上。

柳斌杰表示，今后十年新闻出版建设发展目标是：到2020年，新闻出版产业总产值占当年全国GDP的5%左右，成为国家经济发展重要产业，基本实现全国年人均消费图书6册、期刊3.2册，报纸每千人日130份以上，数字媒体等新兴产业的发展达到世界先进水平。

柳斌杰强调，要使新闻出版业发生质的飞跃，形成有利于新闻出版科学发展的新格局：一是形成科学合理的新闻出版产业结构，传统新闻出版产业基本完成数字化升级转型，新兴产业形成良好经营模式，在世界出版传媒产业的市场份额中占有重要位置；二是形成能够创造出更多社会效益与经济效益俱佳的新闻出版产品的生产机制，基本满足人民群众日益增长的精神文化需求的服务供给能力；三是形成一批拥有自主知识产权和知名品牌、国际竞争力突出的骨干出版传媒企业；四是形成以企业为主体、市场为导向、产学研相结合的新闻出版创新体系；五是形成统一开放、竞争有序、健康繁荣的新闻出版大市场体系；六是形成参与国际竞争的体制机制，"走出去"战略成效显著，中华文化在世界的影响力和主流媒体在国际的传播力显著增强；七是形成宏观调控、依法行政、公共服务和市场监管到位的政府行政管理体系；八是形成一批适应行业发展新要求的高素质新闻出版人才队伍。

原稿较全面地报道了"全国新闻工作出版会议"的情况并选取了我国拥有世界发行量最大的报业市场这一角度，新华社发布的这一稿件具有普适性，可以成为各个新闻单位采用的通用稿件。但是不同的媒体在对稿件进行报道时，就需要重新发掘新闻事件的意义，对报道的内容要有所侧重，报道的角度要符合报纸自身定位和读者的需求，如《证券时报》在报道此事件时，可以"上市重组"作为报道的角度进行改写，修改后的稿件如下：

★ 改 后 ★
柳斌杰：通过上市重组打造出版航母

据新华社电 新闻出版总署署长柳斌杰在13日召开的全国新闻出版工作会议上表示，2009年，我国新闻出版产业总产值已突破1万亿元。

柳斌杰指出，要从四个方面推动我国向新闻出版强国迈进。一是全面完成经营性出版单位转制任务。二是积极推进报刊出版单位分类改革。三是大力实施"三个一批",打造中国新闻出版业的"航空母舰"。要按照做强做优一批的要求,选择条件较好的出版传媒企业,通过上市融资、资本重构和给予重点项目支持、出版资源倾斜等措施重点加以培育,今年要组建三大集团公司,力争在三五年内,造就六七家企业资产、销售双超百亿元大型出版传媒企业和文化产业的战略投资者。要按照整合重组一批的要求,全力推进新闻出版企业整合资源、联合重组和结构调整,鼓励跨媒体、跨行业、跨地区、跨国界和跨所有制合作、联营、并购、重组。四是充分发挥非公有资本促进新闻出版产业繁荣发展的重要作用。

2. 改变体裁

就是把稿件的原有体裁形式改变为另一种体裁形式。文章的形式是为内容服务的,一定的体裁形式适用于一定的内容表现。有时为了突出原稿中的某一特定内容,往往需要相应地改变稿件的体裁形式,以求稿件刊登能发挥最佳效果。改变体裁一般都是将信息容量较大、篇幅较长的体裁改为信息容量较小、篇幅较短的体裁。通常是把通讯、经验总结、调查报告、讲话、文件、公告等改为消息,将消息改为简讯、花絮、标题新闻等。

下面的例子中,针对同一个新闻事实,不同的媒体在版面、体裁上做了相应的处理。

★ 稿 一 ★

宋秀岩当选全国妇联副主席 刚刚卸任青海省省长

在全国妇联领导岗位上,一定以党的妇女儿童事业为重,以广大妇女儿童的福祉为重,尽心尽力、尽职尽责、勤奋工作,不辜负党中央的信任和同志们的期望。

——宋秀岩

被推选为全国妇联书记处第一书记,获任党组书记,刚卸任青海省长

本报讯(记者李静睿) 刚刚卸任的青海省原省长宋秀岩昨日在全国妇联十届二次执委会会议上当选为全国妇联第十届副主席。全国妇联十届三次常委会还推选宋秀岩为全国妇联书记处第一书记,中共中央此前已经任命宋秀岩为全国妇联党组书记。

2005年1月22日,宋秀岩在青海省十届人大三次会议第四次全体会议上当选省长,成为继1983年顾秀莲当选江苏省省长之后的第二位女省长。顾秀莲也曾担任全国人大常委会副委员长、全国妇联主席等职务。

宋秀岩卸任青海省省长,意味着目前中国各省已经没有正职女省长,只有刚刚上任的福建省委书记孙春兰为中国唯一女省委书记。

在上一轮省级换届结束后,大多数省区市的人大、政府、政协领导班子中,均有一位或一位以上的女干部,担任正职的有福建省政协主席梁绮萍、重庆市政协主席邢元敏、江苏省政协主席张连珍、湖北省政协主席宋育英等。担任副职的如北京市副市长程红、天津市副市长张俊芳、上海市副市长赵雯、重庆市副市长童小平等。

《新京报》2010年1月14日

★ 稿 二 ★

原青海省长当选全国妇联副主席

新华社电（记者李菲） 全国妇联十届二次执委会议13日在京闭幕。会议选举宋秀岩为全国妇联第十届副主席。经当日全国妇联十届三次常委会议推选，宋秀岩为全国妇联书记处第一书记，张静为全国妇联书记处书记。

宋秀岩在会议上表示，在全国妇联领导岗位上，一定以党的妇女儿童事业为重，以广大妇女儿童的福祉为重，尽心尽力、尽职尽责、勤奋工作，不辜负党中央的信任和同志们的期望。她要求，在党和国家工作大局中进一步发挥好妇联组织的作用；要努力做好让广大妇女得实惠、普受惠、长受惠的工作。

《北京青年报》2010年1月14日

★ 稿 三 ★

原青海省长宋秀岩当选全国妇联副主席

1月13日召开的全国妇联十届二次执委会议选举原青海省省长宋秀岩为全国妇联副主席。全国妇联十届三次常委会议推选她为全国妇联书记处第一书记。

中国新闻社2010年1月13日

从以上三家的媒体报道得出，第一篇报道引语过长，在实际应用中可删除；第二篇稿件侧重于描绘宋秀岩的任职对于做好妇联工作的意义。第三篇报道就是发布了最简单的消息，没有添加任何评论，对该事件做了一般化处理。

3. 改导语

改导语，就是把消息中最重要、最引人的内容重新用精练的文字来写成导语。导语是消息的开头，应该用简洁、生动的语言来表述新闻最主要的内容，以吸引读者继续往下看。有的稿件不注意导语的写作，或繁琐冗长，或呆板乏味，影响人的阅读兴趣，这样的做法甚至会葬送整个新闻。因此，编辑常常要进行导语的改写，做好对消息的第一步"推销术"工作。

4. 改结构

改结构，就是将原稿的结构进行调整，使之脉络清晰或富于变化。改变结构一般有三种情况：一是稿件结构有问题，条理不清、层次紊乱，需要对材料进行重新组合，使之通顺；二是稿件的主题或角度等改变了，其结构也随之调整；三是稿件本身结构没什么毛病，只不过平铺直叙，缺少变化，为了使稿件变得有起有伏，富有波澜而作结构变换。

(五)分篇

分篇,就是把一篇稿件改写成多篇稿件。有的稿件内容很重要,涉及方面较多,篇幅也长。如果是全文刊登,主题不突出,也占据大块版面甚至是一两个版,读者容易产生厌读情绪。在这种情况下,就可将原稿分成若干篇,每篇冠以标题,只谈一个问题这样篇幅短小,重点突出,读者阅读便利,也容易留下印象。

(六)综合

与分篇相反,综合就是把几篇稿件合成一篇稿件。对于反映同一主题的若干单篇报道,如果每一篇都单独编发,会使得编排杂乱,这种情况下就可采用综合的办法,将几篇稿件合在一起,形成一组多角度多侧面的宏大报道,既突出了主题,又节约了版面。

四、修改稿件注意事项

除了运用恰当的方法和程序,对原稿从思想内容和表现形式两方面进行修改外,修改稿件还应注意以下几个问题。

(一)要顾全大局

编辑修改稿件,最终的目的是把握稿件的主题,分清稿件的主要事实、次要事实及相关与无关的材料。从而运筹帷幄,合理安排材料,更好地去表现主题,突出主题,从而提升报道质量。因此,编辑应从大局出发,注意统筹规划。

(二)妥善处理内容与形式的关系

任何形式都是为内容服务的。虽然形式对内容有能动性,可以起到增强或削弱内容的作用,但在内容与形式这一对矛盾中,内容是主要矛盾,形式始终是依附于内容的。因此修改稿件时务必抓住内容这条主线,运用各种方法,如大到变更体裁、改换角度,小到遣词造句、校正标点,都是为了更好地表现内容。过分雕琢形式、追求辞藻的华丽、营造结构的起伏等是不可取的。

(三)尊重稿件的事实与风格

通常来讲,任何一篇新闻报道,都是记者通过一定采访之后而完成的作品,因此,作者比编辑对稿件的内容更有发言权,所以,编辑要尊重稿件所写的事实。当然,如果编辑对事实表示怀疑,可以运用各种修改稿件的方法让稿件既保持原有的事实信息,又能达到质量上的升华。切忌添油加醋,造成新闻失实。

(四)防止后生错误

经编辑修改后的稿件刊登后仍然出现差错,主要由两种原因造成:一种是原稿存在的错误编辑修改时没有发现,这种错误叫原生错误。一种是原稿有错误,编辑修改时又改得不正确,以错改错,或者是原稿没错误但是编辑在修改时改错了,这种错误叫后生错误。编辑修改稿件重要职能就在于消除原生错误,防止后生错误。①

(五)使用规范语言,并注意使用有意义的新生语言

报纸作为大众传播媒介,担负着传播知识,弘扬文化的责任。同时也是不同地区、不同民族、不同阶层的读者沟通交流感情的桥梁和纽带。为了使这种交流更加通畅,需要使用读者清楚明了的用语。这就需要以现代汉语为行文标准,应用普通话写作,避免使用古汉语、洋话和冷僻字。当然,新闻报道并不完全排斥地方语,吸收生动活泼的地方语有利于丰富新闻语言。在某些特定的情节描写中适当采用地方语,会增强现场感和感染力。

另一方面,报纸作为新闻纸,也应随时注意使用有意义的新生语言。所谓有意义的新生语言,即当前社会新出现的健康流行的用语。作为反映、记录和交流当代社会新变化的报纸,应该选用流行的时代语言来传播新闻信息,领风气之先。当然,编辑在这方面也要注意把关,避免那些任意生造的、不合规范又不为多数人所理解的新语出现在报纸上,防止造成社会用语的混乱。

第三节 新闻稿件的组织与发展

一份报纸是一个有机组合的整体,稿子之间相互联系相互依存,若想将一张报纸的功能发挥至最大,就要把稿子组合成具有集群效应的整体,使隐含在新闻中的新闻价值最大化。

编辑在工作中,经常要根据报道计划和最新的新闻线索,向记者和通讯员进行常规的稿件组织。当有重大事件发生,编辑部第一时间调动记者和通讯员,赶赴现场,或立刻通知驻地记者采访,向他们布置采访任务,依靠他们提供主要稿件,这就是一种组稿。这种组稿是经常性的,随时随地进行的。

在新闻竞争日益激烈的时代,编辑不应该被动地等稿子送上门,编辑也不应该做一个单一的"修剪匠",只是做一些修剪枝叶的工作,而应该具备整合所有新闻资源的能力,围绕新闻事件让记者、读者互动起来。组织稿件是编辑策划的延续,是实施策划的开端。

在新闻实践中,稿件的组织属于常用的编辑程序。

一、新闻稿件组织的意义

(一)增强稿件的整体性,满足读者需求

稿件出自不同作者之手,来自四面八方,这些稿件都是作者在一个特定的时间内,采取特定的角度对特定的事物所作的反映,由此看来各篇来稿都是孤立的、分散的。一个版由若干稿件所组成,如果能将多篇稿件结合成整体,也就可产生孤立的单篇稿件所不能具有的传

---

① 魏志刚、桂红星:《编辑环节防止后生差错浅探》,《新闻前哨》2012年第9期。

播效果。这种组合效应的取得,有赖于编辑精心配置稿件,使稿件在与其他稿件的配合中获得思想内容和表现力的提升。

(二)形式灵活,提高传播效率

消除单稿的局限。一个版通常刊登多篇稿件,但就每篇稿件即单稿来看,都可能存在某种局限,这种局限表现在:第一,稿件是单一的,并不能够反映事物的全貌;第二,稿件是孤立的,需要和其他的稿件发生千丝万缕的联系。报纸应充分发挥集合传播的优势,使单稿组织成稿群后能够产生更好的传播效果。有时一篇内容一般甚至有某些缺陷的稿件,经过编辑的巧妙安排,立刻显示出其价值。

(三)优化媒介新闻产品,表现风格特色

要凸显各版个性。报纸每个版都是报纸的一个局部,每个版在报纸总的编辑方针指导下,对于自身的内容、任务、特点等均有明确的规定。正是这种规定,使一个版能与其他版区分开来,表现出自身的个性。

二、新闻稿件组织的方法

新闻稿件的组织分为稿件内容的组织搭配和稿件形式的组合搭配。

(一)稿件内容的组织搭配

1. 保持本社记者、通讯员稿件和社外相关人员稿件的平衡

本社记者、通讯员的采访写作是完成报道计划、实现传播目标的根本保证,记者、通讯员的稿件构成了每一个报道的主体。在方案实施过程中,编辑根据具体的情况,也可以及时调整报道思路,临时向记者、通讯员组稿,确保新闻的时效性和报纸的风格。

在遇到了重大突发性事件,记者采访条件受阻、掌握材料不足时,就需要约请有关现场目击人撰稿。对一些敏感问题的报道,可能关系重大,或者涉及较多的专业知识,就需要向有关权威人士组稿,比如一些经济评论、科学评论。再比如一些讨论式报道中,读者的自发来稿虽说面广、信息含量大,但偶然性、盲目性也较大,为了保证讨论具有一定的深度和力度,就需要向有关人员组稿,满足报道深化的需要。

2. 保持宏观稿件和微观稿件的平衡

一张报纸,从自己的报道重点出发,既要及时刊登大量的宏观层面上的新闻,也要注意挖掘微观层面的新闻。

3. 保持消息、通讯等事实类新闻与言论类新闻作品的平衡

消息、通讯、言论是报纸必不可少的新闻体裁,将消息、通讯、言论合理搭配,会使得这三种体裁相得益彰,发挥出最大的报道功能。

4. 保持正面报道与负面报道的平衡

报纸是党和人民的耳目和喉舌,具有监测环境的功能。新闻报道应该客观真实反映现

实生活中发生的各种事实，而不能"报喜不报忧"，隐瞒不利于社会发展的负面新闻。

5. 保持深度报道和连续报道的平衡

各家报社都有自己的重点报道内容，而中央级报纸的重头报道尤其值得关注，其中最常用的就是深度报道。一次性地在报纸上展示事件的全貌，对事件进行透彻、深入地分析固然是一种很好的报道方式；但还有一种报道方式，编辑也应该灵活运用，那就是连续报道。因为对同一事件的连续报道，可以通过持续、动态的报道，及时向读者告知事件最新的发展动态，容易引起社会的关注，深度报道和连续报道并用，往往效果更好。

（二）稿件形式的组合搭配

1. 利用标题组合稿件

主要是采用同题集中，就是借用一个大标题，在标题下面集中编发几条内容相关、形式相近的稿件，共同构成一个统一的整体。这种组合方式的前提是，有影响的突发性事件或者重大的预发性事件，前者主要包括：灾难、事故、自然灾害等，后者主要是党代会、人代会等重要性会议，特别是一些突击性报道往往采取这种办法。同题集中不仅能够方便读者阅读和理解，还能优化版式设计，避免重复，节省版面。

（1）联合编排

对于同一新闻事件或新闻人物的报道，其报道文章有集中发表的也有连续发表的。这类报道有如下特征：一是构成报道的文本体裁多样化，既有简讯、详讯、深度特写，也有评论、背景资料，既有文字文本也有图片文本；二是报道的核心事件相同；三是报道的写作者可能不相同，但编辑者相同。同一主题报道的一组文章当中，文章的作者可能相同，也可能不同。

如《羊城晚报》2011年2月12日A9版关于埃及局势的报道。该报道以"埃及局势"为总题，共发表了包括"穆巴拉克辞职移权军方"、"埃及军方：会对权力过渡作出安排"、"穆巴拉克曾向以色列议员诉苦"、"国际反应（政治效应，评论）"、"市场反应（经济效应）"、"事件回放（背景资料）"等12个标题及"埃及军方发言人在国家电视台宣读第三号公"、"穆巴拉克携家人抵达西奈半岛（穆巴拉克头像位于埃及地图的左下角）"、"民众在埃及首都开罗市中心的解放广场庆祝穆巴"等在内的4幅图片，把这些题材和主题都相同的新闻编排在一起，能给受众留下深刻的印象。[①]

（2）连续编排

事物是不断发展变动的，报道就应该抓住事物发展变动的每一个瞬间，揭示事物的本来面目。连续编排就是对正在发生并持续发展的某一重要的、受众关注的新闻事件，在一段时间内进行连续及时的报道，完整反映新闻事实的发生发展结局及其影响，多用于突发性的事件的报道。

2010年10月3日，6名游客攀登青岛李村戴家山时迷路，《半岛都市报》在10月4日A4、A5版中进行了集中报道，在"大搜救民警11小时翻越26个山头"的大标题的统领下，设

---

① 参见周善：《报纸新闻稿件配置的互文性及话语秩序》，《新闻爱好者》2011年第16期。

置了"没吃的11个小时没敢动"、"翻越26山头4次进山搜寻"、"三区警方展开跨区营救"、"嗓子喊哑手电筒电用光"、"凌晨2点请来专业登山者"、"好消息传来大家不敢相信"、"最后的搜救仅用一小时"等展示了大山救援过程的来龙去脉，读者看完报道就能够清楚地了解救援的细节。

（3）对比编排

对比编排就是为了突出某个话题，把针锋相对的两种意见放在同一个版面，形成一个"分庭抗礼"的局面，制造"冲突"来吸引读者参与讨论，达到一个明辨是非的效果。

在《南方周末》2011年10月27日版的"政经版"有两篇稿件——《"与北京保持一致高度"的华西村大楼》和《并村与转型考验华西村1拖13，"首富村"能不能共富》就采用了对比编排的方式。前一篇讲述的是华西村大楼的豪华，后一篇是华西村十几个村面临的发展困难，两者对比，一褒一贬，在对比中对华西村不顾转型后的困境建豪华大楼进行批评和提醒！

（4）相关编排

事物之间总是发生着千丝万缕的联系。某些稿件，看似不相关联，但是通过发掘这些稿件上的共同点，就能将这些稿件联系起来，以全面地揭示事物发展的因果联系以及与外部环境的联系。

《南方周末》2011年10月20的"关注"板块中，就运用了相关编排的方式，编排的稿件有《为什么乔布斯选了他》、《"可能我一年后会读——如果我还在"》，这两篇稿件内容虽然不同但都涉及乔布斯。第一篇讲的是乔布斯为什么选艾萨克森为自己著传记，第二篇则写的是乔布斯在生病之后表达的读自己传记的愿望。两个稿件正是通过乔布斯的传记联系在一起。

2. 通过专栏组合稿件

专栏，是由若干具有共同性的稿件所组成的集合，在版面中往往自成格局。利用专栏这种形式组织稿件，是目前我国报纸经常采用的一种编辑方法。专栏的显著特点是它在报纸版面中具有相对独立性，专栏组织的稿件，可以突出展示稿件之间的相互关系，强化其相关意义。

一个专栏往往采用下列方式与版中的其他局部区别开来：除各篇稿件有自己的标题之外，整个专栏尚有一个总标题；专栏如果是连续性的，通常有固定的名称；整个专栏有时还采用勾线、围框等形式与其他稿件区别开来。

如2012年11月《新华日报》推出的"畅谈十八大畅想新征程"大型专栏，便在报道视角上采用了最大限度的开放模式，涵盖了诸如"记者视角"、"代表视角"、"专家视角"、"微博视角"、"百姓视角"、"基层视角"等多个侧面和层面，围绕"畅谈"和"畅想"两个关键词，把各条战线学习贯彻十八大精神的热潮和盛况予以了全景全息的呈现。该报对于十八大精神内涵的每一个层面的解读，都不是随意地选择，而是以有意义的微观叙事，最终连缀成一个全面、深刻、系统的有机整体。

在没有特色重头稿件的时候，经验丰富的编辑也会用社会关注、意义重大的专栏来充当头条，用这样的办法弥补重头稿件不足的缺憾。

专栏一般要常设，有固定的版面和固定的时间。这样，经过编辑总体规划，每期稿件之间容易形成连续性，多篇稿件能够多角度、多侧面地反映某一领域发展变化的进程，可以使读者随时全面地了解最新动态，培养读者的阅读兴趣。

针对一些重要性、规律性的事件，可以开办一些周期较长的专栏。比如每年两会期间，各家报纸都会设立一些专栏，报道参会代表、会议进程、会议议程等方方面面的内容。这种临时性专栏可以突出某一时期读者关注的大事要闻。

3. 图表文稿组合并用

大多时候，仅仅用文字表达很难达到最佳传播效果，图表则可以把抽象的概念具体化，让枯燥的数字变得生动起来，编辑可以利用图表来形象生动地解释情况。在使用图表时，可以灵活运用饼图、曲线图、柱状图、数字列表等，再辅以文字稿件的描述，往往能够收到事半功倍的效果。

以《北京青年报》为例，该刊以 2013 年 1 月的"北京两会"为报道重点，不仅做了连续的专题报道，还大胆启用图示形式，整个报道期间，共推出了 11 期图示版，包括《市人大代表是如何选出的？》、《政协委员是如何产生的？》、《市人代会如何审报告？》等，直观地呈现两会，生动形象地向读者普及有关人大、政协政治制度的常识性内容，如图 2-1、图 2-2。在重大会议报道中引入图示版，不仅将严肃的时政新闻做得活泼生动，而且也让读者从直观的图示中得到了一些政治知识，图示的创意受到读者的赞扬。

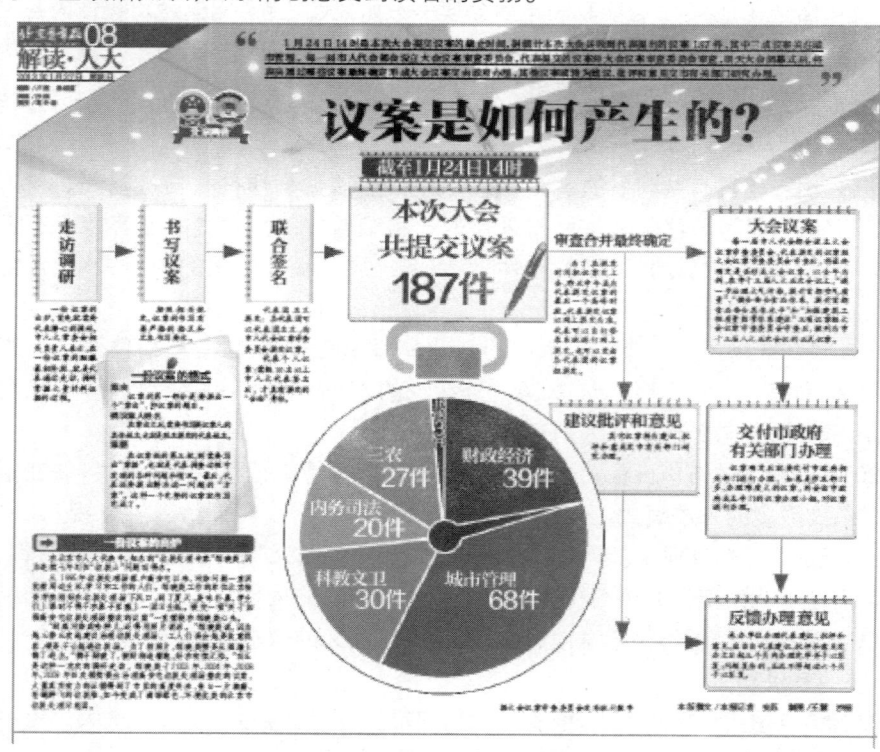

图 2-1 《北京青年报》2013 年 1 月 27 日 08 版

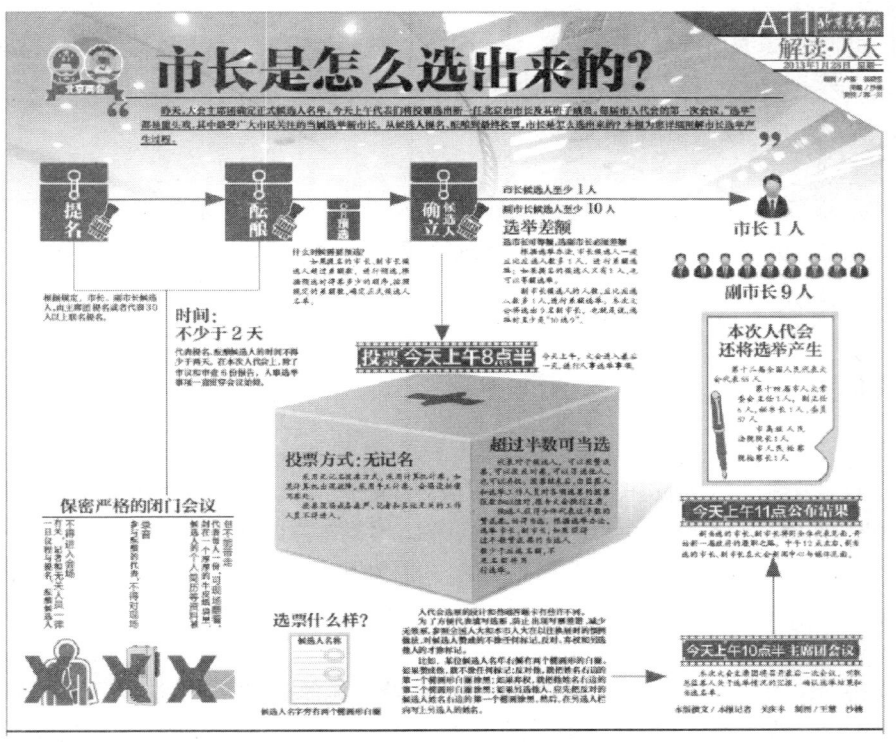

图2-2 《北京青年报》2013年1月28日A11版

三、新闻稿件的发展

稿件的发展,就是对现有的稿件通过配评论、配资料、配图片和加编者按语等形式进行补充完善,力求报道的完整性。

(一)配发评论

配发评论,即为了深化报道主题,为稿件配发简短的评论。如在《扬子晚报》2011年10月30日中的稿件《无锡市教育局紧急叫停 老师让差生去医院"测智商"》一文中稿件的"多说一句"板块就采用了配评论的稿件配合方式。这种做法有利于阐发新闻稿件的意义,深化报道的主题,有助于受众正确与全面地理解新闻报道的内容。

还有在稿件《"乔布斯卖苹果" 算晕六年级小学生》中的"多说一句"板块,作者也采用了配评论的方式,根据新闻内容,借题议论。

(二)配发资料

配发资料即为了满足读者的信息需求,将事物发展过程中的一些读者还未了解的细节配发释疑解惑的资料。在《南方都市报》2011年10月30日的稿件《列车蓄电池盖板松开 碰瘫广州地铁四号线》就采用了配发资料的方式。在新闻报道中,除了介绍广州地铁瘫痪及其原因之外,还配发"乘客回忆"和"事故还原"以及"广州地铁近期事故"的相关资料,延伸并扩展了报道,使受众能进一步了解这一事件的意义和全貌。

(三)配发图片

图片是新闻报道中不可缺少的组成部分,精心挑选的图片对新闻有证实和解释作用。为稿件配发的图片并不要求其时效性,可以是历史照片,也可以是制作的图示等。

四、新闻稿件组织的要领

(一)异中求同

要善于发现稿件间相同的因素,特别是有意义的相同因素。存在于稿件之间的相同因素归纳起来有三种:第一种是相同的主题,即稿件所表达的中心思想是相同的;第二种是相同的内容,即稿件所反映的社会生活、事件、人物、地点、时间等方面,具有同一的因素;第三种是相同的形式,即稿件所运用的符号、体裁是相同的,如同为照片,同为简明消息、读者来信等。

(二)同中存异

要发掘稿件的不同特点,使稿件间能够相补,提高整体传播效果。稿件具有相补的因素,是指稿件之间存在着连接、呼应、补充、发展等关系。以主题思想作为相同因素的稿群,要求在内容、角度、体裁等方面相补;以内容为相同因素的稿群,要求在主题、角度、体裁以及相同内容之外的其他方面内容相补;以体裁为相同因素的稿群,则要求在主题、内容、角度等方面相补。

第三章
报纸版面编排与创意

第一节 报纸版面的重要意义

一、报纸版面的发展演变

版面是报纸的脸面,是报纸产品形象的集中表现,在很大程度上向社会公众展示着报纸的精神和品格,是帮助和吸引读者阅读的手段。

(一)版面的概念

版面是报纸一个版的整体编排形式,是版的外貌。版面受版的内容所制约,但不是消极地反映内容,而是给内容以极大的反作用。[①] 概括而言,版面是各类稿件在报纸上编排布局的整体产物,是各类稿件内容的整体表现形式,是读者第一接触的对象。[②] 版面是展示新闻的一种形式,好的版面既能较好地体现了平面视觉艺术的要求,更在于它以一种合适的形式展示了新闻报道,传递新闻信息。一个恰到好处的版面能起到烘托新闻主体、突出新闻事实、强化阅读效果的作用。

(二)发展演变

伴随着社会政治、经济、文化、科技发展,报纸版面经历了一个较长的发展过程。中国古代报纸是书册式,篇幅较小,文字通排,既无栏的变化,也无字号、字体的区别。随着报纸印刷手段的改进、读者对报纸需求的发展以及报纸所面临的日益激烈的竞争,报纸版面才开始打破书册形式的束缚,以自身独特的形式出现在读者面前。

19世纪初,报纸上的新闻是随意排放的,没有重点,毫无顺序。既没有把重要新闻安排在版面的视觉中心,也没有认识到要为重要新闻制作标题。后来重要新闻开始被安排在具

[①] 甘惜分:《新闻学大辞典》,河南人民出版社1993年版,第183页。
[②] 蔡雯:《新闻编辑学》(第二版),中国人民大学出版社2010年版,第342页。

有强势的上半版,同时报纸上开始出现更多标题。这种情况一直到20世纪初才有所突破。

现代版面的主流——模块式版面,形成于20世纪60年代,70年代初成为美国报纸版面的主流。编辑开始将文字、图片等材料安排在规则的区域内,并尽量避免稿件的穿插,甚至促使广告部重新设置广告规格,以便为新闻留下更多规则的版面空间。①

我国现代报纸版面的演化在新中国成立以后揭开了新的一页。1955年至1956年,全国报纸版面由传统的直排一律改为横排,这是我国新闻史上一项前所未有的重大改革。1955年《光明日报》、《中国青年报》、《文汇报》等10家全国性和省级报纸由直排报纸改为横排报纸。1956年《人民日报》、《工人日报》、《大公报》、《健康报》4家全国性报纸和《北京日报》、《天津日报》、《解放日报》等17家大城市、省级报纸由传统的直排报纸同时改为横排报纸。②

这次改版是中国新闻事业的标志性事件之一,为全国报纸提供了模式,从中央到地方各级各类报纸相继改为横排,横排方式成了报纸版面的主导。

中共十一届三中全会以后,新闻改革促使报纸版面得到进一步发展,各报把版面编排当作一项系统工程对待。从稿件的体裁、字数的多少、字体的使用、标题的美化、版面的组合,都有具体规定和要求。

20世纪90年代中期,都市报异军突起,标志厚报时代到来,版面分叠,报纸呈现出版组化、导读化、大标题、大图片、模块版式等新特点。我国许多报纸实现了每日彩色印刷,版面美观,版式由传统的穿插式演变为现代的模块式。《南方周末》率先采用对开黄金报型、《都市快报》率先采用对开黄金报型。而《北京青年报》等都市报和《南方日报》、《广州日报》等一批党报均通过将标题放大、增加新闻图片等方式增强视觉冲击力,这批报纸的版面革新给我国的广大读者带来了新的体验,并拉开报纸市场竞争的先河。

到了21世纪的今天,报纸上出现了更多元化的形式。《新闻晚报》在2000年打造了我国第一份"瘦报";2000年的时候《经济观察报》采用黄纸制造"旧报纸"的感觉……这一系列的报纸版面设计改革形式,对我国的报纸版面设计产生了很大影响。

二、版面的基本功能

编辑离不开版面,版面是编辑工作最直接、最真实的体现。而版面的好坏又传达了编辑的思想,是编辑业务能力在新形势下生存和发展的必要条件。随着新闻行业质的飞跃和多元化的竞争局面,如何保持自己的位置、发挥版面应有的作用,这成为每一个编辑必须面对的问题。

(一)体现编辑思想,具有导向功能

报纸最基本的功能在于传播信息。现代报纸除了文字内容,版面本身也是引导舆论的重要方式。版面的不断革新正是为了强化内容对读者的影响,让读者更好地获取并接受报纸传播的信息。版面给各类新闻稿件提供的不仅是空间,也是评价。

---

① 张金玺:《美国报纸版式的流变与动因》,《中国青年政治学院学报》2002年第2期。
② 腾抒:《我国报纸版面演化轨迹探源》,《中国出版》2005年第5期。

编辑的观点则体现在对稿件的选择和版面编排中,报纸的版面是一种视觉化的新闻语言,版面设计不仅仅是形式问题,科学的编排设计思想,才是好版面的真正源头。

编辑在版面的编排过程中,不是随心所欲地拼凑,在版面上的位置、标题字号、版面装饰、是否配照片、字符颜色的浓淡、图片的色调等"版面语言"传达着编辑部的思想,版面通过充分调动这些元素来"发言",往往可以传达文字不便传达和不易传达的信息,有着更为直观和直接的导向作用。

鉴于版面的这种导向作用,众多报纸开始注重通过对标题、字号、色彩、图片的特殊处理来营造版面强势,把读者的注意力引导到当前的热点问题上。

如在2013年四川"4·20雅安地震"中,4月21日,《北京青年报》除了给这一突发事件予以集中报道,在"要闻"、"每日评论"、"今日焦点"三个专栏、8个版面详细报道了灾区的情况以及救援的情况,还在头版全版刊载地震现场的救人照片,以"生死时刻"、"救人!"的大标题向全国人民发出地震救援的信号,给读者以强烈的震撼力。同时,该期报纸并以黑色作为主色调,以表明对雅安地震这一突发灾害事件的哀悼,如图3-1。

图3-1 《北京青年报》2013年4月21日

(二)展示风格特色,具有标志功能

报纸首先呈现在读者面前的是版式。报纸的版式风格是报纸个性的最直观的体现。因报道内容和读者的不同,报纸在长期的实践中形成比较稳固的版式艺术特色。报纸的版式风格一方面受报道内容和读者的制约,但反转来又对宣传的内容产生一定的影响。一张报纸的个性,应当是报道内容与版式的完美结合。所以一种报纸必须形成自己独有的风格,才能吸引报纸读者,使报纸有特色。

版面风格作为报纸风格的重要组成部分,它是在长期版面编排的实践中积淀、凝聚而成的版面特色,是报纸个性化和成熟的标志。[①] 从经营角度看,它是报纸的重要品牌,是报纸的重要无形资产。版面风格的形成可以使报纸版面在整体上而不是局部上、在长时期内而不是短时间内与其他报纸区别开来,形成稳定的读者群。

报纸版面风格代表了一种报纸的形象和气质,版面风格独特的报纸,不仅能以特有的版

---

① 郑兴东:《报纸版面风格的构建》,《新闻战线》2002年第11期。

面形式吸引读者,而且能以独特的内容给读者以心理上的震撼。

如《人民日报》庄重、大气、凝重的风格,充分体现出党的路线、方针、政策,映现出它贴近群众、贴近生活的风貌。《光明日报》版面风格端庄、文雅、清秀,编排大方、整齐,重大稿件排列以矩形为主,充分突出内容的重要性。《南方周末》2002年改版时报名被处理成中国印玺的边框式样,其色彩接近传统印泥的朱砂色,成为该报的统一标志。《经济观察报》采用橙色新闻纸印刷,在清一色的白色新闻纸中脱颖而出;《新民晚报》用穿插编排,形成自己的特色,为读者所认同。

不同的报纸因其编辑方针与定位的不同,版面就显现出不同的特点,即使是同一类型的报纸,其版面风格也大相径庭。以《南方都市报》和《华西都市报》为例,同样作为都市报,《华西都市报》和《南方都市报》在内容上都体现了新闻的接近性的特点,而在标题上,前者概括性强,后者简约明了;在图片的使用上,前者倾向于使用巨幅图片,图片所占面积较大,后者图片占据面积较小;在版面的美化上,前者浓眉大眼,后者属于眉清目秀型,如图3-2。

图3-2 《南方都市报》和《华西都市报》报纸头版版面

(三)吸引读者阅读,具有导读功能

传播信息是报纸最本质的属性。一个好报纸版面,能够激发读者的阅读兴趣,使之在美的形式氛围中浏览丰富多彩的信息报道。如果信息量少,报道面狭窄,报道内容价值不大,再好的形式也黯然失色。因此,满足读者对新闻和信息方面的需求、渴望,是报纸版式最基本的功能。报纸提供的信息越多,价值越大,传播方式越适于读者接受,版式本身的功效也就越大,被读者选择的可能性也就越多。我国越来越多的报纸开始重视导读的作用。比如《钱江晚报》(图3-3),在报头下面用三个图文框,采用照片加标题的形式,告诉读者本期最有价值的新闻是什么。

图3-3 《钱江晚报》的封面导读　　　　图3-4 《北京青年报》的封面导读

也有一些报纸扩大了导读的应用,把导读扩大到整个头版的新闻安排上。比如《北京青年报》(图3-4),除了设有导读栏以外,头版上往往使用"大标题+导语+照片+页码",使内页有更多的报道在头版上"崭露头角",使得头版的引导性功能更为突出。在信息繁荣的今天,获取受众的注意力成为报纸最重要的目标,也是报纸版式最重要的功能。内容再丰富的报纸,不能把读者的注意力牵引过来,其他功能的实现也就无从谈起。只有包装诱人的报纸,才能一下子从众多报纸中"跳"出来,只有读者将视线定在这份报纸上,才能有浏览内容的下一步。因此打造报纸版式的吸引力成为各家报纸的重中之重。

第二节　报纸版面价值的实现手段——版面语言

版面语言是报纸编辑人员一种特殊的发言方式,即运用版面空间和各种编排手段来表现编辑人员对稿件内容的态度的特殊发言方式。

版面语言是表现版面思想的一种手段,一种技巧。版面思想在阶级社会中总是打着深深的阶级烙印的。把版面语言和版面思想完全等同起来也是不对的,因为这样,在实践中对版面语言进行推敲,在理论上对版面语言进行研究就完全成为多余,所谓正确表现版面思想也就可能成为一句空话。① 版面语言并非凝固不变的,而是逐步发展的。版面语言的发展已经构成了报纸发展的一个重要方面。版面语言之所以能发展,一方面因为是科学技术的进步,从物质上提供了发展的可能性,但更重要的是新闻工作者在长期的实践中逐渐认识到版面对内容的能动作用,不断探索、改进的结果。

一、版面语言的构成因素

版面语言是表现组版思想的手段和技巧,也是编辑部的一种特殊的发言手段。② 构成现代报纸版面语言的基本因素有:第一,版面空间,包括区域、面积、距离、形状;第二,编排手段,包括字符、图像、线条、色彩等;第三,版面布局结构。

(一)版面空间

版面空间是指由一定大小的纸张幅面所提供的编排范围,它不仅用于刊载文字、图片等信息,而且能够清晰地表达报纸的立场、观点和态度。因此,了解版面空间的性质,认识版面空间的特点,把握版面空间的编排规律,对于有效利用版面空间,充分展现信息价值具有重要意义。

版面空间之所以能够表现一定的编排思想,主要是因为版面空间存在着强势上的差异。所谓强势,就是报纸版面吸引读者注意的特性。一个读者阅读报纸的时候,对每个版面及每个版面上的各个局部的注意程度是不相同的,因而就形成不同的强势。充分认识和正确运用版面空间的强势,是组织版面的重要问题。

1. 区域

版面空间的不同区域吸引读者注意的程度不同,具有不同的强势。区分版面空间的不同区域强势的概念是版序、区序和栏序。

(1)自然版序和版序

自然版序表示报纸各个版面的排列的先后顺序。在报纸只有4个版时,自然版序的规定比较简单,第1、4版在同一面,打开报纸,第2、3版在另一面。但当报纸的版面增加以后,自然版序的规定就出现了三种情况:第一种是报纸每一张单独折叠,独立安排自然版序,报纸各张的自然版序相接;第二种是各张报纸重合折叠,依次安排自然版序;第三种是报纸分成若干个版组,自然版序以版组为单位进行编排,各个版组的自然版序可以按第一种形式排列,也可以按第二种形式排列。

一般来说,第一版与其他版相比,最能吸引读者的注意,最具有强势。因此,我国的报纸一般都把第一版作为要闻版,用以刊登当天最重要的新闻。从读者的目光接触来考虑,报纸左侧的版面经常被翻动,右侧的版面相对静止,因此,报纸右侧的版面比左侧的版面更具有强势。

---

① 郑兴东、陈仁风,《中外报纸编辑参考资料》,中国人民大学出版社1989年版,第224页。
② 余家宏、宁树藩、徐培汀、谭启泰:《新闻学简明词典》,浙江人民出版社1984年版,第110页。

（2）区序

报纸上的每一个版面都可以划分成若干区，各个区根据强势大小所排列的次序，就是区序。

如果把一个版水平分为两半，其空间就出现了上区和下区。从强势来看，无论是横排报纸还是竖排报纸：上区优于下区。如果把一个版垂直分为两半，其空间就出现了左区和右区，对于横排报纸来说左区优于右区，对于竖排报纸来说右区优于左区。如果把上述两种分区方法重合在一起，则版面空间可分为上左、上右、下左、下右四个区。横排报纸的版面优势定律是：上区优于下区，左区优于右区，上左优于上右，下右优于下左。

按其强势从大到小排列：横排报纸：上左，上右，下右，下左。竖排报纸：上右，上左，下左，下右。在我国报纸的版面编排中，区序规律的运用占有重要地位，是表现编排思想的主要手段之一。版面上的区是无形划分的。

（3）栏和栏序

版面上的划分是无形的，即不直接表现出来的，它只是读者阅读心理上的一种划分。直接表现于版面上的划分是栏。报纸的每个版面都划分为若干栏。横排报纸的栏是自上而下垂直划分的，每一栏的宽度相等。一个版面按几栏分版是相对固定的。这种相对固定的、宽度相同的栏称为基本栏。每一个报纸都确定有相应固定的分栏制。分栏制是一个报纸对版面划分为多少个基本栏的规定。一个报纸采用何种分栏制，根据是否有利于读者的阅读，是否有利于表现报纸的特点来确定。

从阅读心理看，分栏过多、基本栏过窄、阅读时视线移动频繁，容易造成眼睛的疲劳；分栏太少、基本栏过宽、则阅读时容易产生错行的现象，影响阅读的效率，甚至影响对原文的理解。一般来说，对开横排报纸的版面采用6至8栏是比较合适的。如果报纸的短小新闻较多，版面以活泼为其风格的基调，则采用8栏比较合适。如果报纸的长稿较多，报纸版面以庄重为其风格，则采用6栏或7栏比较合适。

2. **面积**

在运用版面空间时，除了要注意空间的次序，如版序、区序、栏序之外，还要注意版面空间的大小。版面空间大小不同，所显示的强势也不相同。占据的空间越大，给读者视觉上的刺激就越强烈，就越容易引起读者的注意；占据的空间越小，给读者视觉上的刺激就越弱，就越不容易引起读者的注意。因此，赋予不同大小的空间，是体现报纸对稿件的不同评价的重要编排手段之一。[①] 无论是文字还是图片，都可以利用面积来表示强势，尤其是重要的稿件，往往利用大面积的图片及大字号的标题来占据较多的面积，显示其新闻价值。

3. **形状**

任何一篇稿件在版面空间中都表现为一定的形状。不同的形状可以产生不同的视觉效果。稿件在版面空间中的形状可分为两大类：一类是四边形，一类是多边形。四边形只有四条边，结构简单，浑然一体，容易与周围背景清晰地区别开来，因而比较醒目，容易引起读者

---

① 郑兴东、陈仁风、蔡雯：《报纸编辑学教程》，中国人民大学出版社2005年版，第245页。

注意。多边形边数多,结构比四边形复杂,相对来说,不容易与周围背景清晰地区别开来,不易引起读者注意。因此,四边形比多边形具有强势。利用不同形状所产生的强势上的区别,可以表现稿件的不同重要性。此外,四边形整齐规则,看起来比较庄重,而多边形变化较多,显得活泼,利用这个特点对不同风格色彩的稿件则可以采用不同形状的编排。

形状还表示版面中局部之间的关系,即距离。距离是版面空间的一个重要因素。版面中各组成部分,如文、标题、图片等由于所处的位置不同,相互之间就出现不同的距离。距离远近反映了版面各组成部分之间的疏密关系,因此,在安排版面的布局结构时,距离是一个重要的表现手段。距离还是版面形式美的重要构成因素。版面空间不仅能够利用区域、面积、形状显示稿件间的强势差异,而且能够通过距离揭示稿件之间的联系。

(二)编排手段

编排手段是安排版面所采用的物质手段,是版面语言的一种基本形式。版面空间需要编排手段予以填充,编排手段需要借助版面空间,二者相辅相成。版面编排手段包括字符、图像、线条、色彩等。

1. 字符

字符是形、声、义的统一体,字符的形具有可视化的特点,报纸可根据字符的形的变化来刺激读者的感官,使读者产生不同的感受,因此,在版面上是一种重要的编排手段。

字符的变化主要表现在字号和字体两个方面。过去我国报纸是活字排版印刷,现在采用先进的计算机激光照排系统。计算机激光照排系统的字号采用级数制。级数制将1厘米分为40级,1级的长度为0.025厘米,即0.25毫米。① 字号的大小直接影响字符的清晰度,比较而言,大字号的字符更具有强势。

我国报纸活字排版时一般常用的字体有:宋体(老宋体、普体、白体)、楷体(手写体、活体、正体)、仿宋体(真宋体)、黑体(方头体、粗体)等。有时为了美化版面,根据稿件内容的特点,标题字还采用一些其他字体,如牟体、黑变体、隶书体等。计算机激光照排系统的汉字库所存字体,除上述活字的字体外,还有细圆体、琥珀体、舒同体、综艺体、彩云体等。这些字体或端庄或轻巧,或古朴或活泼,都需要根据稿件的内容及编辑意图来确定。

2. 图像

图像是报纸上通过摄影或绘画所显示的形象,包括照片、绘画、图表、有美术装饰的题头(经过美术装饰的标题)、栏头(专栏名称)、版头(又称刊头,专版专刊上标出名称、期数等内容的部分)以及报花(专作装饰用的小画)等。② 图像的作用在现代报纸上越来越重要,在传递信息的同时还构成版面的整体风格和个性,特别是具有动态性和大幅面的图像往往是版面的视觉中心。

图像一般所占的面积比最大号的字大,而且墨色比较重。因此,与字符比,图像能给读

---

① 郑兴东、陈仁凤、蔡雯:《报纸编辑学教程》,中国人民大学出版社2005年版,第247页。
② 蔡雯:《新闻编辑学》(第二版),中国人民大学出版社2010年版,第357页。

者的视觉以更强的刺激,在强势上有明显优势。

3. 线条

线条是除字符和图像外使用较多的基本编排手段之一。线条分为水线和花线,水线包括正线(细线)、反线(粗线)、双正线(两行细线)、双反线(两行粗线)、正反线(两行线,一粗一细)、点线、曲线等。花线是具有各种花纹的线条。

在版面编排中,对重要的稿件,常常采用加线条的办法。这是因为稿件加上线条,更能引起读者的注意,也就是具有更大的强势。不论是单篇稿件还是相同主题不同内容的一组稿件,均可以通过添加不同类型的线条来进行编排,从而使报纸版面重点突出,富于变化。

4. 色彩

随着技术的不断进步,色彩在报纸版面中的作用日益凸显,它可以较好地处理版面全局与局部、局部与局部之间的关系,还能够通过色彩明度、色调的强弱,吸引读者的视线,增强报纸的亲和力,成为形成个性风格与视觉识别的重要手段。色彩的运用是有着自身规律的。

色彩有红、蓝、黄三种基本色(俗称三原色)。这三种基本色经过相互调配,可以调出各种各样的色彩。不同色彩的刺激,具有不同的视觉效果。目前报纸的彩色印刷是通过四张软片组合完成的,包括蓝(cmyn)、红(magenta)、黄(yellow)、黑(black),这样的彩色印刷称为四色印刷。这四种颜色可以配置出成千上万种颜色。

色彩作为现代报纸版面重要的构成要素,主要功能有:第一,信息功能。报纸作为一种传播介质,其主要功能就是传播信息,而在其中运用的色彩,也就具有传播信息的功能。第二,传情功能。读者在接触到版面上的色彩时发生联想和心理感应,使色彩具有感情。色彩的形式因素对人的情感、思想和行为就起着直接的作用。第三,强势功能。色彩在版面上具有影响读者视线流动的能力,特别是体现在彩色版面,就更容易吸引读者的注意。

5. 留白

在现代报纸版面的设计中留白版面编排的重要手段,版面设计人员可以通过标题排列与四周进行标题区域留白、图片与文章之间留白、行距之间留白、内文区域留白等使版面形成鲜明的黑白对比。以达到突出文、图及美化版面的目的。从版面区间来看,要闻版、时政版、社会新闻版、经济版等版面应适度留白;而娱乐版、体育版、副刊版、时尚版、旅游版等版面在保持版面整体风格和谐统一的前提下,可适当放宽留白尺度。在版面留白问题上,"适度留白"是我们应遵守的原则。

(三)版面布局

版面的布局结构是指将构成版面的各个组成部分通过一定的方式结合成一个统一的版面,是各组成部分之间相互联系的形式。版面布局包括稿件的布局结构、题与文的布局结构两个方面。版面布局结构的任务就是安排好版面的整体与局部、局部与局部之间的关系,使之做到合理、适当、美观,既能够符合读者的阅读习惯,有助于读者的理解,又能够实现报纸编辑传播信息的有效性。

1. 稿件的布局结构

稿件的布局结构是指版面上各篇稿件相互组合排列的表现形式。每条稿件的形状是稿件结合的主要基础，而稿件的形状可分为矩形和多边形，根据形状的不同采用不同的组合方式。因此稿件的布局结构可分为排列和穿插两种。排列是以规则的矩形将稿件排放在版面上，这样安排的稿件排列整齐，界线分明，方便读者阅读和编辑组版。穿插就是以整体呈多边形的稿件互相镶嵌交错地结合在一起的方式安排稿件。穿插的形式多种多样，有的稿件只被一篇稿件所穿插，有的稿件同时被多篇稿件所穿插。穿插使用使版面曲折生动，富于变化，在视觉上可以化整为零、化长为短，但存在不便读者阅读的缺点。

2. 题与文的布局结构

标题与正文之间的排列的表现形式即题与文的布局结构。在版面编排中，题与文的不同关系使得报纸的易读性有了强弱之分。

题与文的布局结构中，局部与局部有着互相影响、互相映衬的紧密联系。如果每个局部的题与文的布局结构不恰当，版面就难以组织成统一的整体；如果每个局部的题与文的布局结构都是一个模式，那么整体布局结构就会显得很呆板；如果题与文的布局结构不注意均匀分布，就会出现某个局部挤了很多标题，使得另一个局部没有标题而显得头重脚轻。因此，题与文的布局结构，是版面布局结构的一个重要组成部分。

（1）排文的基本形式

版面上正文的排列有基本栏和变栏两种基本形式。基本栏是依据方便读者阅读、有利于版面编排的原则而划分的。因此，就整个版面说，应以排基本栏为主，但遇到稿件的标题字数较多而又需要突出的情况下，就需要适当地采用变栏。

所谓变栏，就是以基本栏为基础而变化出来的不同于基本栏的栏。变栏有两种，一种是长栏，其宽度是基本栏的整倍数，如两栏、三栏等。另一种是破栏，其宽度是基本栏的非整倍数，可以大于基本栏，也可以小于基本栏。破栏可以使版面更富于变化，增进版面美。

（2）题与文的长度关系

版面上每篇稿件的标题与文是排在一起的。题与文必须易于结合，版面才能组织起来，否则，组版就会发生困难。在题文结合上要特别注意它们之间的长度关系。容易结合起来的题文关系有：题与文的栏宽一致，即题文等宽，如图3-5a；题的栏宽是文的栏宽的整倍数，如图3-5b；题宽并非文栏宽整倍数等，如图3-5c。

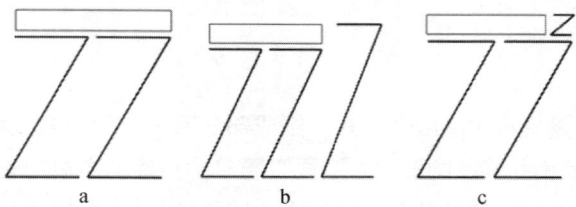

图3-5 题与文的长度关系

总之，除非事先作了补救准备，在设计版面时应尽可能避免出现题文不易结合的情况。

(3)题与文的位置关系

稿件的标题与文字是一个有机的整体,但并不意味着标题只能处于文中一个固定的位置,标题在文中的位置可以根据具体的版面灵活安排。处理题文位置的原则是,题对文在视觉上应有统领作用,读者看了标题就能找到文的开头并顺利地阅读下去。题对文在视觉上统领作用的强弱,与题在文中的位置有密切关系。

常见的题有:盖文题、眉心题、左竖题、右竖题、串文题、串文左竖题、上左题、上右题、文包题、文包竖题、对角题、对角竖题、旗式题、旗式左竖题、中右题、腰带题、碑式题、左侧题、上中心竖题等。无论题与文位置如何变换,最根本的原则就是题对文应有统领关系。

二、运用版面语言需要处理的关系

编辑运用版面语言来表现稿件内容和思想体现编辑对内容的态度,是编辑的一种创造性劳动。版面语言原本只是一些散乱、孤立的符号,编辑对这些符号加以合理地排列组合,使得原本无声的版面语言就变成一曲动人的乐章。报纸编辑在实践中应努力处理好以下关系:

(一)内容与形式的关系

一个好的报纸版面应该是内容与形式的完美组合。作为文化产品,报纸版面应该服从和服务于报纸的内容,并以富有个性的版面语言去表现内容。反过来,版面有需要依赖于一定的艺术表达形式进行表现,有着不依存于内容的独特规律性。版面是由内容决定的,又反过来作用于内容。如获得第22届中国新闻奖报纸版面二等奖的省级日报《海南日报》在2011年12月30日推出了"年度国际事件盘点"的专版,该版面以大气的彩色跨版、新颖的图说版式出奇制胜,其中应用了照片、图表、字符、线条、色彩等版面编排手段,具有强烈的视觉冲击力,如图3-6。

图3-6 《海南日报》2011年12月30日C2-7版

(二)编辑与读者的互动关系

报纸版面虽然是静态的,但它凝聚了编辑人员的思想和情感,编辑人员进行版面编排时,首先会对新闻内容判断和吸收,然后调动各个版面元素,利用各种编排手段很好地进行版面的组合。版面一方面要反映编辑自身的审美取向,另一方面也要契合读者的接受程度及读者的阅读心理,使版面有思想,会说话,能代表编辑与读者交流思想和情感。

(三)整体与局部的关系

一般来说,每期报纸都会有报道的重点,在组织各类稿件时,要注意稿件与稿件之间的内在联系,使它们形成合力,产生整体效应。在某一宣传报道的整体观念下,既要有整体,又要有局部,在保持其整体和局部风格一致性的基础上,使整体版面的设计在传播效果上获得一次升华。这样,整体给读者提供的信息量就大于各篇文章的信息量之和。

第三节 报纸版面设计

报纸版面设计是指在有限的版面空间内,将正文、标题、线条、照片、图画等版面构成要素进行组合排列,并运用各种造型要素及美学原理,把各类信息通过美的视觉形式传达出来。这项工作既要求编辑具有宏观意识、大局意识,又要求编辑具有较强的专业技术水平,能够处理版面设计中出现的千差万别的问题。

一、版式设计与确定

版式是报纸版面的结构,是版面编排的方式和样式。[①] 报纸的版式因其定位和编辑方针不同,报纸的版式就不同;即便是在同一份报纸版面中,每一种版式都有它自身的特点。掌握这些特点,在组织版面时,面对特定的内容,就可以考虑应该选择哪一种版面形式较为合适,并且在运用这种版面形式时,知道怎样才能使它具有最大的表现力。

(一)中国报纸版式设计的类型

根据我国文字的特点及文化的传承,根据内容的不同,把报纸版面分为三个基本类型,即:集中式、重点式、综合式。从形式设计角度也可分为三种:规则对称式、非规则对称式、齐列式。

1. 根据内容组织的特点分类

(1)集中式版面

集中式版面即是用一个版或一个版的主要篇幅来刊登一个主题或某一个方面的内容。

---

① 甘惜分:《新闻学大辞典》,河南人民出版社1993年版,第185页。

集中式版式更多应用于专版，因专版刊登的内容范围较小，更有可能以一个版的篇幅来刊登某一特定主题或内容。集中式版式也用于综合版，但往往是在表现重大事件等。

(2) 重点式版面

重点式版面即为了特别强调版面的某一局部，把这一局部作为版面的重点。一般全版只有一个重点，有时也有两个重点。读者看这种版面，首先会被这些重点所吸引，然后再去注意其他部分。当版面上有一两篇或一两组稿件特别重要，需要在版面上予以强调时，往往采用这种版式。

如《人民日报》2013年4月21日关于"4·20"四川芦山地震的报道。在第二版要闻版对芦山抗震救灾的工作给予了集中报道，如图3-7，是集中式版面，而在头版放在头版头条，予以重点报道，是重点式版面，如图3-8。

集中式版面　　　　　　　　　　　　重点式版面

图3-7　《人民日报》2013年4月21日2版　　图3-8　《人民日报》2013年4月21日头版

(3) 综合式版面

这种综合式版面的特征是，整个版面所包含的稿件比较多，它们之间虽然也有主次之分，但并不特别强调这种区分，不着意引导读者特别去注意版面的某一局部，而是力图表现版面内容的丰富，让读者自己去判断和选择。当版面的内容比较多、比较分散，而且没有特别重要的内容需要强调时，一般采用这种版式。如图3-9中，《中国青年报》头版刊载了八篇新闻稿件和一则图片新闻，因为版面内容比较多、比较分散，而且没有特别重要的内容需要强调，采用综合式版面，整个版面显得比较均衡。

综合式版面　　　　　　　　　　　规则对称式版面

图3-9　《中国青年报》2013年5月10日头版　　图3-10　《北京青年报》2013年2月11日3版

2. 根据稿件排列的形式分类

（1）规则对称式

以版面的垂直中分线为对称轴，左右两边完全对称。这种版式，对于稿件要求过高，使用较少，一般遇到重大新闻事件或节庆日时使用。

这种版面结构的特点是，讲求版面左右的工整对称。版面以垂直的均分线为中轴线，左右两侧安排的稿件的形状，包括标题的大小、题文关系、文稿长短、图片外形等完全相同或者十分相似。其优点是版面比较匀称整齐、端庄大方、对比性强、整体感强、美感突出、有均衡稳定的效果。比较适宜于表现一组内容上相关联篇幅上又不很长的稿件。如《北京青年报》2013年2月11日3版中对春晚草根明星张雪敏的报道中，该版面上部文字与文字左右相对称，中部一张通栏图片，下部图片与图片左右对称，如图3-10。但这种版面也有严重的缺点，如果要进行规则对称式方法进行编排，内容常常要迁就形式。所以编辑人员在设计这种版面时，常常不得不削足适履，让内容迁就形式，如将长稿子不适当地删短、将短标题拉长等。因此，设计这种版面要慎重。

（2）非规则对称式

不对等的对称形式，主要有上下对称与对角对称。这种版式运用较少，为平衡版面则需要这种非对称，如《浙江日报》2013年1月17日4版，图3-11。该报上下两个半版以通栏图片隔开，上半部分和下半部分均围绕一个主题集中稿件，并且文章和图片对称。而《新快报》2013年3月25日16版(如图3-12)则是右上角和左下角的图片对称，文章对称。

上下对称式版面

图 3-11 《浙江日报》2013 年 1 月 17 日 4 版

对角对称式版面

图 3-12 《新快报》2013 年 3 月 25 日 16 版

（3）齐列式

用某种统一的方式整齐地排列稿件，版面整齐划一。这种版式，有利于安排稿件，也符合现代浅阅读时代读者的阅读习惯，现代都市报采用较多。如《北京晨报》在 2013 年 6 月 2 日 24 版"人文悦读"栏目中就采用了齐列式，如图 3-13。

（二）西方报纸版式设计类型及演变

自 16 世纪威尼斯小报诞生后至今，西方的近现代报纸已有了四五百年的历史。与中国报纸版式发展的情况类似，最初西方国家报纸的版式也基本上全盘模仿图书。18 世纪，美国报纸发生了重大变化，即逐渐抛弃了标准的图书格式，纷纷采用大型号纸张以扩大版面，但受印刷和造纸技术的限制，这一时期的报纸版面除了在纸张的尺寸规格上有所改变外，版面形式并没有大的突破。这种状况一直维持到 19 世纪中期。此后，工业化浪潮带动

齐列式版面

图 3-13 《北京晨报》2013 年 6 月 2 日 24 版"人文悦读"

了造纸技术和印刷技术的进步；商业经济的发展迫切需要大量的信息，报纸不得不改变传统的版面设计。西方报纸的版式变化主要经历了垂直式、水平式、垂直与水平混合式、静态模块式这几个主要阶段。

1. 垂直式

这种版式的形成与当时的印刷条件密切相关，因为高速旋转的印刷机为了防止印版上的活字在印刷机高速旋转时脱落，使用了从上至下贯穿印版的长金属条嵌在版中起固定作用，这些金属条在印刷中形成的细线自然成为各栏的分割，因此一栏以上的标题不可能出现在报纸版面上。①

垂直式版面（如图3－14）的主要特点是：第一，标题与正文都按基本栏排列，版面纵向分割，整齐、有次序，但缺少变化；第二，以标题行数的多少区分稿件的重要程度，而不是由标题的长度（栏数）区分。编辑习惯于制作多行标题，或称"标题组"来概括新闻内容，并使用不同的字体字号吸引读者注意；第三，很少采用图片，版面修饰少，版面语言贫乏，版面设计对内容的表现力差。②

2. 水平式

19世纪60年代，报纸印刷开始采用铸版术，浇注的铅版使图片、标题、广告等不再受分栏的限制。到1890年，轮转印刷机已经被铸版和卷筒纸的印刷机取代。同时，美国报业步入了大众报纸时代，报纸之间的激烈的竞争不仅要求报人在新闻内容上有所创新，还要求报纸在版式上有所突破，在新的技术与报业竞争环境中，水平式版面出现了。

水平式版面具有与垂直式版面与众不同的特点，如图3－15：

图3－14　西方报纸的垂直式版面

第一，多数稿件随标题的栏数截为短行，串排在标题下面，题与文构成横向的长方形。正文和标题形成一个统一的整体。

第二，大部分标题排列成为横跨数栏的长标题，标题形式简化，层次减少，字号加大。

第三，图片增多、篇幅加大，且多用横的长方形照片，易于排版。

第四，版面抽去栏线，删除装饰性印刷符号，题与文之间、图片周围空隙加大。③

---

① 殷莉：《西方报纸版面的历史演变》，《中华新闻报》2004年6月25日。
② 蔡雯：《新闻编辑学》（第二版），中国人民大学出版社2010年版，第370页。
③ 蔡雯：《新闻编辑学》（第二版），中国人民大学出版社2001年版，第371页。

图 3-15　西方报纸水平式版面

3. 垂直与水平混合式

20世纪印刷出版技术不断取得新的突破,为报纸版式革新提供了更大的技术空间。从20世纪初期的胶版印刷到丝网印刷;从50年代摄影术进入印刷程序,照相排版机、活字排版机和光子开始稳步入侵"热金属"排字领域;再到60年代末引进的计算机排版和新的印刷技术……这一系列的技术手段的革新,使报纸编辑更加灵活自如地运用各种版面元素。随着电视媒体的出现,报纸在图片的运用与版面的视觉效果上需要进一步探索和创新。在20世纪后半期,垂直与水平混合式的版面在西方报界成为主流,如图3-16。

垂直与水平混合式版面的主要特点是:

第一,版面编排以横为主,横竖结合。如在版面左侧或右侧刊登一些竖新闻,使版面横竖结合,避免单调;第二,特别重视图片的作用,使图片成为版面的核心;第三,同一版上用粗体字和细体字形成强烈对比,不再强调字体的变化;第四,基本栏减少、加宽,使版面更加优雅、简单。对重要新闻或有特色的长新闻加框。框的尺寸可以很大,框内的新闻往往配上图片,框线用细线。①

图 3-16　西方报纸垂直与水平混合式版面

---

① 蔡雯:《新闻编辑学》(第二版),中国人民大学出版社2001年版,第372~373页。

4. 静态模块式

模块式版面形成于20世纪60年代。70年代初,模块式版面成为美国报纸编辑耳熟能详的名词,编辑开始将文字、图片等材料安排在规则的区域内,并尽量避免稿件的穿插,甚至促使广告部重新设置广告大小规格以便为新闻留下更多规则的版面空间。

1982年,甘尼特报业集团创办了美国第一份成功的全国性报纸《今日美国》,该报的版面设计令人耳目一新,它以大量富含信息的图表来解释新闻,成为西方报纸版面发展史上的一个里程碑,在它的影响下,西方报纸掀起了一场"重新设计运动"①。以《今日美国》为代表的新型版面,是一种从垂直与水平混合式版面进一步发展起来的静态模块式版面,版面模块式编排是现代报纸版面编辑的一大特征,如图3-17。

"模块"即指一则新闻,或一组稿件形成的规则矩形,可以用围框与其他稿件加以区分,或者仅凭四周的空白加以区分。

图3-17 静态模块式报纸版面

如今,模块式版面朝规则化方向进一步发展,形成一些相对固定的基本版面模式。它用栏线或空白将版面分割为几块规则的四边形区域,最常见的形式有水平方向划为2:4或1:5,然后在每块区域内依稿件的重要性安排其位置(通常也是规则的四边形)。②

模块版式具有以下意义:

(1)清晰简洁。模块形成是以信息组为前提的,相关元素组合在一起,形成版面对比,因而这样既简洁又吸引人。

(2)编排方便。模块编排使找文章方便,不必在整版处或大部分版面上大动手术。如果新换的文章比较短,编辑就可以加一篇;如果比较长,编辑就可以抽掉两个或更多个模块。不论哪一种做法,编辑都不必牵动一大片版面来做调整。

(3)组合方便。模块版面还使版面编辑更容易把相关的文章、照片和图画进行归类,以方便读者。组合的基本原则是所有相关的材料都应该放在同一模块里。模块运用得恰当,就能增强视觉信息。

(4)平衡方便。模块还能使编辑比较容易平衡版面,并能消除由长文章造成的版面上的一大块灰暗。将版面分成若干模块,能够使编辑精心编排各个具体部分,因而整个最终产品

---

① 蔡雯、甘露:《西方报纸版面变革及其动因探析》,《国际新闻界》2002年第4期。
② 张金玺:《美国报纸版式的流变与动因》,《中国青年政治学院学报》2002年第2期。

一般具有比较鲜明的对比。

静态模块式版面的主要特点是:①

第一,采用静态设计,版面完全以模块为基础确定整体结构框架,并规定专栏版位和形式、稿件题文格式、标题字体字号、色彩与线条的使用规则,每天的版面设计都是在这个大框架中进行,不轻易改变。

第二,对模块的设计包括单稿模块与多稿组合的模块两类。单稿模块就是单篇稿件以矩形呈现;多稿组合的模块,是以同题组合、专栏组合或集中编排的方式将若干篇稿件放置在更大的矩形区域中,强调其共同性。模块结构便于报纸版面各部分功能划分,方便读者阅读和保存,方便编辑撤换稿件及报纸实行滚动出版。

第三,重视彩色图片,较多地使用示意图来解释新闻,使信息传播更加直观、形象,方便读者的阅读和理解。

第四,重视稿件的精编和内容提示,标题结构简单,字体统一,字号较大。重视版面留白,色彩鲜艳。版面结构清晰,富有美感和活力。

上述版式类型在西方报界中是比较具有代表性的,随着社会的不断发展,技术水平的提高,版式设计也会有不同程度的改变,各国报纸在积极跟随版式设计潮流的发展趋势外,还努力塑造自己的鲜明的个性特色,值得我国报界学习和借鉴。

(三)报纸版面设计的原则

版面设计作为报纸信息传播中的重要一环,其设计的水平高低,直接关系到其信息是否能有效地传播。它是在版面上将有限的视觉元素进行有机地排列组合,将理性思维个性化地表现出来,是一种具有个人风格和艺术特色的视觉传达方式。总结近年来报纸版式改革的经验,在版面设计中必须遵守的原则有:

1. 个性化原则

报纸突出个性元素,形成独特的版式风格,是读者区别其他报纸的相对固定的特色。没有个性的版面是失败的,就像一张毫无个性的面庞,不易让人记住。报纸版面风格一旦形成,就不宜轻易改变,只宜做改进式的细节上的微调,而不宜做颠覆性的变革。组版编辑应当在符合报纸风格的前提下,逐日规划新鲜的、醒目的版面。如《人民日报》大家风范、庄重大气;《中国青年报》的文章多以思想性见长,有理性、深刻、严肃的特点,它的版式就较平实、朴素;《南方周末》时尚简约、流畅严整;《北京青年报》以年轻人关注的城市、文化的动态信息为主,特点是快、新、观点有个性,它的版式就浓墨重彩。树立自己风格的同时应符合视觉审美的规律,以自家报纸的性质及读者定位为准则。

2. 简约化原则

在当前时尚、快节奏的现代生活状态下,简洁、单纯的形式受到更多受众的喜爱和追求,这在现代设计领域也得到了体现。简单明了、直接切入主题、充满创新意识的设计备受推

---

① 蔡雯:《新闻编辑学》(第二版),中国人民大学出版社2010年版,第374页。

崇。越来越多的报纸采用模块排版、横题一横到底的版式，一块块规则的文章区域，整个版面的横题、统一的标题字体、色彩的单一明快、每栏字数减少、栏间距变宽，符合国际潮流及网络时代人们的阅读习惯，体现了现代人简洁是美的审美情趣，使读者能方便地找到并接受自己需要的信息。

3. 艺术化原则

版面编辑在报纸设计过程中，根据内容、目标功能系统的要求，运用艺术手段来正确表现版面信息。因此，是一种直觉性、创造性的活动。版式设计是现代设计艺术的重要组成部分，是视觉传达的重要手段。它不仅是一种技能，更是技术与艺术的高度统一。

4. 内容至上化原则

设计形式必须以内容为前提，在版式设计中要恪守内容至上的原则。报纸在速读时代仍需保持高尚的品位和实用的功能，并且还应遵守形式为内容服务这一主要原则，在进行文字的编排设计之前，对作品必须要有深入地理解，认真考虑清楚作品要表达什么，让版式的编排屈从于文字的需要。

二、版面编排中各个元素的设计要求

版面设计，就是根据一定的指导思想，运用版面语言恰当地安排稿件，以组成能动地表现内容的完整统一的版面。

报纸编辑是运用正文、标题、线条、照片和图画等版面元素来设计版面。

（一）正文

正文是用来排报道和文章的文字。文字是版面视觉语言中的主角，是报纸与读者交流和沟通的符号。一份报纸中可以没有图片、色彩，但是不能没有文字，没有文字的报纸就不成为报纸了。正文涉及字号、字体。

不同的字号、字体具有不同的特点。一般说来，大号字要比小号字醒目而更具有强势；同一字号中，笔画粗的字体要比其他字体醒目而更具有强势。版面上表现稿件不同重要性的一个重要方法，就是运用标题字号、字体的不同强势。有时特别重要的稿件的正文，也可以采用较大的字号，以强调其重要性。如目前我国报纸正文大多是用小五号字，特别重要的稿件可改用五号字甚至小四号字。当我们用较大的文字，密集地叠印时，作品就会呈现出紧张而激烈的情绪；当用较小的文字，疏散地叠印时，作品就会让人觉得轻柔而抒情等。因此，在进行版式设计的过程中，不同的字体具有不同的风格。在选用标题的字体时，报纸还可以根据不同版面、不同内容而使用不同的字体，选择字体时要注意各种字体的不同个性，如黑体表现为理性的现代感；宋体、罗马体表现为古典感；行楷、魏碑具有传统的内涵；花体则表示典雅与浪漫。字体的选用要紧贴信息内容，要与版面中其他元素相协调。如表现政治、军事、法律等比较严肃的话题一般选用刚毅有力的字体，如黑体、综艺等字体；表现女性、节日、娱乐、时尚等比较轻松活泼的话题，一般选用圆润的字体，如琥珀、圆体等字体；表现儿童、学习的话题，一般选用较为活泼的字体。

无论用什么字体,在一个版面中不能使用过多的字体,应注意整体风格的一致性。目前,我国大多数报纸正文采用的是方正宋体字,如《北京青年报》《法制晚报》《经济观察报》《第一财经日报》《南方周末》《北京晚报》等报纸均采月这种字体,笔画粗细适度,在同样的版面空间中,承载的信息量较大。

(二)标题

标题是对文章进行简短概括的文字,有主题、引题(又称眉题、肩题)、副题之分。通过不同的排列、组合,标题的面貌可谓千变万化。

1. 标题形式的变化

虽然标题形式变化多端,但总的来说可分成以下几大类:

第一,大小的变化。根据文章轻重,适当变化各篇文章标题所占栏数,大中小结合,既表明了版面要突出什么,不要突出什么,又可使标题错落有致,显得美观大方。

第二,横竖的变化。标题的排列既可横排,又可竖排,相应的报纸标题在以横排为主的前提下适当安排一些竖排,就可使报纸版面标题排列参差错落,节奏感强。同时,还能避免一些技术上的问题,如碰题等。

第三,字体、字号的变化。对于一个既有主题又有辅题(包括眉题和副题)的标题来说,主题的字号必须是最大的,同时,主题与辅题的字号、字体也应当有所变化,才能让版面看起来错落有致,节奏明快。

一般而言,内容涉及政治、经济、法律类的稿件,主题字体多用宋体、黑体,内容涉及文学、艺术等主题,多隶书、楷体。引题宜清秀,多用仿宋和楷体。

2. 标题的美化

眼睛是心灵的窗口,标题作为版面的眼睛,它的美化在报纸版面设计中也占有非常重要的地位。标题的美化手段归纳起来有以下几种:

第一,题图配合。即编辑根据稿件的内容,设计由标题和各种图案组合成的题图。题图本身就是美术作品,往往图文并茂的题图,会对读者产生吸引力和感染力。尤其是用展现宏大场面的照片作为标题的背景,将起到强烈的震撼效果,篇幅较长的报告文学、通讯、特写及散文等适宜用题图方法作标题。如在《新京报》报道"吉林厂房火灾"事件时,该报头版就以通栏图片+醒目标题+符号来提高读者对该事件的关注度,如图3-18。

第二,应用底纹。给标题加上底纹,也能起到美化作用。利用现代激光照排的技术,可以在底纹上做成阴字、阳字、勾边字、阴阳字、立体字、花样字等,

图3-18 《新京报》2013年6月4日

变化多端。标题加底纹除了美化作用以外,常常还能在版面上造成视觉强势,如图3-19。因此,用底纹美化标题时,一是要注意该标题是否确应突出;二是要考虑版面上轻重的平衡。不能一块底纹标题成堆,视觉上过重,而另一块则没有底纹标题,使整个版面失去了平衡。

第三,用线条或花边美化。用线条或花边将整个标题围起来;在标题字少的情况下,用线条或花边将每个字框起来;在底纹周围再围一个线框等。

第四,套色。给标题套上色彩,起到美化作用。铅印由于受条件限制,只能套红,胶印则可以实现彩印,套上各种颜色,标题自然就绚丽多彩了。如《人民日报》(海外版)2013年6月4日第5版的就采用了红、蓝、绿、黑等颜色来美化版面,整个版面显得生机勃勃,如图3-20。

图3-19 《人民日报》海外版,2013年6月4日第2版

图3-20 《人民日报》海外版,2013年6月4日第5版

第五,其他艺术处理。可以充分应用计算机软件的功能,把标题字做成空心字、底纹字、反白字,还可以适当旋转、倾斜或做成断裂、波纹等效果。

(三)图片

图片是版面的视觉中心元素,营造视觉中心是图片最主要的版面价值。图片依托于报纸来展现其信息的内容,并且刺激读者的现场感官来有效地传达信息。

有学者曾总结了报刊的"街头定律"——三步五秒效应,即读者一般在三步之内、五秒之间决定购买哪份报或刊。这就要求报纸要高度重视报纸的第一眼效应。在图片的运用上,图片编辑需要掌握一定的技巧。

第一,图片大小要适当,保证图文比例的平衡。图像只有依托于文字形式才能构成具有说服力的图像符号。在内容上,要强调图片与版面其他文字之间如何融合、如何优势互补。所以,在考虑用大尺寸照片形成视觉中心的时候,首先应考虑这张照片是否能与相关文字形成协作效应,共同报道当日最重要的新闻。

第二,图片要有个性化的特点。实践证明,一张主题鲜明的照片,再加上精心巧妙的编排,可以将其版面周围的文字稿件带得活灵活现,生机盎然。在运用图片时不仅要考虑到主打图片人物表情是否丰富、图片是否具有动感和感染力,尽量避免用静态画面的图片做主打图片,照片是否有视觉冲击力。而且,图片选择要从特定的角度来观察和反映新闻事件。在地震、海啸、爆炸以及战争等重大新闻事件中,尤其如此。

如2013年6月4日《湖北日报》头版中关于《吉林一禽业公司爆炸起火,119人遇难》的报道,在头版中只是用了一张厂房着火,一工人从火灾中逃出来浑身烧黑的状态,现场感非常强,如图3-21。

图3-21 《湖北日报》2013年6月4日头版图片

第三,是要符合报纸的整体风格。图片不是随意配置的,运用图片既要做到"图文并茂",又要注意图片与文字组合之后是否能够体现版面的整体风格,让读者能够从图文的阅读中获得一致的信息和感受。

尽管西方一些号称为"质报"的报纸曾经坚持很少使用图片,理由是保持新闻的纯度,但随着图片拍摄技术的进步和传递方式的改进,也逐渐放弃了这种"风格"。① 现今,图片所传达的信息非文字所能比拟,如图3-22。

---

① 解耕:《新理念下的报纸版式——从版面实例阐述"投版人文观"》,2002.08.15http://www.my9w.com/baozhibanmian/banmianxinshang/index.htm

图 3-22　西方报纸的新闻图片运用动感十足

如今,图片越来越承载了传递信息的功能。丰富、色彩鲜艳的图片很容易成为版面的视觉中心,形成很强的视觉冲击力。但需要警惕的是,现在有些版面编辑有一种沉湎于"读图"的倾向,选择大尺寸、数量多图片而生面追求视觉冲击力,实不可取。版面图片配置的数量,图片的尺寸应根据图片的新闻含量、画面表现力和整个版面的协调程度来决定。

(四)底纹、线条的使用

在报纸版面中,底纹、线条虽然较少受到关注,但我们无法忽略它对版面整体结构的平衡所起的作用。底纹、线条在版式上应该是锦上添花,它们是无声的语言,不仅可以美化版面,同时也是在与读者进行交流。① 西方报纸线用得非常广泛。有的西方报纸,喜爱使用双线,也称正反线,即以一条粗黑的线伴一条细线,从而构成视觉上十分匀称的感觉。双线既可以与照片配合,也可以与标题或文稿配合。它克服了单线的单调和单薄的弱点,拓展了报纸的视觉语言。

在大面积地选用底纹时,要十分注意底纹灰度、结构层次、内容对字迹的影响。如在制作底纹灰度较浅、密度较大的阴字版时,可使用空心字。在灰度较深、密度较大的底纹中,可使用阴字。在用立体字时,底纹的灰度要浅于字迹的深度,使字迹充分地表现在底纹之中。在实际工作中,将会遇到更多、更复杂的情况。只要掌握了它们的使用规律,就会创作出更多、更新颖的形式来。

因此,形式必须服务内容,底纹与线条的运用是为了突出内容,不能喧宾夺主。版面的

---

① 赵鼎生:《西方报纸编辑学》,中国人民大学出版社 2002 年版,第 192 页。

装饰应遵循简约的原则,装饰宜少而精,每一根线条、边框的运用都要体现版面的主题思想,不能盲目使用。① 线条在版面上有强身作用、区分作用、结合作用、表情作用和美化作用。版面设计要利用线条的作用,以达到最佳的宣传效果。传统线条样式较多,有正线、反线、文武线、曲线、点线、虚线等。正线纤细清丽,反线沉重严肃,曲线生动活泼,点线朴素平淡。现代报纸版面已少用文武线、曲线、点线和虚线,大多用细直线、粗直线。这可能是使用电子排版的原因,使用起来很方便。再者,读者便于阅读,因为直线或色条线简洁。版面上的强势作用有时候也依靠线条。加线围框,或粗线或细线,有强势新闻价值作用。版面上的直线分割,使版面简洁、清晰。总之,合理运用底纹与线条,有助于个性风格与视觉识别的形成。

四、视觉化设计

在报纸改革和跳跃式发展的进程中,报纸的视觉化研究和视觉化设计为报纸打开了一扇通向成功的大门。

(一)视觉中心概念的提出

市场竞争的压力促使报纸面貌有所改观,使得主张"图文并重"的许多人多年来渴望以视觉为中心的包装设计理想得以实现。有无现代视觉传播理念,对一张报纸来说具有质的区别。报纸视觉中心的出现为解决这个难题,提供了方法和契机。美国心理学家 B. F. 斯金纳在《美育》杂志中发表过一篇关于此概念的文章(1941 年春),他解释说:创造性的、悦目的版面设计从我称作版面上的强大的视觉冲击中心的位置开始。我们用三个起首的字母来称呼这一居于强势的区域,让我们把它称作 CVI(Center of Visual Impact)。什么是 CVI? 更准确的问题可能是:"CVI 在哪?"回答是,在组版人想要制定的任何地方。很明显,版面设计者控制着读者视线在版面上的移动路线。版面设计者的基本规则之一就是创造瞬间的吸引。CVI 应具备足够的磁力,以便在读者一瞥之后就控制他的视觉注意。

假设我们在版面上放一张照片代替圆点,不管照片多么小,我们可以有把握地说,读者的眼睛会沿着照片的方向移动,不管照片在版面的上部、中部或下部。照片创造了注意,形成了运动,因此变成了一个 CVI。读者在版面上发现了一个靶子,并且首先瞄准了它,这个靶子就变成了 CVI,一个可变的、目的在于吸引读者的结构,不管它在什么位置上。版面设计者把 CVI 置于他认为能够最有效地吸引读者、刺激他进一步阅读的位置上。在这里,可选择的机会与版面上的内容一样多,但在任何情况下,这种 CVI 都不能从版面的其他部分中孤立出来。它应该是有特色、不同寻常、能最大地集中注意的结构。如果版面上有第二个区域与 CVI 竞争,读者就会被搞糊涂。换句话说,一页上只能有一个强大的 CVI,不允许其他东西削弱它的作用。②

---

① 杨艳:《论现代报纸版面设计艺术》,《西华师范大学学报(哲学社会科学版)》2005 年第 6 期。
② 参见[美]马里奥·R·加里亚:《第一版设计》,郑兴东、陈仁风,《中外报纸编辑参考资料》,中国人民大学出版社 1989 年版,第 247 页。

(二)视觉文化的引入

所谓视觉文化是指文化脱离了以语言为中心的理性主义形态,日益转向以形象为中心,特别是以影像为中心的感性主义形态。视觉文化的形成,意味着人类思维范式的一种转换,也标志一种新传播理念——视觉文化传播的形成。显然,这种新传播理念注重的是视觉符号的生产、流通和消费。[1]

同时,激烈的市场竞争把报纸生产逼上体制、观念和传播方式上的直接搏杀和全面比拼之路,报纸的视觉系统由此被纳入决定报纸成败的关键要素之中。作为一种平面读物,报纸以视觉为中心的操作手段和方法,不仅理顺了报纸视觉传播生产环节之间的关系,提高了从业者的现代传播意识,提升了报纸的视觉品格,而且还加强了市场竞争力。当然,这里指的不仅仅是形象新闻的范畴,更不是单纯的以新闻图片为中心,而是指报纸运行中大视觉观念的营造与把握。

视觉文化发展的这一潮流,体现在报纸版面上,最有代表性的也许是对图片的运用。图片真实、直观、简要,有着非图片符号不可替代的作用,在当今这个"速览时代"、"视觉时代"、"读图时代",自然备受青睐。《中国日报》打破惯例,先定图片,再定文稿。《天津日报》提出"以图片带版面,以版面带新闻",图片上头条屡见不鲜。

总之,从"配图片"到"图文并重、两翼齐飞"再到"图片领着新闻走",图片的地位不断提高,报纸运行以视觉为中心的理念,在西方尤其是美国早已付诸实施。20世纪70年代,美国进入厚报时代,《哥伦比亚报》和《纽约时报》率先采用了现代形象包装设计,把有没有好的形象新闻看成是每天能否成功的关键。香港的报纸更是以每天为报纸版面设计"造像"为己任,希望在纷繁的报刊中能够引起人们的关注。今天我国内地的报纸面貌同样也受到影响,那些看似夸张的、表演的、符号化的、强调包装的所谓招徕方式,已经无法回避和拒绝,因为同质内容的竞争势必给报纸和报纸从业者提出对形式和视觉传播的更高要求。

美国报纸设计家在1978~1979年就对60%的报纸(外观设计和版式表达)进行了重新设计,当然图片在当时也成为现代报纸视觉化的关键元素。[2] 因此,确立以视觉为中心的报纸设计思想,是当今办报的科学方法和必然趋势。如今平面媒体正在迅速地改变原来的传播模式,越来越向电子的、立体的、视动化媒体的方法靠近。报纸版面上出现的立体感、动感、纵深感等视觉效果,也是现代视觉传播意识的体现。

(三)视觉效应的最终实现

著名的美国报人达里尔·莫恩说过:"报纸视觉设计是发挥报纸作为视觉媒介的潜力的一种努力,人们不是听报,而是在看报、翻报、读报,编辑把手上各种版面元素,例如正文、花色、字体、照片、插图、地图、图表和空白,有力而富有创意地加以应用设计,读者就会发现一

---

[1] 邓榕、杨旭明:《厚报时代报纸版面视觉冲击力的营造》,《新闻界》2004年第6期。
[2] 陈伟:《报纸设立"视觉中心"之我见》,http://www.cnpps.org/content/2008-09/09/content_697.htm

张很有意义和反响的与众不同的报纸。"①

当今的报纸新闻版面,大图片、大标题已经是主流趋势。有吸引力的报纸版面不是简单的稿件堆砌,而需要在各种版面因素上大胆探索和创新,充分运用图片和色彩等"模块"构建视觉中心,尽量达到内容和形式的和谐统一,并形成自己独特的个性和风格。② 报纸增厚之后,面对庞杂的海量信息,人们感到眼花缭乱无所适从,读报方式渐渐由"扫描式"变为"选择式"。为刺激和吸引读者,许多报纸凭借全新的版面语言与编辑技巧,全力营造版面的视觉冲击力。而恰当运用多张图片构筑"组合图",达到"大图片"效果,也是形成版面强烈视觉冲击力的一种好形式。

五、我国对国外优秀版面设计的借鉴

(一)西方国家版式设计的现状

文字横排和报纸栏目大板块是英文或其他外文报纸最基本的特征之一,早在 17 世纪,荷兰的《新闻报》、英国的《每周新闻》、德国的《通告报》等就已经形成这样的版式格局。美国第一张报纸《太阳报》,也是大板块组合版面的经典范例。为此,近年来不少中文报纸开始重视报纸的大板块效果,即有意识地减少上版稿件的条数,做到一个版面(以一版二版为主)、对开大报六七篇文章加一两张照片,四开小报的文章和照片加在一起约三四篇,摆放在整齐的块状区域里。③

另外,国外报刊非常重视标题的设计、装饰和极具视觉冲击力的图片运用。标题通过简明的艺术处理加以突出,各种标题占行也呈现适当加大的趋势,以此强调黑灰白色调的变化,并体现出报纸的内容层次与版面韵律。这样的设计,不仅能使版面舒展,而且还可以调节阅读的节奏,减少视觉疲劳,同时使读者潜移默化地得到美的享受。美国编辑学家认为,美国报纸版面的发展趋势趋向于"更可嘉可读性与更多的魅力"。④

图 3-23 《纽约时报》流行版式

---

① [美]达里尔·莫恩:《美国报纸组版和设计》,上海外语教育出版社 1989 年版,第 225 页。
② 毛玉西:《巧用"组合图"增强版面视觉冲击力》,《中国记者》2005 年第 1 期。
③ 臧宾:《构建国际化的版面语言》,《青年记者》2003 年第 7 期。
④ 向飚:《试论版面语言的强化及应关注的问题》,《焦作工学院学报(社会科学版)》2004 年第 3 期。

例如：创刊于1851年的《纽约时报》，传统的版面风格高贵、严肃、拘谨保守，版面上一片灰色，被称为报纸中的"灰贵妇"。1975年，在执行总编辑罗森素的主持下，报纸分为A、B、C、D四个单元，针对不同读者推出了多种专刊。目前，该报每天出50~100版，版面按内容分叠，5~8叠不等。《纽约时报》朴素清晰的整体风格、稳定严谨的头版、活泼美观的专刊、赏心悦目的广告，形成简约、朴素、幽默的而又有现代感的版面，如图3-23。

（二）我国对西方版式设计的借鉴

版式，指版面的基本形式，是版面在特定的报型中，通过版面区域功能划分及稿件布局结构所形成的相对稳定的模式。版式是随着时代进步和报业发展不断变化的，这种变化的推动力量主要有三：一是排版和印刷技术的不断改进，使版面改革具备现实条件；二是社会需求的不断提高，包括读者和广告商对报纸改革的客观要求，使版面改革成为必须；三是媒介竞争的压力，使报纸版面改革势在必行。

近几年来，报纸的版式设计突破了传统观念，出现了许多令人欣喜的版式，当前主要有以下几大流行版式：

1."浓眉大眼"版式

常采用大标题，长题短文，厚题薄文，曲直线交错，色彩对比强烈，形成一种浓浓的氛围，直逼读者的视野，其代表当属《北京青年报》。该报醒目的大标题、大图片、多图片、用粗线分割等等，一改传统的"咬合式"版面设计，即用细小的，甚至有花纹的栏线巧妙地把多篇中小型文章破栏分割，并组成像拼图一样的大块文章区域，使版面呈现出黑脸膛（色调重）、粗眉毛（大标题）、大眼睛（大照片）、轮廓分明（粗线分割和

图3-24 《北京青年报》2005年3月21日头版版面

围框）的风格。有人将其概括为"粗题短文多板块，钢筋结构大窗户"，如图3-24。

《北京青年报》浓墨重彩的版式风格在业界独树一帜，并在相当长的时间内影响了国内不少都市报的版面设计。"浓眉大眼"风格在应用之初，开创了中国报纸非传统版面设计理念的先河。

2. "眉清目秀"版式

如果说"浓眉大眼"式的版面显得浓烈醒目,那么"眉清目秀"版式以"简约"为设计原则,标题不使用铺底纹、反白等装饰手段,整块版面不用一条分隔线,而是留出大量空白,给读者留下足够的畅想空间,同时也可有效地避免视觉疲劳,在版面上强调留白的作用,版式舒朗、素净、秀雅、透气。《中国青年报》是以坚持一贯的简约清秀风格赢得了读者的喜爱,以一种素净如水、简约舒朗的报纸形象展现在读者面前,如图3-25。相对于《北京青年报》色彩斑斓、图片夸张的"浓眉大眼"版式,这种"眉清目秀"的设计风格是一种技术和审美的回归。

当然,追求整齐简洁之美,并不是随意松散地拼凑,而是要求有更丰富的内涵,包括节奏、韵律、流畅等审美需要,这样的版面要求设计人员具备更高层次的人文知识修养。图3-26西方报纸的简约化风格,图3-27《南方周末》简洁美观的版面。

图3-25 《中国青年报》2013年6月6日版面

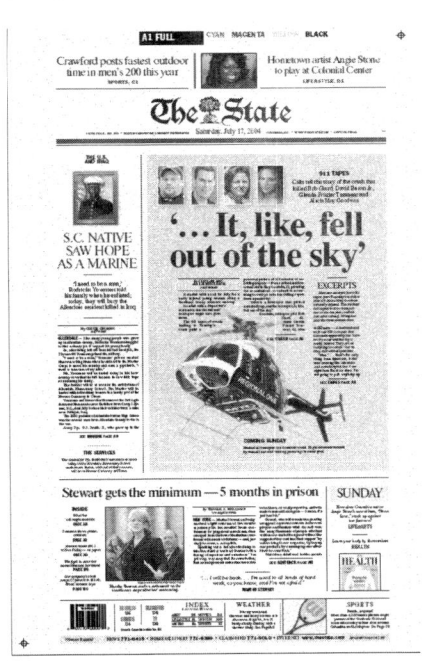

图3-26 西方报纸的简约化风格

图3-27 《南方周末》的简洁设计

3. "杂志化"版式

一些报纸借鉴杂志封面的表现手法,头版设计得像杂志的封面,刊登大幅影视明星粉领丽人的头像,配以煽情的大标题,以增强版面的视觉冲击力。如《北京娱乐信报》、《京华时报》的头版。当然,以上版式是相互交叉彼此融合的,如《北京青年报》的新闻版一般是"浓眉大眼",而副刊则是"眉清目秀"。①

翻开《北京娱乐信报》、《京华时报》的头版,我们看到的基本上只有"导读+图片+广告",这也可以归于"杂志化"版式之列。这样的封面,色彩绚丽、明快、抢眼、面孔诱人,在一定程度上改变了原来报纸头版以文字信息为主的设计理念。

杂志封面在报纸版面设计中的运用主要表现出三种情况:②

第一种,版面较多、小开本报纸的报纸,几乎完全杂志封面化。典型例子是《精品购物指南》,如图3-28。该报当初创办时,头版和当时的大多数周刊风格相似,但吸取了杂志封面的导读功能,在标题和提示上有很好地运用。此后,几经改版,一步步向完全杂志封面化靠拢。

第二种,杂志封面文章式。一条重大报道,适当的醒目照片和索引式导读专栏。这种版面也可称为半杂志封面化,如图3-29。

图3-28 《精品购物指南》(2013年6月第43期),杂志封面化

图3-29 杂志封面文章式

---

① 王友仁:《试析报纸版面"过度包装"倾向及其对策》,http://www.quanlong.com/。
② 解耕:《新理念下的报纸版式——从版面实例阐述"报版人文观"》,2002.08.15http://www.my9w.com/baozhibanmian/banmianxinshang/index.htm。

第三种,杂志封面风格化。一般表现出这样的特征:强烈、明快、清晰。这是大报在图片时代吸取杂志封面优势的最常见表现手法。①

以上介绍了我国目前流行的版式,这些版式借鉴了西方版式设计的方法,更重要的是,报纸编辑能够结合报纸自身的实际,朝着更加符合读者的阅读习惯,塑造报纸版面的特色的方向发展,给读者带来了崭新的感受,探索出了一些可贵的经验,推动了版面编排的革新与进步。

(三)当前版式创新中的误区

内容与形式是相互依存的,恰当的版面形式可以更有效地传播新闻内容,使报纸具有吸引、感染读者的独特魅力。但是在日趋激烈的竞争中,一些报纸过分夸大和强调"形式美",在缺乏理性思维和正确审美指导的情况下,走入了版面设计的误区。正如《人民日报》资深编辑沈兴耕所说:"办好报纸,关键靠内容,靠好稿,其次才是形式,是版面。"而当前的一些流行版式,削足适履,"让内容适应形式,这是一种形而上学,会使报纸的质量下降。"②

1. 新闻性缺失

随着时代的进步和生活节奏的加快,人们开始由传统的"读文时代"进入"读图时代",这既是对读者已经变化了的阅读习惯的主动适应,同时也是发挥图片的视觉优势实现版面革新的要求。但是,滥用图片绝不是以牺牲新闻的信息含量为代价的,一些报纸在过分追求图片效应的同时走入了新闻性缺失的误区。

2. 导向性缺失

在版面的编排过程中,标题字号的大小、字符颜色的浓淡、图片的色调及内容等版面语言也在某种程度上传达着编辑部的思想,版面通过充分调动这些元素来传达意图,因此能够达到文字不能实现的效果,有着更为直观和直接的导向作用。但在实践中,一些报纸片面追求版面视觉吸引力而忽略报纸作为文化产品的思想性,走向了导向性缺失的误区。

3. 艺术性缺失

版面设计是一门艺术,因此要讲究艺术美。一个成功的版面,不仅能准确地、能动地表现内容,而且能使读者在阅读新闻的同时得到美的享受。但是,有一些报纸在追求感官刺激、标新立异的同时走入艺术性缺失的误区。如不顾各元素、各部门之间的相互协调,乱造视觉中心而导致版面无"中心",有的报纸乐此不疲地对读者进行"视觉轰炸",产生污浊混乱的视觉效果。印刷技术的提高使版面更为鲜艳逼真,但也造成了部分彩印报纸在颜色使用上毫无章法。

第四节 电子排版

国内常见的排版软件有方正飞腾、方正维思、PageMaker、QuarkXPress 等交互式排版系统

---

① 王君超:《当代流行报纸版式批评》,《新闻传播》2006 年第 6 期。
② 沈兴耕:《报纸编辑实务》,中国广播电视出版社 2000 年版,第 160~161 页。

以及方正书版6.0、7.0和9.0等批处理排版系统。

飞腾排版系统作为方正桌面出版系统的重要组成部分，集中了方正在排版领域的优势和领先的技术，已经在国内的很多报社、杂志社、出版社、印刷厂和广告公司等单位得到广泛应用。本节介绍飞腾排版系统。

一、方正飞腾排版系统总体介绍

（一）桌面出版系统与飞腾排版系统

桌面出版系统一般包括前端制作系统和后端输出系统。前端制作系统包括排版软件、图像处理软件和图形软件等等，后端输出系统包括删格图像处理器（RIP）以及激光照排机或激光印字机等输出设备。

在桌面出版系统中，用户首先面临的是版面的制作，不论是排报纸、杂志、书刊还是平面广告，都要处理文字、图形和图像等素材，并把这些素材安排在一个页面内。这个版面制作过程主要由排版软件来完成。

排版软件的处理对象主要包括三种类型：第一种是文字，一般可以在排版软件中直接输入，或者在其他小样录入软件后，通过灌文排入排版软件中；第二种是点阵描述图像，可以由扫描仪或数字照相机等输入设备生成，也可以由图像处理软件（如Photoshop）生成；第三种是图形，可以直接在排版软件中生成，也可以由其他图形软件生成，通过图形功能可以画一些直线、圆、曲线等图元。

排版软件在安排文字时，必须处理文字排版的各种要求，包括字体、字号的变化，英文在换行时的拆音节处理，各种禁排的处理（如标点符号不能排在行首等等），目的是使排出来的版面更漂亮，并且符合传统的习惯。排版软件不仅要在版面中安排文字，还要在版面中安排图像以及画一些图形等等。

（二）飞腾排版系统简介

由方正技术研究院开发的方正飞腾排版系统，是大型的、面向对象的彩色排版软件，该软件1.0版本于1994年年底发布。方正飞腾是一款优秀的排版软件，标志着我国电子排版领域最新的技术水平及成果，在中文排版方面的技术居国际领先水平。2001年11月方正飞腾4.0版正式发行。2007年8月，飞腾系列的跨越性产品——方正飞腾创艺5.0揭幕。飞腾创艺是全新一代的产品，跟原有的飞腾产品有非常大的不同，在软件界面、产品性能尤其是创意功能方面有极大提升，在图形、图像和色彩方面的运用也取得了重大突破，这些功能将使其更好地面向平

图3-30　方正飞腾创艺软件

面设计制作等领域。考虑到与原有产品的继承性和差异性,方正"飞腾创艺"也将正式代替方正"飞腾"成为方正系列排版软件的用名。方正飞腾创艺5.0的繁体版已被香港《明报》采用,实施后获得好评,如图3-30。

二、文件的基本操作

飞腾的启动与退出,以及飞腾文件的建立、打开与保存,这些都是每次使用飞腾要做的基本操作。一个飞腾文件在建立时,要根据所排内容,设置相应参数,如排报纸或排杂志,参数的设置就不同。另外,如果安装了"打开 PUB 文件"软插件,飞腾可以像打开飞腾文件(*.fit)一样打开 PUB 文件,并对其进行再编辑。PUB 是方正的另一个排版软件 WITS 的文件。

1. 启动飞腾

双击桌面的飞腾图标,或者从开始菜单中单击,可以同时启动多个飞腾,在两个飞腾中通过[拷贝]、[粘贴]命令交换数据。但要注意,此时将占用大量系统资源。

飞腾建立的排版文件有下面几种格式:飞腾文件(*.fit);飞腾的后备文件(*.bak);模板文件(*.ftp)。

2. 新建文件

使用[文件]菜单的[新建]命令,能够建立一个新的排版文件。新建排版文件时,要根据所排内容,设置相应的页面参数,如:页面大小、排版方向、显示方式、页码类型等。操作方法如图3-31:

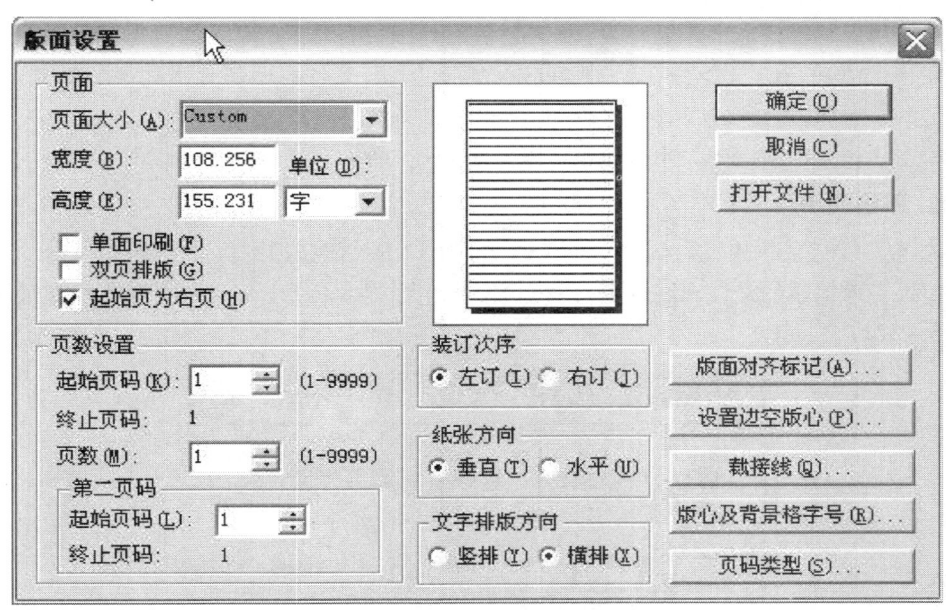

图3-31 版面设置

(1)选择[文件]菜单的[新建]。
(2)弹出[版面设置]对话框。
(3)在对话框中进行设置。
(4)设置完成,单击<确定>按钮。

3. 打开文件

飞腾中每次只允许打开一个 FIT 文件,打开文件后才可进行文件的编辑。如果安装了"打开 PUB 文件"的软插件,PUB 文件也在此打开。打开的过程中,飞腾将对 PUB 文件中的排版命令进行解释,尽量保持原排版格式,并转换成 FIT 的文件格式。飞腾中的模版文件 FTP 与普通的 FIT 文件打开方式相同,只是在打开时要注意文件类型的选择。

4. 保存文件

[文件]菜单中的[存文件]命令和[另存为]命令都能够保存飞腾新建的和打开的文件,所不同的是:[存文件]命令覆盖原文件,而[另存为]命令则可将文件换名保存为另外一个文件。还能够使用[另存为]命令来建立模版文件。

在飞腾排版文件由于某些原因出现问题,打不开该文件或丢失了该文件时,可以通过找到与该文件对应的备份文件(也就是扩展名为 BAK 的文件),将备份文件的扩展名直接改为 FIT 后,就可以将其当作排版文件使用。另外,在使用飞腾排版软件时,可以使用该软件提供的自动存盘功能。

5. 关闭文件

[文件]菜单的[关闭]命令用于关闭当前打开的 FIT 文件。

如果当前编辑的文件未经存盘,系统会给出一个提示信息,询问是否先存盘然后关闭。如需要存盘,则单击<是>按钮,否则单击<否>按钮,文件将不作存盘而被立即关闭。单击<是>按钮后,系统将执行[存文件]命令来保存文件的修改。

单击飞腾文件窗口的关闭按钮也可以关闭 FIT 文件。

6. 退出飞腾

执行[文件]菜单的[退出]命令或单击飞腾窗口的关闭按钮则可退出飞腾。

如果当前编辑的文件未经存盘,系统会给出一个提示信息,询问是否先存盘然后退出,如图 3-32。

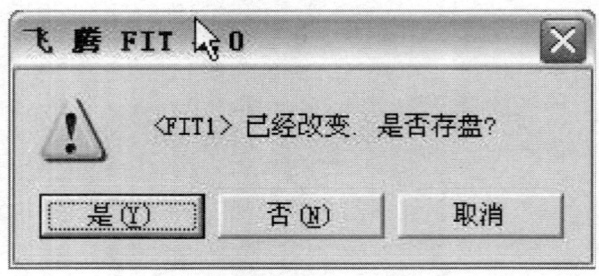

图 3-32 退出

7. 原文件输出

该命令的功能是将当前打开的 FIT 文件中的文字或选中的文字块中的文字以文本（.txt）格式存储到某一文件中。

8. 文件合并

如果想把当前操作的文件和以前的某一个 FIT 文件合并，可执行[文件]菜单中的[文件合并]命令，弹出[打开]对话框。

在＜搜索＞框中选择文件夹，在列表框中选中某个文件，单击＜打开＞。注：如果两个文件的类型不一致，则弹出[转换页型]对话框。

三、工作环境设置简介

文件排版之前，要先设置工作环境，有了适合的工作环境，工作起来才会得心应手。

工作环境的设置是通过对一系列环境量的设置来完成的。环境量的种类有很多，有排版参数方面的、度量单位方面的、显示状态方面的、打印发排方面的等等。环境量可以在文件打开时设置，这时所作的设置将影响以后新建的文件，对系统的整个操作过程都有影响，所以这些环境量是系统全局量。环境量也可以在文件打开后设置，这时所作的设置将只影响本文件今后的排版，只对文件整个操作过程有影响，所以这些环境量是文件全局量。但也有一些环境量与设置的时间没关系，总是作为系统全局量。

飞腾退出运行时，系统全局量会被保存到名为 FIT.CNF 的文件中去，再次启动飞腾时，这些环境量自动被调出，所以系统全局量只需设置一次，除非以后需要改动。例如：将"行距"全局量设为 5mm，则以后所有新建文件中排入的文字，缺省行距都是 5mm，直到修改为止。

对某个文件来说，当它的某些文件全局量与系统全局量不同时，取它的文件全局量属性。文件全局量保存在文件中。

1. 长度单位

在飞腾中，度量长度的单位叫作长度单位，飞腾提供使用的长度单位有"字"、"磅"、"毫米"、"英寸"、"厘米"、"级"、"PICA"。长度单位是飞腾中最重要、最基本的环境量，很多与长度、大小有关的环境量的设置都是以它为基础的。在第一次启动飞腾后，应当首先调用[文件]菜单中的[长度单位]命令，在弹出的对话框中设置这一环境量。

[长度单位]对话框中可设置五类参数的长度单位。除[字号单位]、[字距单位]、[行距单位]、[TAB 键单位]外，所有其他参数的缺省单位都将使用[坐标单位]，如尺子刻度等，只有个别地方固定长度单位为 mm。

注：当单位选用了"字"之后，其长度与当前字号的环境量有关。另外，当[坐标单位]选用了"字"之后，在有些对话框中与高度有关的参数的单位会变为"行"，如[纵向调整]中的[总高]、[环境设置]中[块缺省大小]内的[块高]、[块参数]中的[块高度]、状态窗口中的 Y 坐标值和高度值。

2. 环境设置

[文件]菜单的[环境设置]命令涉及的环境量主要是操作方式方面的。执行[环境设置]命令弹出的[选项]对话框中有三个页选项，块设置、环境设置、版面设置。

3. 显示状态

[显示]菜单中大部分命令都是用于设置飞腾显示状态的。如：是否在飞腾窗口中显示尺子、卷动条、工具条、状态行等。

4. 排版规则与参数

在"长度单位"、"版面设置"、"环境设置"和"显示状态"设置完成后，还可以对排版的规则与参数做预先的设置，以后系统将按照这些规则与参数完成排版。

可以作为环境量来设置的排版规则与参数有：排版方向、分栏、图文互斥、捕捉、图片参数、空格定义、标点类型、段格式、定义TAB键、基线定义、行不禁排、拆行方式、竖排字不转、对位排版、行距、字距、长扁字、插入盒子、底纹与画线、线型、花边、底纹、颜色、圆角矩形、漏白预校。

飞腾系统对这些排版规则与参数都有缺省的设置，如果不对它们做特殊的设置，则系统将使用缺省值进行排版处理。

5. 浮动窗口

飞腾为编辑工作提供了各种必需的浮动窗口，用于满足不同的需要。浮动窗口打开后一直展开在屏幕上，可以多次在其中操作。浮动窗口可以被拖放到屏幕的任何位置。有的浮动窗口还可以被收卷起来，只留下窗口的标题条，待需要时再展开。窗口标题条上的三角形按钮是用于卷起、展开浮动窗口的。

可以在任何时候将浮动窗口打开，拖放在一个合适的地方。当飞腾主窗口中无文件打开时打开并定位了一个浮动窗口，新建文件后，这个窗口就会出现在定位的位置。

四、对象的基本编辑

1. 输入文字

文字块的生成：

(1) 在版面上输入文字时自动生成文字块；

(2) 用工具箱中的文字块工具生成文字块；

(3) 把图元定义为排版区域而变成文字块；

(4) 由[文件]菜单中[排版]命令生成文字块。

选取工具箱的工具，把光标置于欲排入文字位置，输入"锦瑟无端五十弦"，如图3-33。

2. 文字的选中

选择工具箱内的文字工具。鼠标指针变为"I"，请参阅下面文字的选中方法选择文字。被选中的文字呈反转显示，如图3-34。

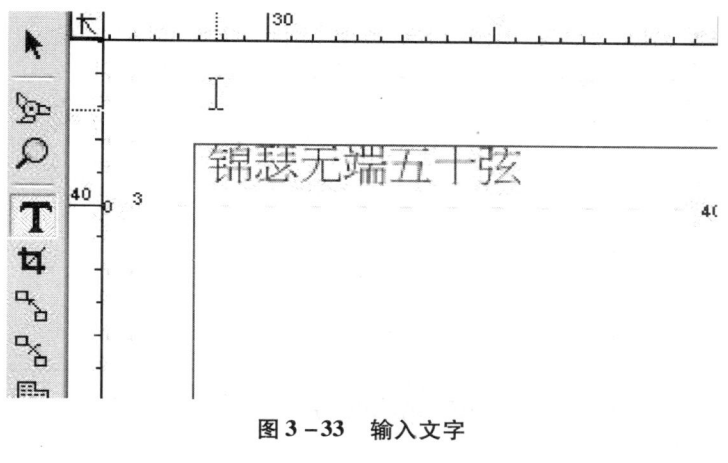

图 3-33 输入文字

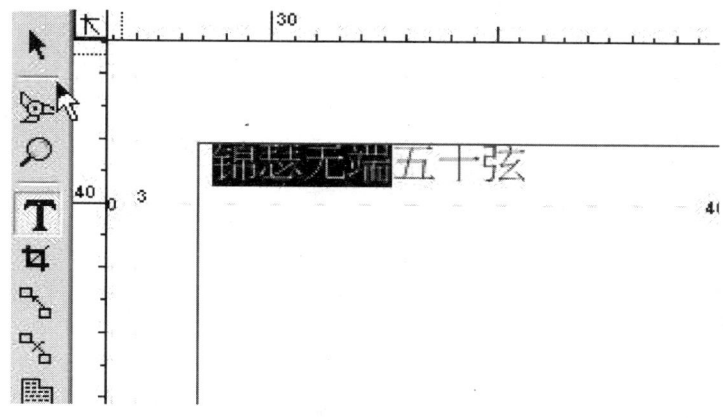

图 3-34 选中文字

3. 文字的删除

选择工具箱内的文字工具,把鼠标指针移动到要删除的文字处,将其选中。被选中的文字呈反转显示。此时,按[Delete]或[Backspace]键,也可以选择[编辑]菜单的[删除]或[裁剪]。

4. 文字的复制和粘贴

选择工具箱内的文字工具,把鼠标指针移动到要复制的文字处,将其选中。

被选中的文字呈反转显示。此时,按快捷键[Ctrl]+C,也可以选择[编辑]菜单的[复制]。将插字光标移到要放置复制文字的地方。按快捷键[Ctrl]+V,或者选择[编辑]菜单的[粘贴]。

注:复制和粘贴命令也可以使用右键的弹出菜单。

5. 设置字号

选中要改变字号的文字,选择[文字属性]菜单的[字体号]或[改字号],弹出[字体号]对话框。

6. 设置字体

从语言列表和字体列表中分别选择语种和字体。

继续以前面输入的文字为例,从语言列表中选择<汉字>,从字体列表中选择"楷体方正",从单位下拉式列表中选择字号4,单击<确定>按钮。

设置字体号后的文字如图3-35所示:

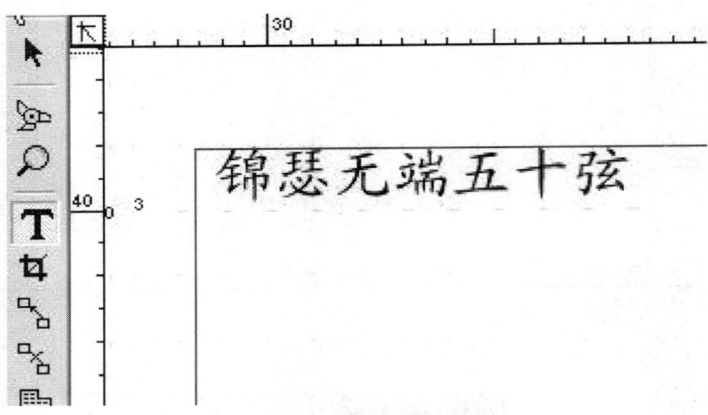

图3-35 字体号

注:在[字体号]对话框、[改字体]对话框、[改字号]对话框中的<输入字体号>编辑框中可以使用约定表示,如:"."表示以磅为单位;"J"表示以级为单位;只有数字则表示以字为单位。例如,输入"10H"表示黑体10号字。

7. 换行

换行后继续输入文字。将光标置于"锦瑟无端五十弦"的后面,按[Enter]键。光标移向下一行的开头,接着输入"一弦一柱思华年"。

8. 行距

拖动光标将"锦瑟无端五十弦"、"一弦一柱思华年"选中,选择[文字属性]菜单的[行距],弹出[行距]对话框,在行距编辑框中键入数值。

另外,用 Alt+(+/-)键可以调整行距,这种调整将反映到[行距]对话框中。

9. 字距

用文字工具选中要编辑的文字,选择[文字属性]菜单的[字距]后,弹出[字距]对话框。在字距编辑框中键入数值。设置完成,单击<确定>按钮。

另外,用 Ctrl+(+/-)键可以调整字距,这种调整将反映到[字距]对话框中。

10. 标题

飞腾可定义文字块内的任意文字为标题,也可以在文字块中新建或修改标题。

11. 排版方式

目前系统提供四种排版方式:正向横排、反向横排、正向竖排、反向竖排。系统缺省为正向横排,用户可根据自己的需要选择排版方式。

操作方法:

(1) 用箭头工具选中要设置排版方式的文字块。

(2) 选择[版面]菜单中[排版方式]下的某一项。

12. 分栏

选取工具箱中的箭头工具,单击欲分栏的文字块,选择[版面]菜单的[分栏]命令,弹出[分栏]对话框。在[分栏数]编辑框中填入欲分的栏数。如果选中[带栏线]检查框,分栏后的文字块将带栏线。此时还可以定义栏线的线型和花边的种类。

13. 删注解

所谓删注解是指给文字块中的文字所设置的属性,如字体号、花边底纹、长扁、倾斜等。

在选中一个或多个文字块或者选中一些文字后,删注解命令被激活。它的作用是用来删除被选中文字或文字块中的内部注解,即取消被选中的文字或文字块内部的各种属性设置,而代之以统一的属性设置。

删除被选中文字的注解后,这些文字的属性全部被设置为这些文字中的第一个字的属性。删除被选中文字块的注解后,该文字块中文字的属性被设置为在该文字块的局部环境量中规定的属性,局部环境量中没有规定的,取全局环境量中的值。

14. 图文互斥

文字块和对象(包括文字块)重叠放置时,设置它们之间的关系是否为互斥。设置为互斥后,定义互斥边空(文字块和对象之间的空白)。

选取工具箱中的箭头工具,选中要定义为与文字块中文字互斥的对象,选择[版面]菜单的[图文互斥],弹出[图文互斥]对话框,选中图文相关的选择钮(缺省设置为图文无关),需要文字绕对象两边排版时,选中串文的选择钮,如图3-36。否则,选中不串文的选择钮,在边空的各编辑框中键入边空上下左右的数值。

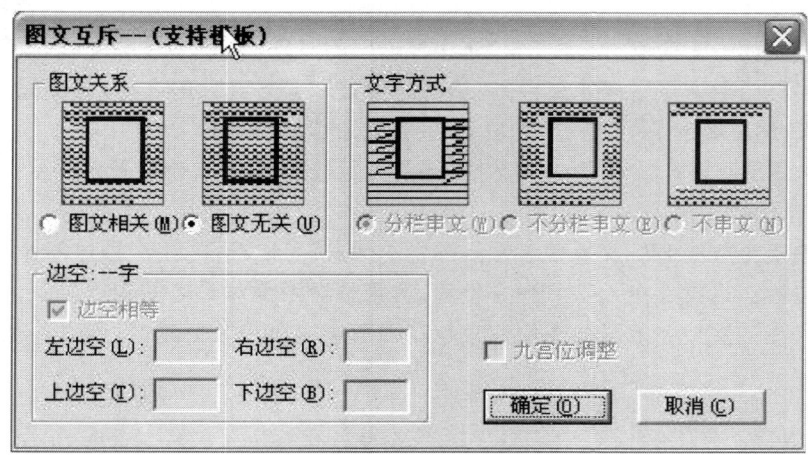

图3-36 图文互斥

15. 定义 TAB 键

当需要段首对齐效果时,可以定义 TAB 键。选择[格式]菜单的[定义 TAB 键],弹出[设置 TAB 键]对话框。

16. 变体字

选取工具箱中的文字工具选中文字或使用箭头工具选中文字块,选择[文字属性]菜单的[变体字],弹出[变体字]对话框,参阅下面修饰的变化,设置完各项目。

飞腾可设置立体、勾边、粗细、倾斜、空心、旋转等变体字,从而做成有创意效果的字。单位按长度单位中定义的显示。如需改变,可从下拉式列表中选择。可供选择的单位有磅、英寸、毫米、厘米、PICA、级。

17. 底纹与画线

给文字加上画线,给文字背景加上边框和底纹。

18. 查找/替换简介

执行[编辑]对话框的[查找/替换]命令,弹出[查找/替换]对话框,用来进行字符串的查找和替换。

19. 纵向调整

飞腾可以对独立的文字块或文字块中的某几行文字进行纵向调整,所谓独立的文字块是指此文字块没有续排部分,即在文字块的底部没有续排标志。

用箭头工具选中文字块或用文字工具选中文字,选择[格式]菜单中的[纵向调整]命令,弹出[纵向调整]对话框。

20. 发排

飞腾文件可以通过执行发排命令生成 PS 文件,进而使用方正或其他厂家的 RIP,在激光印字机或照排机上输出纸样或胶片。

当需要部分发排时,将当前显示页输出为 EPS 文件,或将当前显示页中的选中对象输出成 EPS 文件。选中工具箱的箭头工具,选中要输出的对象,选择[文件]菜单的[部分发排]。弹出[部分发排]对话框后,在[文件名]编辑框中键入 EPS 文件的名称,选择保存该 EPS 文件的文件夹,然后确定是[当前页]输出还是[当前所选块]输出。

如果文件是双页排版方式的,则选择[当前页]后还要确定是当前显示的双页都输出,还是左页或右页输出。

如果希望生成的 EPS 文件包含预显图像的信息,可以选择[生成预显图像],并确定预显图像的位数。这样在排入该 EPS 文件时,会用预显图像对 EPS 图进行显示,否则只显示图的大小和图的文件名。预显图像位数越高则图像的显示效果越好,但文件也会越大,如图 3-37。

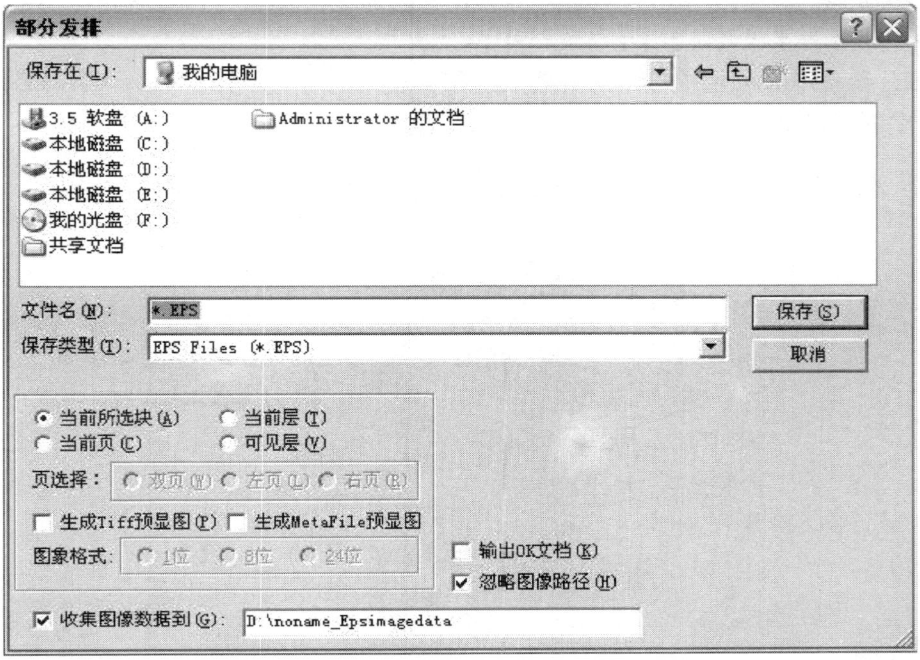

图 3-37 部分发排

五、图片编辑

飞腾对图片可做多种编辑。如:用文字或图元裁剪图片;图的镜像、旋转、倾斜及改变大小;设置灰度图和彩色图的挂网参数。图可以用阳图或阴图方式显示、取反或取代被压的对象。对于二值图还可以改变颜色、勾出图的轮廓线以及用透明方式显示。另外,还可以用精细显示方式显示图像。排在图像上的文字,当与图中的颜色比较接近时,文字不容易被看清楚。飞腾提供的裁剪勾边功能,能够自动为这部分文字加上不同颜色的勾边,使得文字清晰可见。裁剪勾边功能还能够使得勾边的文字将其压在图上的部分保留勾边,落在图外的部分去掉勾边,从而产生一种特殊的效果。

1. 排入图片

可以排入飞腾的图片格式有:GRH、TIF、TGA、EPS、BMP、GIF、PCX、JPG、PS。

首先选择[文件]菜单的[排入图像],弹出[图像排版]对话框,再选择要排入的图片。单击<排版>按钮,鼠标指针变为状态,单击版面任意位置(该位置为图像排入版面后左上角的位置),图像排入版面时形成图像块,在图像块的四周形成 8 个把柄。此时排入的图片为原图大小。

也可以用鼠标指针直接在版面上画出图像块的大小,释放鼠标左键后,图像按所画区域排入版面。如果先按住[Shift]键,再拖动指针,则图片的大小变化,但长、宽比例保持不变。

如果用户改变了图像文件的路径,当飞腾打开文件时,会给出设置路径对话框。用户此时可以键入新的路径;或单击<浏览>,设定图片新的路径;选择<忽略>、<取消>,飞腾此时将用矩形框来代表该图像的位置和大小。

图片参数:图的显示方式、作用方式、挂网参数是一个图最基本的属性,飞腾把它们作为"图片参数",如图3－38。

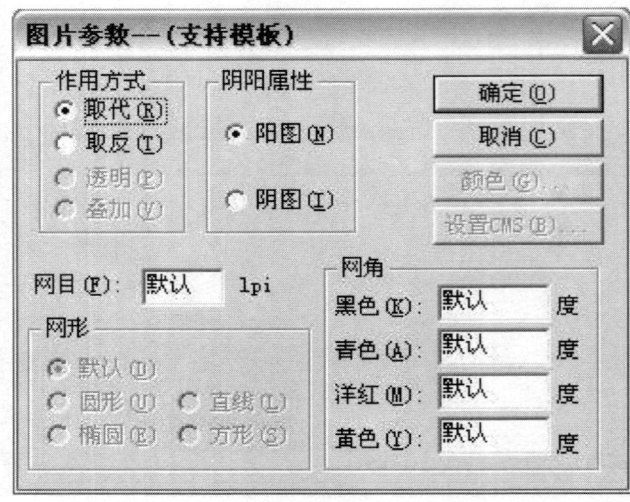

图3－38　图片参数

2. 图勾边

对二值图和GRH图可以做图像的勾边。系统用折线勾出一条图形的轮廓线,并赋予其裁剪路径属性,对被勾边的图作裁剪。

选取工具箱中的箭头工具,选中图像,该图像呈选中状态(显示把柄),选择[版面]菜单的[图勾边],显示出图的勾边线。勾边线作为裁剪路径对图作了裁剪。双击勾边线上的一点,可增加节点。拖动节点可调整勾边线的形状。

3. 给图片加边框

执行[图勾边]命令可以给图加上边框线。使用[花边底纹窗口]能够改变边框线的粗细和线形,还可以选用花边加在边框线上。

注意,图片边框线不能设成点画线或双点画线。

4. 图片的裁剪

图片的裁剪有两种方式:利用封闭图元或文字块作裁剪路径,裁剪图片或者利用工具箱中的裁剪工具,对图片进行裁剪。

5. 图像的管理

在飞腾中,用户对图像的管理可以通过[图像管理]对话框来进行。在这个对话框中列出了文件中排入图像的名称、类型、颜色、排入的页号和图像的所在路径,这些信息可以被打印。在这个对话框中,还可以改变图像文件的连接关系,即选用其他图像文件来替换某个选中的图像文件。执行[编辑]菜单中的[图像管理]命令,打开[图像信息]对话框。

其中[链接信息]项的内容有三种:"OK"表示链接正确;"Update"表示图像文件已被更换;"NG"表示此图像文件的链接路径不正确。

在对话框中选中一个图文件名后,按[重设文件]按钮将打开[图像排版]对话框,在其中可选择另一个图像文件来替换选中的图像。对话框中的[打印]按钮用于打印列出的所有图像信息。

六、编辑技巧

1. 标题的编辑技巧

在报纸版面中制作标题时,可以选择一些比较简单的方法进行操作,以便于排版后对标题的修改。当然,不仅是标题,对于整个印刷版面的排版也应遵循这一操作思路。在印前制作中占用时间最长的操作就是对版面和文字的修改,因此,使用简单的方法制作版面,可以大大方便以后的版面修改操作。

使用方正飞腾排版软件制作标题时,最好采用标题块与正文块分离的方法进行操作。飞腾排版软件在排文章标题时可使用"形成标题"命令4进行排版,这样制作的标题和正文是一个相互联系的块。在报纸的排版中,标题的改动机会往往比文章内容的改动机会要多一些,用形成标题的方法排出的标题在对其进行修改时,会影响到所排正文的版面,这样在修改时就会增加工作量,操作起来比较麻烦。如果使用标题块与正文块分离的方法进行排版,在修改时,正文和标题的版面就不会互相影响,修改的工作量就相对要小一些,从而大大地方便了排版人员的操作。

在制作标题时,应根据所排文章正文块的大小及版面位置,合理安排标题位置。对于有多个标题块的标题制作,应注意横排与竖排合理搭配。整个标题的排版顺序(就所组成的各个标题块而言),应该从左到右和从上到下的顺序。

在制作一些不规则形状的复杂标题时,可以采用多建一些标题块的方法来进行排版,将标题中几个属性相同的字作为一个块排在一起;也可以采用每个字单独排的方法进行排版,也就是将标题中每一个字都单独做成一个块。而对于一些较简单的不规则标题的制作,可以直接采用飞腾排版软件提供的一些相应功能进行排版,比如使用沿线排版、旋转工具等方法实现。

2. 正文的排版技巧

使用飞腾排版软件排正文的方法比较简单,有两种排版方法可供选择:一是先画正文排版分区块,再将小样文件排入分区块中;二是不画正文分区块,直接进行排版,在排入正文后再根据版面的要求对分区进行调整。为了节约排版时间,减轻排版人员的工作量,可选择第二种方法直接进行排版。在排报版时,每一篇文章最好是先排正文块,将正文块剩余的空间用于文章标题的排版。

在排报版正文时,应该注意正文在排版时如何分栏,正文块与正文块之间应该尽量避免使用以同样的字数分栏,使读者感觉到有通栏之嫌;在正文分栏时应该避免出现很窄的文字栏，可以根据实际情况增加或减少正文块的栏数来解决；在排版时应该注意避免正文块中有不等栏的情况发生（特殊要求除外）；栏间距应该设为一个字（某些广告的排版除外）。

在排报版时，如果正文所排的标题为竖排的文包题样式，最好是将正文块分成两栏；如果正文块较宽，要分成多栏，竖排标题应放在中间一栏中，并且最好标题占一栏宽的位置；如果正文所排的标题为竖排，但标题不在中间，而在整个文章块的四个角的某一个角，则最好正文不要分栏，以免出现正文块中的某一栏排文太少或正文行文不规范的现象发生。

在排报版正文时，正文字一定要占满背景格中显示的文字格，而且要在对应的文字格的中间，使文章之间正文中行与列是整齐的。

在正文块的排版中，每一个正文块都应该是符合排版规则的，看上去都应该是比较整齐的版面块。每一篇文章排版后的文章块（包括正文块和标题块在内）最好是一个有规则的形状（比如正方形或矩形），正文中最好不要有多个拐角出现，最多只能出现一个拐角，以免行文混乱，读者阅读不方便。

在进行不规则正文块的排版时，一定要将使用图元工具所画出的不规则图形设置为排版路径属性，否则无法将文字排入不规则图形中。

在排版时，正文块排版的走文方向一定要正确，对于横排文应按照从左到右的走文顺序进行排版，而对于竖排文则应该按照从右到左的走文顺序进行排版。在一个报纸版面中应该尽量少用竖排文进行排版，在正文块中加入标题时，应该注意加入标题后正文的走文是否规范，否则，将会严重影响到读者的阅读。

正文的行距和字距应该按报版的要求进行设置，并且应确保统一。正文的字距和行距统一有利于整个版面中文章之间的行与列的文字整齐，在操作中，不应随意改变某一篇文章或者是一篇文章中某一些段落的行距和字距。广告的排版可根据版面空间的大小和排版的需要，使用改行距和字距的方法进行调整。

在所排的版面中，应该确保某一个专栏（这个专栏可能由多篇文章组成，也可以只由一篇文章组成）所排的形状为矩形或正方形，组成这个专栏的文章的排版可以错落有致，但也不能使某一篇文章的排版成为不规则的多边形。

3. 图片的排版技巧

在对图片进行排版时，首先应根据所排报纸某一版中需排入的图片数合理安排图片的版面，对于不属同一内容的图片不要都排在一起。在整个版面中应该对称地排入图片（同一内容的一组专栏图片除外），使读者读报时感觉图片的布局合理、爽目。

在排入图片时一定要与原图进行比较，仔细观察所排入的图片与原稿是否一致，特别要注意图片是否反相了；还应注意图片上的内容是否太黑，并及时反馈给图片处理人员进行处理。

因在 Photoshop 中处理的图片都是矩形的，所以如果所需排的图片是不规则图形，排版时就要进行加工，首先用画线工具画一个所需大小的不规则框，再将之设置裁剪路径，同时选中这个不规则框和所排的图片，并将图片中所需的部分压在不规则框内，使用"合并"命令，就可以完成不规则图片的排版。

使用飞腾排版软件进行某些图片的排版时,有可能无法对所需排入的图片进行排版,有时只要选中该图片进行排版时,就会死机或使排版软件关闭,原因有以下几种:(1)图片格式不对或者是由于在安装飞腾排版软件时没有安装相应的插件,在排报版时飞腾排版软件排版所接受的图片格式最好是 tif 或 eps 格式,对于其他一些格式可能不能正常排入;如果要排入 ps 文件,则必须在飞腾中安装 ps 插件。(2)由于所排入的图片文件尺寸太大,导致无法排入图片。对于这种情况,可以适当改小图片的尺寸大小,可用 Photoshop 打开该文件,使用"图像"菜单中的缩放命令在"图像大小"对话框中的"像素大小"组合框内,重新设置图片尺寸的大小,最好是与报纸版面所需的大小一致。

在网络系统中进行图片排版时,因排入图片丢失而发生"开天窗"的现象,可以通过飞腾软件的环境设置来解决。在环境设置中有一个"包含图片数据"的选项设置对话窗口,如果选中该窗口中的"包含全部图片"选项,则在飞腾排版软件发排时,所发排的 ps 文件中将包含排版时版面中能够看到的全部图片文件。

第四章 新闻图片编辑

图片是现代报纸不可缺少的组成部分。一张好的新闻图片,不仅能形象、真实、生动地反映现实生活,而且能冲破语言和文字的隔阂,成为不同国家、地区、民族,不同文化程度的广大读者共同的视觉语言,能使读者发生新闻的精彩瞬间。

新闻编辑,作为版面的把关者,有责任对全版所有稿件(包括图片)作政治上、事实上、技术上的审查并抉择。作为版面的统筹规划者,有责任在设计全版时对图片提出要求,如哪里需要横图,哪里需要竖图,如果没有合适的形式,就得自己剪裁。这要求编辑熟悉各类图片的性能,这样在运用图片时,才能恰如其分地选用最适当的形式,以取得最好的传播效果。

第一节 新闻图片的作用与类型

新闻图片是传播新闻信息的重要形式之一。20世纪90年代,我国报界提出"图文并茂,两翼齐飞",此后新闻图片开始大量地占据报纸版面,图片编辑的工作任务显得愈发重要。图片新闻直观形象,甚至有时"一幅好的新闻图片,胜过一篇重要的社论",所以,如何巧妙地编辑好新闻图片,在报纸编辑中就是一门重要的艺术。

一、新闻图片概述

(一)新闻图片的定义及其发展历程

1. 新闻图片的定义

新闻图片是指以图片的直观形象和简要文字说明结合起来报道新闻、传播信息的一种新闻报道形式,包括新闻照片、图表、漫画等形式。它的作用简要来说表现为纪实性作用、证实性作用、解说性作用、装饰性作用和视觉冲击作用。

2. 新闻图片发展历程

报纸(新闻图片报及画报除外)应以文字传播为主。但是,有时候单凭文字还不能很好地完成传播任务,必须借助于新闻图片。20世纪80年代前,新闻照片在我国的报纸上还只能起"插图"和"陪衬"的作用。1985年3月,当全国新闻摄影作品评委会首次把"慧眼奖"授给《中国日报》总编辑冯锡良后,许多报纸的老总们才真正开始重视新闻图片的作用,此后出现了一些令人感动的好照片。近年来,图片传播受到了国内各家报纸的重视。在今天的报纸上,新闻照片和文字报道已经"比翼齐飞"。1990年,第一次全国报纸总编辑新闻摄影研讨会在银川举行,会上提出了"图文并重,两翼齐飞"的口号,就此宣告报纸的"读图时代"的来临。① 新闻照片和文字报道构成了现代报纸上两种最基本的传播形式,"图文并茂"已经成了报界对报纸版面的共识。

(二)新闻图片的作用

新闻图片的作用,主要体现在以下的几个方面:

1. 纪实作用

报纸之所以重视新闻照片,一个重要的原因就是它能够对读者产生较强的吸引力,从而留下更深刻、更强烈的印象。因为照片不仅具有直观性,而且一般都比占有同样面积的印刷文字具有更多的信息量,使人们能够比阅读文字更快速地获取照片传播的全部信息。一份调查表明,人们阅读的东西能记住10%,听到的东西能记住20%,看到的东西能记住30%。②

读者认为新闻图片应当是对事件的真实记录,我们绝不能背叛这种信任。纪实照片的完整性具有最高优先权,纪实照片边框内的所有内容都不能改变,包括改变背景,增加颜色,制造图片蒙太奇或者拼接图片。不能对图片中的内容做任何的增减,这意味着即使是一只手或者一根树枝出现在图片中的不合适的位置,我们也不能去掉它。如在图4-1中,2013年高考的头一天,考生冒雨奔赴考场的场景,编辑用一组图片就生动地展示出来了。

2. 证实作用

非独立使用的新闻照片与非新闻照片具有证实文字报道的作用。新闻照片还以其真实可信性,发挥着文字报道难以起到的作用,尤其是在批评性报道中更为突出。文字记者写一篇批评稿,有时会因为某个细节惹来的官司一两年也打不完;《人民日报》"立此存照"专栏里刊登了不少批评性照片,被批评者很少同记者打官司,因为一些人的不道德行为被镜头"捉"住了,有凭有据,就连一些无理也要搅三分的人也不敢理直气壮地同镜头辩论。

《经济日报》以前曾给读者的感觉是比较理性,版面报道有一种中规中矩的生硬感,照片的大小似乎被规定死了,无论图片质量如何,都是一样的大小。但是,这几年这张报纸已经逐渐显现出在图片采集和编辑上的功夫,推出的《摄影报道》专版将经济新闻用有新闻质感的图片表达出来,给人耳目一新的感觉。以2011年3月27日《经济日报》的《摄影报道》专版为例。这个专版的大标题为"长沙市雨花区:搭高铁快车 布产业新局"。约600字的文字简要介绍了长沙市雨花区曾是长沙市的一个郊区,由于武广高速铁路长沙南站在雨花区

---

① 吴飞:《新闻编辑学》,浙江大学出版社2003年10月版,第354页。
② 张永琼:《怎样发挥新闻照片在报纸上的作用》,《中国记者》1992年第5期。

图4-1　《北京晚报》2013年6月7日

落户,给这里的交通、区位、产业方面带来诸多优势,为雨花区的发展注入了强劲的动力。高铁带来的经济提速是一种经济现象,这个专版用新闻摄影报道的方式解读了这种经济现象,使之具体化。整个版面用了四张4.5cm×4.5cm的照片展现了现代化火车站的概貌;六张7cm×4.5cm的照片介绍了雨花区居民、产业、环境、旅游等方面的变化;头条采用了一张25cm×16cm的大图,画面中一列高速列车疾驶而来,附近的百姓们喜悦地在栅栏外驻足观看;右下方一张11cm×22cm的竖图显示了雨花区区内交通干线纵横交错,以武广客运车站为核心的现代化交通枢纽已经形成,各种交通方式成功实现无缝对接。①

3. 解说作用

图表、示意图、新闻地图、漫画能够以形象、直观地统计和描述新闻报道中的某些内容,从而对相对枯燥的文字表述进行了生动易懂的解释。因此,越来越多的编辑在编排专业性较强的新闻稿件时,制作相关的图表或示意图帮助读者理解。近几年,很多报纸还开设了"图解新闻"一类的专版,对新中国成立以来的建设成就、各行各业发生的巨大变化、社会上出现的一些新现象、新问题,以图表、漫画加示意图的形式进行报道,这些图片已经成为这类特殊版面上的"主角",受广大读者的欢迎。② 如在金融、财经类的新闻报道中,适当地加入图

---

① 韩生华:《浅论当下报纸图片新闻的应用与趋向》,《中国新闻出版报》2011年5月3日。
② 郑兴东、陈仁风、蔡雯等:《报纸编辑学教程》,中国人民大学出版社2005年版,第348页。

表,可以有效地突出财经新闻的独特魅力。在一些突发性事件报道中,编辑可以通过对图片的解说展现事件发生的过程。如在图4-2中,编辑将学生争分夺秒救人的信息通过公交车监控截图的形式一一展现在读者眼前,这些截图就好像一个个分镜头脚本,很好地再现了当时学生如何救人的场景。

4. 视觉冲击作用

新闻照片不仅可信性强,而且往往还比文字报道有更强的感染力,有一种能够引起读者心灵颤动的力量。美国《万象》杂志总编塞·沙斯勒说过,"冲击力构成好照片。不是动作,是冲击力———一种视觉印象。这种印象将某种东西射入观者的头脑。这种射向观者的东西可以是气愤和温情,也可以是满足人们求知欲望和对信息的渴求。然而必须明确,不能是只有拍摄者本人明白而别人看不懂的东西;也不能是只有让作者亲自解释方能使人理解的那种难以捉摸。"它必须完全靠自身的形象告诉观

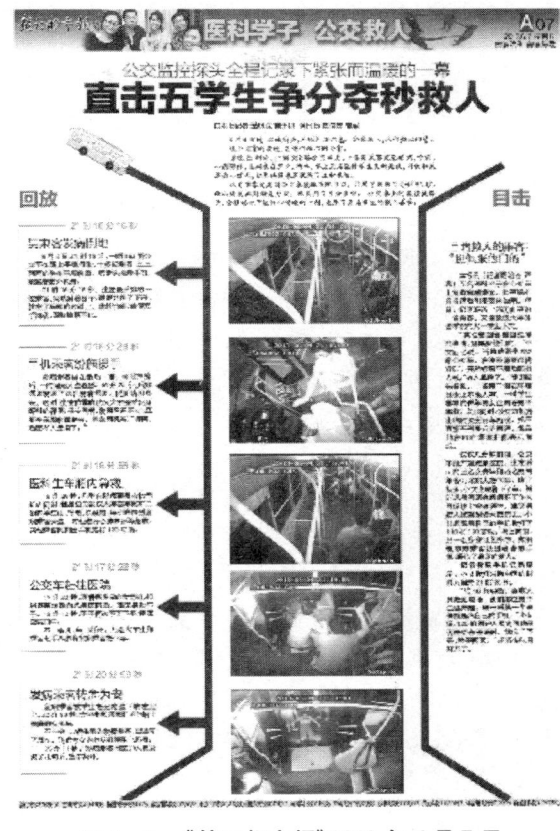

图4-2 《楚天都市报》2013年6月7日

者它所要表现的事物。一幅好照片不需要批评家、艺术家、新闻记者、哲学家乃至摄影者自己去做任何解释,它本身必须要有足够的重量,以发射出强大的冲击力。① 比如曾获第三届佳能杯"亚洲风采"华人影赛新闻专业摄影组一等奖的组照《拉宾之死》(新华社记者王岩摄),通过以色列总理拉宾葬礼中的感人镜头,表现了人们对拉宾的悼念和对和平的向往,照片中人物悲痛欲绝的神情,令人窒息的葬礼,无不给观者一种强烈的"视觉印象",使观者产生情绪上的激动。

5. 装饰作用

新闻图片在版面上的运用,是构成报纸形式美不可缺少的条件。这首先因为图片本身是一种艺术品,画面上的艺术气氛,可以溢出画面之外而渲染到全版。就如一间屋子里挂了一幅画,它的美感绝不仅仅限于画框之内,同时也使得整间屋子都洋溢着美的情调。其次,报纸的版面大体上应是一幅图案。画家构图讲究疏密有致,黑白相间,布局匀称,留有余空。在版面上,文字是"白",是"疏";标题是"黑",是"密"。但是光凭题与文大小字体的运用,调

---

① 南振中:《电视的冲击力和报纸总编辑的慧眼》,《中国记者》1990年第10期。

剂的幅度不大,因此需要有图片穿插其间,加强疏密、黑白的对比,以求布局更为匀称。新闻图片尤其是照片虽然不是纯粹的艺术摄影,但也应该具有一定的艺术性。因此报纸上刊登图片,也具有向读者提供艺术享受,丰富群众文化生活的作用。

二、图片的种类

(一)照片

照片是报纸最常采用的图片样式,可分为新闻照片和非新闻照片两种。新闻照片就是以新闻人物、新闻事件为拍摄对象,再现新闻场景的照片,它可以独立地出现在版面上,也可以作为新闻报道的配图出现。非新闻照片则不具备新闻照片的新闻性、时效性,如对自然景观的拍摄、对建筑物的拍摄等,这些照片一般不作为独立的报道题材出现在报纸上,但可以用作题饰,或者配合某些文字报道。例如《新京报》的"城市表情"栏目,每天都会登载一张具有视觉美感的非新闻图片,并配发简短的文字说明,让读者有赏心悦目的感受。

(二)图示

图示是报纸用来配合文字,将文字稿中比较抽象的数字和内容或者难以描述的事物以形象化的方式介绍给读者的一种形象化的资料。图示包括统计图表、示意图和新闻地图。然而随着科技的发展,新闻图表在表现形式上的发展已经突破了传统定义的局限,出现了新闻仿真图、3D模拟图。这类图表带给观众更加直观、真实的感受,如图4-3。

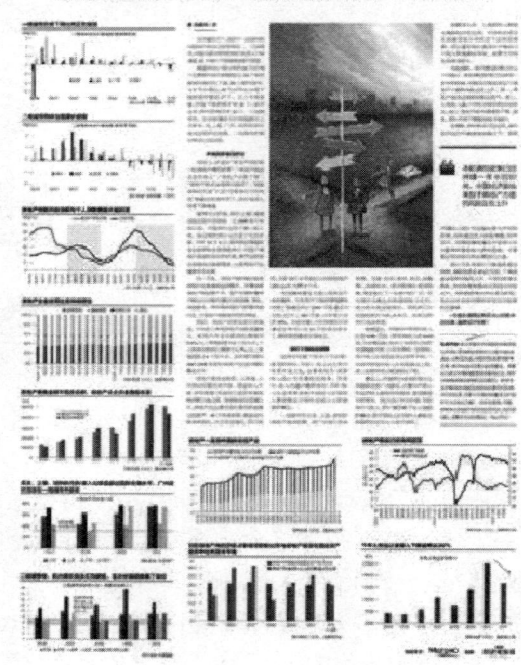

图4-3 《经济观察报》2011年11月28日18版

《南方周末》的创始人之一张向春对新闻仿真图是这样定义的:"新闻仿真图是为了配合新闻报道,采用三维软件的仿真性而制作出来的模仿、模拟真实实物或场景的新闻视图。"在一般的新闻报道中,新闻仿真图多用于还原新闻事件和模拟现场;在灾难报道中,仿真图多用于还原灾难现场;在重大新闻事件的系列报道中,仿真图用于展现宏大场景。①

---

① 陈怡:《传媒进入读图时代,新闻图表有助于阐释新闻信息》,《今传媒》2011年第3期。

(三)漫画

新闻漫画是一种具有新闻性的艺术作品,凡是内容涉及国内外政治、经济、文化、社会生活方面等带有新闻性题材的漫画都统称为新闻漫画。随着媒体的发展,新闻漫画已经不仅仅起着填补空白、美化版面的作用,更为重要的是,新闻漫画具有思想性、艺术性和战斗性。它以独特的服务形式服务于新闻内容,作用于报纸的编辑方针,为读者所喜闻乐见。新闻漫画主要有政治、社会性漫画,漫画插图,连环漫画和幽默画等。新闻漫画虽然没有大段的文字描述,但是却以其独特的艺术表现形式感染着读者,留给读者思考和想象的空间。如图4-4,《海南日报》对于美国的财政悬崖问题的报道,用了驴和大象这两种动物的较量进行暗喻。

图4-4 《海南日报》2012年12月30日 A5版

(四)图饰

图饰与图示不同,它不传播任何新闻信息,只是报纸版面的一种装饰。图饰一般是用美术图案点缀和烘托报纸的报头、报眉、标题、栏题、版头或版面的其他部位,使整个版面更加生动美观。恰当地运用图饰还能使版面编辑思想得到更加充分的体现。①

如作为美国后起之秀的报纸《今日美国》载2012年报头微标配了一张简洁用几笔画勾勒出的"古代炮车"。这一版上的"封面故事"是纪念美国"南北战争150周年"的内容,主图是纪念活动现场着古装,仿古炮,模仿当年作战情景的表演照片;辅图是现代战场上真枪实

---

① 郑兴东、陈仁风、蔡雯等:《报纸编辑学教程》,中国人民大学出版社2005年版,第346页。

弹发炮情景,古今作战形式的对比,大图和小图的结合,不仅突出了该报当天关注的是军事新闻,而且对战争内涵进行了深入挖掘,变化的徽标正是对"封面故事"的高度概括,如图4-5。又如:为了纪念2013年父亲节,该报报头启用了儿童涂鸦的图片,装饰了版面,很好地表现了父亲节的主题,如图4-6。

图4-5 《今日美国》2012年9月17日　　　图4-6 《今日美国》2013年6月16日

第二节　新闻图片的选择与编辑

报纸的文字内容重在编辑,报纸中的新闻图片则重在选择。新闻图片选好了,只要根据版面的需要制作和挑选即可,所以,下面着重介绍一下照片的选择与编辑。

一、新闻照片的选择标准

美国摄影教育家肯尼斯·科布勒认为,《华盛顿邮报》在图片方面的成功,除了有一批非常出色的摄影记者外,还有一套严谨的图片评估体系,在这套图片评估体系中,图片被分为

四个档次:信息含量、形象价值、情感因素、亲切感。① 关于什么样的图片是好图片,编辑们大都有这样的共识:

(一) 具有真实性

新闻图片不仅仅是美化版面的一种手段、作为文章的附庸,更是担负起传递信息、传播观点的功能。新闻图片作为报纸的重要组成部分,其真实性的要求与新闻报道真实性的要求是一致的,而违背了新闻图片的真实性,则是对传者和受众的一种亵渎。因此,编辑对于照片的分析,就像是对于稿件的分析一样,发现有任何不合情理的地方,一定要向摄影者或当事人进行调查核实,杜绝假新闻的出现。

真实性和时效性是新闻报道的生命力所在,照片的真实性表现在两个方面:一是照片不是摄影者摆布拍出来的;二是照片没有经过不真实的处理,而假造出来的。因为随着技术的发展,越来越多的人利用高科技编造假新闻图片。对于采用照片的真实性要用心核实,确保真实无误。

2012 年 11 月 17 日,浙江《今日早报》头版刊登女兵学习十八大的图片,经核实是严重摆拍的照片,见图 4-7,虽然浙江日报报业集团图片新闻中心发表了致歉声明,并对于照片作者

图 4-7 浙江《今日早报》2012 年 11 月 17 日头版

---

① [斯洛文尼亚]阿莱斯·艾尔雅维茨,胡菊兰、张云鹏译:《图像时代》,吉林人民出版社 2003 年版,第 34~35 页。

和图片值班编辑做出了相应的处罚,但却在广大读者及网友中造成极其恶劣的影响。

同时,新闻照片必须具有实效性,这里所说的实效性不一定是要最新拍摄的,而是要与新闻事件所报道的内容一致,对新闻事件有重要的意义。

(二)具有新闻价值

新闻照片的价值性就是指照片的新闻含量。新闻照片首先应该具有新闻性,而不是单纯的艺术品,版面编辑在选择图片时,首先取决于它的新闻价值有多大。一张饱含新闻价值的新闻照片,能达到"一图胜千言"、"百闻不如一见"的宣传效果。这就需要记者要有高度的社会敏感,及时挑选出那些最具价值的新闻照片。具体来说,新闻图片的选择要遵循新闻规律,按照重要性、显著性、接近性、新奇性、趣味性等新闻价值的要素,让那些好的和较好的图片"各显其能"、"各得其所",从而最大限度地发挥新闻图片的视觉优势。

(三)具有视觉冲击力

新闻图片的视觉冲击力包含生理和心理两层意思:一是视觉是对读者眼睛对画面感受来说的;二是冲击力是对读者的心灵感染力和吸引力来说的。综合这两层意思,新闻图片的冲击力就是图片画面形象对读者的吸引力、感染力,或者说画面形象的表现力、表达效果。

图片作为一种视觉新闻,依靠视觉形象说话,画面简洁、构图完美,有视觉冲击力、角度新颖、技术到位等都是评价优秀图片时视觉方面的参照标准。完美的图片能够准确传达新闻的重点和要点,抓住了新闻事件或者新闻人物的核心画面。编辑在选择照片时,要考虑画面构图是否新颖,形式感是否强烈,景别变化是否丰富,色彩搭配是否合理等。

(四)照片画面上的景物层次丰富、对比清晰,有利于制版印刷

新闻图片的特点是运用真实、生动的形象来表现新闻现场、传达新闻要素。因此,成像清晰是实现新闻图片基本目标的基础。图片精度要够,影像要清晰,不能有明显的技术缺陷。

由于新闻照片最终都是呈现在报纸上,需要制版并印刷才能呈现在读者面前,因此,编辑还必须考虑构图的合理性。如画面主体在画幅中所处的位置,画幅的长宽比例、透视与空间深度的处理、影像清晰与模糊程度的控制、色彩的配置、影调与线条的应用、气氛的渲染等。

(五)照片反映的内容具有正面的社会效果,力戒副作用

新闻图片报道是推动社会进步、创建社会精神文明建设的有效载体和手段,要注重社会效益。图片内容广泛,既有褒扬性的新闻图片,也有批评性、惩戒性的新闻图片,报纸编辑在选择运用这些新闻图片时,不能将那些社会生活中偶然发生而非普遍存在的、只代表社会阴暗面中极少层面的新闻图片来吸引受众的眼球,一味地去追求"轰动效应"和"刺激感官";应该尽力反映社会的深层问题,促进社会的文明、进步和发展;禁止发那些过于刺激读者大脑神经、刺激读者心灵、会让读者感到不快的图片;不发不尊重个人隐私的图片;不发不符合社

会公共道德、没有人文关怀的图片。

如负面报道一旦涉及人物正面形象时,要视情况模糊处理;画面中也应避免出现车牌号、手机号码等等。使用未成年人图片,尤其是用于负面报道时,需要模糊处理,尽可能少用或不用。图片中一旦涉及人物正面形象时,应视情尽可能尊重其意见。警惕"视觉禁忌",禁用恐怖、怪异、裸露、低俗、淫秽等图片。①

(六)协调统一,符合版面需求

新闻图片并不是单打独斗、孤立存在的,而应根据新闻本身的内在联系和逻辑性进行优化组合,融为一体;尤其是在编辑图片专栏和图片专版的时候,要考虑照片之间的互相配合;针对反映同一个主题的不同场景、不同角度的照片以及做系列图片时,要根据主题很好地进行选择。在多张图片组合在一起的时候,选择全景图片和细节图片;不同景别的图片相结合,能够让读者获得更全面的信息。这样,有利于产生强烈的视觉冲击力。

(七)服从报纸的定位

图片的内容受到报纸的性质、定位、立场的约束,不同的报纸编辑方针不同,选择图片的理念就不同。即使是同一类型的报纸,由于报纸的侧重点不同,报纸图片的选择思路也有差异。如《人民日报》作为党报,担负着宣传党的路线方针政策的重任,因此,该报在选择图片时,往往从政治、经济角度去考虑。而都市生活类的报纸,挑选图片时,应适应大众的趣味。

二、新闻照片的编辑方法

当今读者已不满足报纸上对新闻照片那种图解式的编辑手法,他们不但需要从中获得新鲜有用的信息量,还需要版面表现形式明了大方、可视可读,甚至要求有审美价值。编辑本身是一门学问,是编辑人员学养的沉淀和释放,是经验的积累和运用,是才能的发挥和检验。《人民日报》原副总编辑李仁臣曾说:"一张报纸图片用得好,不仅是记者或通讯员拍摄得好,其中更包含老总的决策和编辑的辛劳。反之,即使记者送来了好图片,老总不重视、编辑不识货,也是徒劳。编辑要从对新闻照片来稿照登上升为对新闻照片进行二次加工。""编辑的二次加工,对新闻照片内涵的再度挖掘,对新闻照片的包装打扮,使之在版面上'亮'起来。是编辑的呕心沥血,才使记者和通讯员的千辛万苦在版面上得到比较完美的体现。是记者、通讯员和编辑共同创造才使一幅新闻摄影佳作有更大的价值。这也是摄影记者、通讯员对遇上一个好编辑无限感激的原因。"②

(一)照片的剪裁

众所周知,拍摄新闻照片不可能像拍摄个人写真那样,仔细斟酌后才按下快门。所以,

---

① 盛希贵、周邓燕:《新闻摄影实务》,北京大学出版社2010年版,第224页。
② 李仁臣:《思考的相机》,《新闻战线》1999年第12期。

即使是好的新闻照片,在人为因素的影响下也会有着这样那样的瑕疵。比如,新闻主体在照片中不够突出;主体与背景的比例不够妥当等等,这些都是需要编辑后期调整的内容。因此,一名优秀的图片编辑在依据一定的标准选定新闻图片后,还需要根据画面表现主题的需要,对图片进行必要的剪裁加工,调整画面构图,以突出主题,使新闻照片传递信息更加准确、完整,起到深化、升华主题的作用。

1. 照片剪裁的原因

《人民日报》编辑部对刊发的照片有这样的要求:

(1)为了突出主题剪裁:但剪裁的原因是突出主题的需要,有一些编辑往往会先设计后剪裁;在没见到图片的时候,他先设计好了版式,然后将这些照片"削足适履";

(2)裁掉多余的部分:就像文字编辑删掉文章中拖沓累赘的文字一样,除去照片中任何不重要的事物;

(3)为了特殊的创造而剪裁:为了版面设计的整体风格,图片编辑在照片剪裁上别出心裁,比如照片剪裁成横长条或竖长条易于版面设计协调统一;

(4)对于版面常用的压题图片,编辑要为标题留出适当的空白,避免剪裁太过而让标题文字不得不压在新闻主体上。

2. 剪裁照片的注意事项

在剪裁照片时,需要注意以下几点:

(1)照片构图的修正

尽管拍摄时经过了构思取景,但是很多的条件限制可能会让照片存在这样或那样的缺点。新闻照片剪裁有改正画面的技术缺点和突出新闻图片主体的作用。新闻照片处在摄影状态,需要通过剪裁加工转变为新闻状态,目的是突出新闻主体形象,特别是能够表达主要信息本质的图像,使读者能迅速集中视点,产生强烈的印象,比较深刻地理解图像信息的内容和意义,而且留下记忆。剪裁方法就是舍得剪掉画面上与主体关系不大的部分,或抽出最富信息传播效果的主体部分放大制成图片。这要求编辑在审视照片原件时,把审视当作拍摄时的取景一样,既注意主体和场景,又仔细观察主体的特色,找出最有代表性的形象来。这时的审视思考,不能限于照片本身,还要全面考虑当时的情况和读者的接受心理。

(2)照片长宽比例的调整

在剪裁图片时还要考虑的一个重要因素就是长宽比例的调整,通常要符合"黄金分割",而不能随意地拉伸或压缩。另外就是要考虑到版面的美观和文稿间的配合。如果是采用多张照片,还要考虑到照片之间的大小比例关系和位置,进行一些特殊处理的剪裁。当然,这些比例的调整,都应是在不破坏照片主题思想的表现这一前提下进行的。

(3)照片篇幅大小和外形的确定

编辑对照片用到多大篇幅,一方面要考虑到照片新闻价值的大小、社会效果是否突出,一般对于重大主题的新闻照片应该给予相对大的篇幅。如果照片拍摄的人物很多、图像比较复杂,也应该给予足够的篇幅,使读者能够看清楚;另一方面,还要考虑到照片的质量,如果照片的清晰度不够高,放大就会影响效果。①

(二)图片说明

作为视觉化的形象符号,新闻图片给我们展现出来的只是新闻事件的某一个侧面,某一个场景。因此,读者从图片上获取一些信息往往是不全面的,甚至产生误读。比如,读者可能对照片的时间、地点、人物以及画面上无法表现的其他新闻要素不甚明了,在更多的时候图片还需要配备文字解释。图片说明一般包括三部分:一是图片画面所传播的信息内容不能由图像本身确切地表达清楚的部分,单独发表的新闻照片,必须借助文字说明来解释画面;配合文字报道一同发表的新闻照片,如果画面本身的信息量不够,就需要补充说明交代照片拍摄的时间、背景;二是图片的作者、包括新闻照片的拍摄者;三是图片的发稿单位,除以作者个人名义投送的绘画和照片外,说明发稿单位,是为了说明图片的来源,向读者负责,是读者信任程度的参照因素。

1. 文字说明的作用

新闻图片往往要配文字说明,因为照片是非语言符号,它虽然能够给读者直观主要的信息,但是毕竟不是很全面的。另外,一些单独发表的照片有时需要文字的解释。具体来说,图片文字说明的意义在于:揭示图片中所包含的意义;揭示图片中的细节;揭示图片不能表达的信息。如揭示图片中人物动作的含义;强调图片中人物的身份;表现图片在哪里拍摄,为何被使用;强调图片中任务的身份,表明图片在哪里拍摄,为何被使用;强调图片中有趣但又是有可能被读者忽视的细节;标明作者及其所属的机构。

2. 文字说明的类型

从其形式来看,新闻照片的说明文字分有标题和无标题两种。有标题的,标题即是说明文字的标题,同样是照片的标题。

新闻照片的说明文字按其性质,可分为以下几种:

(1)客观报道式

重大新闻事实的报道,国家领导人的重要国事活动、时事动态新闻的报道等照片的说明文字,用客观报道的方式,只交代主要的新闻要素和必要的背景材料,不作文字上的渲染、描述。如"神州十号载人飞船发射成功!"这类说明文字实际上是简讯式的报道,要求文字朴实,要言不繁。这样的说明文字如配上标题,本身就可成为一条简短的报道。

(2)介绍说明式

基本上采用说明手法,介绍画面上人物、场景、情节等内容。这样的文字,是帮助读者看懂新闻照片的,它与照片是合二为一的,互相依存,不可分离。

如在《人民日报》2013年1月1日要闻版中刊登的两幅图片,如图4-8,编辑为两幅图片配了文字如下:

---

① 郑兴东、陈仁风、蔡雯等:《报纸编辑学教程》,中国人民大学出版社2005年版,第353页。

图4-8 《人民日报》2013年1月1日

"3、2、1！新年快乐！"2013年1月1日零时，30位劳模和首都市民代表、国内外游客数千人相聚在颐和园佛香阁前，共同迎接2013年的到来。随着新年钟声的敲响，市民游客欢呼雀跃，相互祝福，合影留念。和纽约、伦敦、巴黎等国际大都市一样，北京的迎新年倒计时庆典，已成为一张"城市文化名片"。2012年北京旅游总人数突破2.3亿人次。

该介绍说明式文字把读者最关心的事件、地点、人物等新闻要素交代清楚，满足了读者的需求。这就要求介绍文字不宜过长，以帮助读者看懂画面为准，不可节外生枝，把一些画面上没有的内容硬塞进去。

（3）评论点题式

对照片上的新闻事实评头品足一番，把拍摄者或发表者的感受和见解写出来，或赞颂、或针砭，态度鲜明，情感流露自然。新闻照片的文字说明，比起照片标题来说，文字要朴实一些，表达画面的内容要随和方便些。

3. 图片说明的写作要求

"在编辑图片中,好的说明文应该带有感情色彩,使画面的感情表现得更加强烈。作者不应仅限于解释画面,而要把健康向上的思想意志从画面上升华起来。"①就是说,图片说明文的风格应与图片的内容一致。具体来说,图片的说明文字应达到以下几个方面的要求:

(1) 语言准确:图片说明对新闻六要素的交代要力求语言准确无误。

(2) 语言精练:图片新闻最为重要的特点就是快速、直接地传递新闻信息,所以,图片说明的文字不宜长篇大论,而应该是精到、凝练、不玩空泛的文字游戏。

(3) 语言通俗生动:图片说明要通俗易懂、生动有趣,能起到轻松自然,引人入胜的效果。

(4) 不要写照片中显而易见的,要写照片中不可见的。

(5) 图片文字说明要真实,防止以偏概全。

(三) 照片标题的制作

和新闻稿件一样,新闻图片也应配置相应的新闻标题,新闻图片的标题在一定意义上也起了解释说明新闻图片的作用。因此,编辑也应当注重新闻图片标题的拟定。在编辑新闻图片标题的时候,无论写实性标题,还是写意性标题都同样适用。如果制作写实性的标题,标题应该是完整的一个句子,它应该包含最重要的新闻信息,也就是说编辑最想告知读者的东西必须在标题上点出。而如果制作写意性的标题,则应当考虑到标题和图片的联系性,不要随意发挥。总之,不管是什么类型的标题,都应该是与新闻图片相符合的,都应该能更好地传达信息的,更便于读者理解的。

一条好的标题,能起到画龙点睛的作用,为新闻照片增色传神。重视新闻照片的标题制作,意义非同一般。具体来说,给图片制作有下面的几种方法:

(1) 提示新闻事实的写实性标题

新闻照片标题,可提示新闻事实中最主要或最值得注意的内容,帮助读者了解新闻事实。

由于照片上所提供的画面只是一瞬间的记录,一般读者不熟悉新闻事实的主要新闻要素,新闻照片标题就可以提供必要的新闻要素,让读者对其内容知其然。如图4-9,《新京报》2013年1月16日04版刊登的新闻标题为"'海事第一船'首次巡航南海",内容如下:

昨日16时,海南海事"海巡21"船从海口起航,赴三沙水域执行巡航执法任务。"海巡21"船素有"中国海事第一船"的美称,是我国历史上第一艘千吨级可装备舰载直升机的海事巡逻船,也是我国海事系统最早装备的大吨位、最先进海上执法巡逻船。这是"海巡21"船列编海南海事局后在南海海域的首次亮相。此次巡航从海口出发,经永兴岛、东岛、浪花礁、琛航岛,返回三亚港,总里程约600海里。(付美斌 摄)

---

① 张在旋:《浅谈图片编辑对新闻照片的使用》,《新闻界》2002年第4期。

图4-9 《新京报》2013年1月16日04版

在配上了相应的标题之后,读者不仅能够了解到这艘船是什么,所在的位置,发生了什么事情,大大增加了照片新闻价值的显著性。

(2) 揭示新闻意义的写意性标题

新闻照片是纪实的,而照片的意义是要经文字概括才能让人领会的。一个纪实的画面再配上一个阐述意义的标题,虚实结合,相得益彰。

新闻照片的标题通过揭示新闻事实的意义,让读者领略到画面所蕴含的意义,并引人思索画面之外的内容,留下给读者无尽的回味。揭示主题思想的标题有些写得比较含蓄,需要读者联系照片画面来理解。

如图4-10照片中描写了湖南永州85岁的老人罗伯中,为了圆考大学的梦想,这位老人已经是第三次参加高考,虽然年岁已高但是老人坚持不懈追逐自己理想的境界,耐人寻味。

(3) 评论新闻事实的评论性标题

照片标题还可从评论的角度入手,判断新闻事实的是非曲直,表明拍摄者的态度与立场。评论新闻事实的内容,可以是拍摄者或编发者自己的看法。新闻照片的标题不管是从何种角度入手,都必须注意题图一致,观点正确,富于文采,有吸引力和感染力,给人新鲜感和留下深刻印象。

图4-10 《北京青年报》2013年6月9日评论版"图说天下"的照片

三、新闻图片的编辑原则

新闻图片编辑必须遵循一定的编辑原则。在美国,《华盛顿邮报》等7家报纸制定了图片编辑的15项原则。在国内通常被人们称为"《华盛顿邮报》图片处理的15条'军规'"[①],主要内容是:

1. 所有的原始数码图像都必须由数码相机直接下载到图片库以备所需时编辑和回顾。在进行本地传输时,原始文件需存盘。所有用于编辑目的的打印输出都必须来自数码相机的原始文件。

2. 图片应标注清晰的图片说明。

3. 读者认为图片应当是对事件的真实记录,我们绝不能背叛这种信任。纪实照片的完整性具有最高优先权,纪实照片边框内的所有内容都不能改变,包括改变背景,增加颜色,制造图片蒙太奇或者拼接图片。不能对图片中的内容做任何的增减,这意味着即使是一只手或者一根树枝出现在图片中的不合适的位置,我们也不能去掉他。

4. 摄影记者不能对新闻事件进行设置、重现、导演或者采取其他人为行为干扰新闻事实。

5. 报纸的任务是刊发纪实图片,导演现场只在下列状况下被允许:肖像摄影、时尚或室内设计摄影、工作室摄影,这些照片在使用时必须加以区别,其图像不能给人以纪实照片的错觉,一般情况下,这些照片在使用时应做文字说明。比如某人是为了被拍照而在现场工作,则图片说明不能是"某人正在办公室工作"。

---

① 许林:《〈华盛顿邮报〉图片处理的15条"军规"》,《中国摄影家》2008年第4期。

6. 纪实照片应尽量减少侧面影像的图片的使用,这些图片容易造成特征性元素的缺失。

7. 纪实照片不得被拉伸、变形以适应版面需要。

8. 应减少标题压图片的用法,如使用则必须与摄影者和图片编辑共同论证。

9. 数字图像改造技术的使用必须明显地显示出其虚构性。如果必须使用图片说明才能让读者明白此图片经过了数字技术的处理,那么这张图片不能被采用。

10. 可以创造性地使用照片图示来表达编辑思想。照片图示一般不使用纪实照片。照片图示的制作必须会同摄影者本人、图片编辑、文字编辑、美术设计,使用的手法必须明显或者夸张,以避免读者误认为其为纪实照片。这种方法使用时必须得到新闻美术总监或其助理编辑的同意。

11. 应读者需要刊登的从读者那里获得的有关婚礼、讣告等的图片不能做任何改动。比如,讣告图片必须与原图保持一致,重现性是最重要的。

12. 允许为了使图片有更好的效果而对于锐度和对比度的一般性调整。为了增加清晰度和精确度而对色彩或灰度进行的调整必须被限制到最低程度。

13. 可以通过加光或者减光改善图片的技术质量,可以使用数码技术修补照片中由于过多的灰尘和其他非人为因素造成的图片缺损。

14. 美术总监、责任编辑和编辑部应当对有疑点的图片及时作出质疑,必要时总编辑应参与决策。

15. 所有在本报刊登过的照片在参加摄影比赛时都必须遵照本报图片处理原则,依照原始图片加以调整。

第五章

副刊编辑与策划

第一节 副刊的产生与发展

一、中国报纸副刊的嬗变轨迹

（一）副刊的产生与发展

在中国报纸副刊史上，存世的副刊累计超过五千种。仅就文艺副刊而言，具有代表性的有：《申报》副刊《申报·自由谈》和《申报·春秋》、五四时期"四大副刊"、《中国日报》的《鼓吹录》、《新闻报》的《快活林》、《大公报》的《小公园》、《立报》的《小茶馆》和《花果山》以及《解放日报》副刊、《新华日报》副刊等。近现代史上存在历史最长的副刊是《申报》副刊，《申报》从1872年4月30日创刊，把文艺作为报纸必备一格，到1949年停刊，副刊内容贯穿了《申报》77年的历史。《申报·自由谈》从1911年创刊到1949年随报纸一起停刊，断断续续存在了38年。

一般认为，1897年11月《字林沪报》创办的附张是我国第一个正式的副刊。《字林沪报》创办《消闲报》是因为编辑高太痴等人，"他们看到一些以趣味为中心的游戏性小报在读者中很有影响，因而就想模仿小报，在《字林沪报》上搞些花样。不过，他们又觉得小报上那些'游戏笔墨'难登大雅之堂，于是便想出了在'正张'之外另出'附张'的办法，用专门版面来集中刊载诗词、小品、乐府、传奇之类带有消闲性质的作品"①。因而《消闲报》公开申明其办报宗旨是："要皆稀奇开笑，艳冶娱情，殿以诗词小品，盖名曰消闲，亦可遣愁、解闷醒睡、除烦也。"②《消闲报》从一开始就是随报附送，这说明《字林沪报》发行副刊《消闲报》，只是作为一种吸引读者的竞争手段，并不指望它自身赚钱或产生社会影响。从《消闲报》诞生到辛亥革命时期，越来越多的报纸开始设立副刊，其中影响较大的有：《中国日报》的《鼓吹录》、《时

---

① 王文彬：《中国报纸副刊》，中国文史出版社1988年版，第3页。
② 罗贤梁：《报纸副刊学》，百花洲文艺出版社1985年版，第10页。

报》的《余兴》、《新闻报》的《快活林》、《申报》的《自由谈》等。从内容上看,这一时期副刊基本上承续了《消闲报》的文艺性和消闲性,大量刊登消遣游戏之作及鸳鸯蝴蝶派作品,只有少量资产阶级革命派的报纸副刊发表了一些有积极意义的作品,宣传资产阶级革命思想。从形式上看,这一时期副刊主要有两种形式:一种是附张式,即独立成张,随正报附送;一种是栏目式,即在报纸的正张上开辟专门的栏目。

中国报纸副刊发展到五四时期发生了第一次变革,这次变革主要体现在以下几个方面:

首先,产生了以《晨报》副刊、《时事新报》副刊《学灯》、《民国日报》副刊《觉悟》、《京报》副刊为代表的新式副刊。新式副刊的产生与新文化运动密切相关。新文化运动的一项重要内容是大量输入西方文化启蒙国人思想。而当时电子媒体尚未出现,印刷媒体中刊物和书籍的出版又极其有限,因此报纸成为新文化运动的主要载体,新式副刊的兴起正是适应了新文化运动的需要。与专门刊登消遣游戏之作的旧副刊《自由谈》、《快活林》等相比,新式副刊保留了旧副刊的文艺性,在此基础上有所变革,所发作品大都是新文学作品,如鲁迅的《阿Q正传》、郭沫若的《女神》、冰心的《寄小读者》等这样一些优秀作品,显示出完全不同的旨趣。同时,新式副刊直接参与了五四新文化运动,成为新文化运动的窗口和阵地。介绍各种新思潮、新理论、新知识的学术文章和知识性短文,探讨现实政治问题、关注思想文化领域斗争的杂文和小品文大量出现在新副刊上。这样,新副刊突破了旧式的较为单一的文艺性副刊的模式,成为一种兼具思想性、知识性、理论性和文艺性的综合性副刊。

其次,出现了大批专刊、特刊与周刊。五四时期许多报纸为了满足人们对新知的渴求,往往在文艺性副刊之外又创办各类专刊、特刊与周刊。例如,《申报》在《自由谈》之外又有《星期增刊》、《汽车增刊》、《教育与人生》周刊、《本埠增刊》;《新闻报》在《快活林》之外又有《新知识》、《本埠附刊》;《民国日报》除《觉悟》外,又有科学、艺术、文艺、妇女、教育、平民周刊;《时事新报》除《学灯》外,有《工商之友》、《文学旬刊》、《鉴赏周刊》、《青光》、《文学》、《艺术》、《教育界》;《晨报》则有《文学旬刊》、《社会周刊》、《国际周刊》、《家庭周刊》;《京报》先后有《显微镜》、《莽原》、《民众周刊》、《妇女周刊》、《儿童周刊》、《戏剧周刊》、《文学周刊》等13种周刊。

这些专刊、特刊、周刊往往独立性较强,变动较大,发刊时间较短,有的甚至不是报纸自办的,而是由文学团体或社会团体创办,附着报纸发行,不像报纸的文艺性副刊或综合性副刊那么固定。

再次,副刊观念发生变革。自《消闲报》提出副刊"消闲"的观念之后,供人消闲一直被看作是副刊的基本功能,而到了五四时期,这种观念受到了挑战。曾任《晨报》副刊编辑的孙伏园在出任《京报》副刊编辑时,结合当时副刊的现状,表达了自己对副刊的思考。孙伏园认为:第一,当时的中国"杂志如此之少,专门杂志更少了,日报的附张于是须代替一部分杂志的工作"。第二,"日报附张的正当作用就是供给人娱乐,所以文学艺术这一类作品,我以为是日报附张的主要部分,比学术思想的作品尤为重要。自然,文学艺术的文字与学术思想的文字能够打通是最好了"。第三,"也是日报附张的主要部分,就是短篇的批评。无论对于社会,对于学术,对于思想,对于文学艺术,对于出版书籍,日报附张就负有批评的责任。"①由此可见,五四时期,人们对副刊的认识已不再局限于供人消闲或提供娱乐这一点上,而是看到了副刊所具有的传播知识、启迪思想、滋润人心以及开展社会文化批评等多种功能,这为副刊的进一步发展奠定了基础。

　　五四之后至新中国成立,五四时期副刊的多种形式和多种属性基本上得到了继承和延续。纯文艺副刊或综合性副刊成为了报纸必备的副刊样式,如《申报》的《自由谈》、《新闻报》的《快活林》、《益世报》的《益世俱乐部》、《大公报》的《小公园》、《文汇报》的《世纪风》、《世界日报》以及《世界晚报》的《明珠》和《夜光》;中国共产党《解放日报》的副刊、《新华日报》的《新华副刊》;国民党《中央日报》的《中央副刊》等等,都属纯文艺副刊或综合性副刊。这些副刊有的以刊载旧文艺为主,有的以刊载新文艺为主,有的以综合性为主(包括文艺),都在报纸上占有稳固的版面,持续时间较长,影响也较大。与此同时,上述报纸在各自不同时期又办有大量的专刊、特刊、周刊,内容涉及政治、经济、哲学、历史、宗教、艺术、军事、教育、妇女、儿童、自然科学、生活常识等方方面面,比五四时期的专刊、特刊、周刊涉及面更广。最典型的是《申报》专刊和《大公报》专刊,形成了一定的规模效应。如《申报》1932 年至 1937 年间创办的专刊、增刊和专栏达 46 种,这在当时的报纸中是最多的。②

　　新中国成立后,五四以来形式多样的副刊变得单一起来。纯文艺或综合性文艺副刊成为报纸副刊最主要的形式,除个别报纸如《光明日报》还曾办过一些专刊、周刊外,大多数报纸不再出专刊、周刊。这种情况的出现与建国后片面强调报纸的"喉舌"功能、过于强调副刊的"教化"功能有关。20 世纪 80 年代后期尤其是进入 90 年代后,随着社会主义市场经济体制的确立,报业竞争的加剧,媒体受众本位意识的增强,中国报纸副刊迎来了第三次大的变革。这次变革主要有以下特点:第一,副刊版数不断增加,信息量加大;副刊内容空前丰富,超过以往任何时期。第二,各报竞相创办专刊、特刊和周刊,而 90 年代的专刊、特刊和周刊已不再像过去那样相对独立地附报刊行,而是进入报纸版面,取代了过去纯文艺或综合性文艺副刊的位置,成为"报之一部"了,按现在的流行说法是副刊专刊化、周刊化了。第三,副刊的文艺色彩大大减弱,新闻性大大增强,服务功能得到强化。除《人民日报》、《光明日报》、《文汇报》、《新民晚报》等少数报纸仍十分重视文艺副刊,保留一定的固定版面外,大多数报纸压缩了文艺副刊的版面或减少了刊期,有的报纸将文艺性内容作为一个专刊或周刊,一周在报纸上只刊出一次,以腾出更多的版面来刊登新闻性或服务性强的内容。

(二)副刊的演变轨迹分析

　　我国报纸副刊的历史,根据它的发生、发展、衍变的轨迹,大致可以分为三个时期,即:前副刊时期(1815~1872)、雏形副刊时期(1872~1897)、正式副刊时期(1897 至今天)。

　　从 1815 年我国近代中文报纸问世,到 1872 年《申报》创刊之前,在这 57 年间,中国最早的一批近代报纸,也载过诗歌、随笔、寓言、游记、故事、海外珍闻、各地风光等副刊性质的文

---

① 孙伏园:《理想中的日报附张》,《新闻学论文集》1930 年版,第 126~134 页。
② 马光仁:《上海新闻史(1950-1949)》,复旦大学出版社 1996 年版,第 798 页。

字。如世界上最早的第一份近代化中文报刊《察世俗每月统记传》"偶尔也登载寓言、比喻和诗以及用'少年人'的笔名写的诗文等'软性'作品",这些作品"称不上文艺性",但是它是编者米怜为吸引读者精心制作的"彩云",因为米怜认为,"但人最悦彩色云。书所讲道理要如彩云一般,方使众位亦悦读也。"①这些副刊性质的文字,目的是吸引读者,在报纸中可有可无,并没有作为报纸的一项固定内容,而且这些文字和新闻混编在一起,没有固定版面。

1872年《申报》一创办就特辟文艺一栏,把文艺性的作品作为报纸的一项固定内容,而且给了较固定的版面位置,放在新闻之后,时人称"报屁股"。《申报》文艺栏目,虽然其初大多刊载竹枝词,内容单调,但是在副刊发展史上意义重大,它承前启后,开副刊之先声。它承接了早期报刊刊载副刊性质的文字的传统,并加以创新,在报纸上给予了副刊性文字固定的内容和版面,引发了以后的报纸副刊,为正式副刊的产生和发展开辟了道路。

二十五年后的1897年11月24日,上海《字林沪报》把副刊类文字印成单张,作为报纸的"附张"逐日随报赠送。这个"附张"定名为《消闲报》,有固定的刊期和版面,这标志着我国中文报纸第一份正式副刊诞生。"副刊"这个名称出现较晚。1921年10月12日北京《晨报》将载有文艺作品的第7版改为4个版的单张出版。最初拟定刊名为"晨报附镌",但为其写刊头的书法家以隶书中没有"附"字为由,将其改为"副"字,《晨报副镌》遂从1925年起改称"晨报副刊"。

从以上梳理可以看出,在正式副刊时期,我国报纸副刊形成了"三座高峰",即五四时期副刊、30年代副刊、90年代以来的副刊。在这"三座高峰"里,副刊各要素的发展呈现出非均衡性特征:五四时期副刊以思想性为其特征,30年代副刊以文艺副刊与专刊构成的副刊体系高度发展为其特征,90年代以来的副刊以厚报时代的专刊化、周刊化为其主要特征。

二、副刊概念界定以及分歧

对于什么是副刊,它刊登什么内容,大多数读者比较清楚,一般认为副刊就是在新闻版之后的刊登文艺、知识、娱乐等非新闻文字的版面。学界和业界对副刊、专刊的界定,目前比较权威的观点有:

"副刊:报纸上刊登的非新闻类体裁为主的专版。副刊有综合性副刊、专题性副刊和专业性副刊三类。综合性副刊反映社会面较广,内容多样,以刊登杂文、散文、诗歌、小说、绘画等文艺作品为主,是报纸副刊的传统形式。专题性副刊,主要反映社会生活的某一领域,一般也具有文艺色彩,如国际副刊、家庭副刊、科普副刊等。专业性副刊,主要传播某一领域的科学知识,面向专业人员或这一方面的爱好者,具有专业性,不太强调文艺性,如史学副刊、经济副刊、教育副刊等。后两种副刊,又称专刊。"②"副刊:报纸上刊登新闻、评论以外的作品的固定版面,每天或定期出版,多数有专名。分综合性和专门性两种,专门性副刊又叫专

---

① 米怜:《察世俗每月统记传·序》,转引卓南生《中国近代报业发展史》,中国社会科学文献出版社2002年版,第26页。

② 甘惜分:《新闻学大词典》,河南人民出版社1993年版,第196页。

刊。"①"专刊,专门刊载某方一面材料的副刊。分专题性副刊与专业性副刊两大类,各具特点。报纸设置专刊是为了补新闻版之不足。报纸在综合性副刊之外又设专刊,又是为了补综合性副刊之不足。这样可以使某些方面的宣传更有广度和深度,以满足不同读者的不同需要。因此,报纸设置什么样的专刊,是根据它的主要读者的需要来决定的。专刊大多有固定的刊期,以便使读者产生定读性,从而获得它的固定读者群。专页、专辑、特辑也有称作专刊的。"②"专题性副刊:以某一专题为范围的副刊。如科普副刊、妇女副刊等。这种副刊的作用,在于满足特定读者的特殊需要。因此一张报纸要设置哪些专题性副刊,是根据它的主要读者需要来决定的。专题性副刊在它本专题的范围内,也要强调综合性,做到稿件品种丰富、方面广、体裁多样、内容杂而有章。所谈问题有严肃的,有轻松的,有比较重大的,有一般的。文字有长有短。专题性副刊是报纸整体的一部分,具有报纸的属性,所以稿件也要求有时效性、知识性、趣味性,能够密切联系实际。在材料处理方面,要求把有系统的材料化为点点滴滴的小文章,文字活泼生动、通俗易懂,取材角度新颖,力争有更多的人对它发生兴趣。"③

以上定义体现出了副刊的几个特点:(1)内涵:非新闻、非评论的固定版面;(2)外延:副刊包括综合性副刊和专门性副刊(专门性副刊又叫专刊),专门性副刊又包括专业性副刊与专题性副刊两种;(3)基本特点:综合性副刊反映的生活面广,以文艺为主,而专刊内容具有专门性。这种界定,反映了副刊的基本特点。

但是,究竟什么是副刊、什么不是副刊,在学术界和业界一直存在不同的看法。20世纪20年代新闻界盛行把文艺副刊定为甲种副刊,而把各种专刊和周刊定为乙种副刊的观点。这种分法把专刊列为副刊之列。30年代初期,新闻界对各种形式的副刊曾有过讨论,如吴秋尘提出,"文艺版和副刊应该有所区分,前者就是'报屁股',是'报之一部,不能失去报的意义',而副刊则是'不独立而独立'的另一种东西。"④在这里,吴秋尘把纯文艺副刊或综合性文艺副刊排除在副刊之外,而把各种专刊、周刊看作副刊。另一种对立的看法是把专刊排除在副刊之外,认为副刊指的就是文艺副刊,专刊不是副刊。对副刊的界定,方汉奇先生和冯并先生的看法,比较有包容性。方先生认为:"正刊就是指新闻、新闻评论,之外叫副刊","副刊本来就是从正刊中分离出来的","现在从副刊中又分离出许多专刊来,这种分离在中国20年代就开始了。"⑤对于专刊的看法,冯并先生认为,"如果没有必要在广义的副刊现象之外,另立一个门户,姑且将其视为副刊亚种",因为"无论从内容还是形式上看,专刊颇像是综合副刊的化整为零,所以,把专刊看为副刊的一个亚种是有意义的"。⑥

副刊界定问题的分歧,与副刊的产生和嬗变有关。

副刊的产生不是一个点,而是一个过程。副刊最初是在报纸上与新闻"混编"的文艺性内容,无"名"(名称)、有"实"(内容)、无"分"(地位)。1872年,《申报》首次把文艺性内容

---

① 余家宏:《新闻学简明词典》,浙江人民出版社1984年版,第91页。
② 甘惜分:《新闻学大词典》,河南人民出版社1993年版,第196页。
③ 甘惜分:《新闻学大词典》,河南人民出版社1993年版,第196~197页。
④ 吴秋尘:《文艺版的研究》,燕京大学新闻系,《新闻科学研究》1932年版。
⑤ 王灿发、丁汉青:《报纸大众化及副刊发展的若干问题》,《中华新闻报》2002年3月16日。
⑥ 冯并:《中国文艺副刊史》,华文出版社2001年版,第3~18页。

作为报纸的一项要素固定下来,放在新闻之后,时人称"报屁股"。1897年上海《字林沪报》的副刊《消闲报》问世,副刊开始有"名"(名称)、有"实"(内容)、有"分"(有自己的版面),这标志副刊正式形成。诞生伊始的副刊,内容上偏重文艺性,形式上是综合性。

  副刊产生后,它的内容与形式也一直随着时代的变化而嬗变。早期副刊,属于消闲副刊,五四时期副刊改革,产生新式副刊,"文艺副刊突破了旧式的单一的文艺副刊的模式,成为一种兼具思想性、知识性、理论性和文艺性的综合性副刊",而且出现了大批专刊和特刊。20世纪二三十年代,文艺副刊成为必备模式,专刊、周刊的发展空前繁荣。从新中国成立到80年代,由于片面强调报纸"喉舌"作用,媒介缺乏市场竞争和受众本位意识,纯文艺或综合性文艺副刊成为副刊最重要的形式,五四以来形式多样的副刊变得单一起来。90年代以来,随着市场经济快速、有序地运行,媒介竞争、受众本位意识的增强,副刊再度繁荣,同时发生一些新的变化,表现为文艺副刊成为配角,专刊成为副刊主角。

  新时期副刊变革再次引发人们对副刊的讨论,讨论的焦点有二:一是关于副刊的文艺性弱化的问题,副刊从文艺性转向新闻性、信息性;二是关于副刊的界定问题。实际上,这两个问题是相关的。文艺性是中国副刊与生俱来的一种属性,文艺一直是报纸副刊最重要的内容。文艺性的弱化直接导致另一个问题的产生:究竟什么是副刊? 非文艺性的专刊或周刊算不算副刊? 有人认为非文艺性的专刊或周刊都不是副刊。也有人认为"如果没有必要在广义的副刊现象之外,另立一个大的门户,姑且将其视为副刊亚种"①。

  如果将五四之后至90年代以前的各类专刊周刊视为"副刊亚种",以此与占报纸版面的纯文艺或综合性副刊相区别,应该说是可取的。但90年代以来各类专刊周刊已进入报纸版面,文艺性的内容在副刊中的比重又大量减少,再作这样的区分就不大合适了。其实,我们从前面的历史回顾中可以看出,不论副刊的内容和形式发生多大的变化,无论是注重文艺性、知识性还是新闻性,无论是提供娱乐还是服务,无论是版面式还是附张式、专式式、周刊式,它毕竟不同于新闻、言论和广告,它在报纸中的角色定位是不变的。从这一角度来认识和界定副刊,也许更有包容性。

  正因为副刊的内容与形式一直在嬗变,我们对副刊应从内容与形式、角色定位两方面来界定,即:副刊是指报纸上除新闻、评论、广告以外的以刊载具有一定文艺性、知识性、娱乐性、新闻性、理论性、服务性的综合性内容为主或专门性内容为主的固定版面或专栏,是正刊的延伸、扩展和深化。

第二节 新时期副刊的单元策划

一、新时期副刊的编辑特征

  进入20世纪90年代以后,报纸副刊为适应人们需求的变化和日趋激烈的报业竞争的要

---

① 冯并:《中国文艺副刊史》,华文出版社2001年版,第3页。

求,也悄然发生变化。90年代以来的报纸副刊与传统的报纸副刊相比,呈现出鲜明的特征:纯文学性的副刊日渐"消瘦",新闻性较强的副刊作品较为盛行。同时,报纸副刊版面逐渐增多,有的报纸副刊在短短的几年里,版面数量翻了几番。报纸在扩版的同时,也十分注重副刊内容的整合。各报纷纷适应读者的需要推出立体化、全息性的周刊、专刊,使版面内容从具有综合性转变成具有专业性、专门性。周刊和专刊的内容丰富而集中,能够将某些特定的内容全面而立体地展现给读者。

副刊内容的服务性也日益得到强化。副刊上绝大多数作品与人民群众生活、学习、工作息息相关,游离于生活之外的纯文艺作品慢慢淡出版面;有的报纸保留一点综合性文艺副刊,但这些作品已经不像以前那样有着独特的地位和吸引力。它们被淹没在厚厚的、多版面的各式专刊、周刊中。这些专刊、周刊组成的"大副刊"已经逐渐取代了传统综合性文艺副刊在人们心中的地位,走进读者的心里,走进千家万户。相对于传统副刊而言,我们把20世纪90年代以来的副刊称为新时期副刊。

(一)多版化

20世纪50年代前期,新闻版与专副刊版的比例基本持平;50年代后期到70年代末80年代初期,新闻版又恢复了主导地位,专副刊版面数量相对少一些;80年代中后期,新闻版和专副刊版面的比例又大体相当。到了90年代,由于各报不断扩版,新闻和副刊版面同时增加。所以,90年代以来报纸副刊呈现出多版化的特点。把报纸副刊多版化特点表现得较为突出的是都市报和晚报,这些报纸为满足广大读者不断增长的信息需求,新闻版面和副刊版面都有大幅度增加。相比较而言,新时期以来,我国报纸专副刊比新闻版上升幅度更快一些。如河南电视台主办的《东方今报》2004年8月28日试刊号就40个版。人民日报社主办的《京华时报》2004年11月11日,创办一周年纪念出纪念特刊240版,2005年两周年出323个版。

(二)周刊化、专刊化

80年代以前,一般报纸都设有综合性文艺副刊。综合性文艺副刊的内容丰富,天文地理、国内国外无所不谈。因而,综合性文艺副刊的内容比较"杂"。80年代以来,省级报纸纷纷设立专(周)刊。如《湖北日报》的《东湖》、《吉林日报》的《长白山》、《大众日报》的《文化生活》、《南方日报》的《星期天》、《文汇报》的《周末》等,都是80年代出现的一批比较早的专刊。这种曾被人称为报纸副刊的"亚种"的专刊早在20年代就已经出现了。1920年,《时报》就创立了专刊,分教育、妇女、儿童、文学、医学等七种,这是中国最早的专刊。80年代的再度出现,可以说是专刊的复兴,90年代以来走向繁荣。多版化的出现,必然要求版面信息整合,合并同类项,变成信息板块,所以在报纸版面安排上就必然以周刊、专刊形式出现。

90年代,报纸不断扩版,而报纸副刊是扩版、改版的重要内容,有些报纸在扩版后,其专刊栏目不断创新,不断增加,并且这些栏目有一个共同的趋势:越来越接近人民的生活,越来越关注人民群众的兴趣和爱好。报纸的专刊、周刊轮流出版,星期一至星期天轮流出版不同的专刊和周刊。专刊的这种轮流出刊的方式,有利于内容整合,其传播效果也较好。

（三）去作品化

传统的文艺副刊,有小说、杂文、散文、诗歌等诸多品种,但其取舍标准为"作品化",将副刊与读者定位于一种作品与欣赏的关系之上,目的是陶冶读者情操。90 年代,报纸为扩大市场占有份额,已开始向规模化经营转变。这种经营理念的转变,表现在副刊上就是信息处理更趋向于多样化,副刊信息产品品种丰富,以此招徕更多受众,满足他们更多的需求。而 90 年代以来的专(周)刊则等多地关注社会的热点,生活的焦点,以通俗的语言,巧妙而多变的角度去反映更为广阔的内容,副刊呈现"去作品化"特征。

（四）信息集装化

专刊化和周刊化代表了 90 年代以来报纸副刊的主要特色,这是报纸副刊在新时期的主要发展方向。专刊和周刊所具备的一个好处就是,它们述说一件事和刊登一些相关内容的材料,不是浅尝辄止,而是集中"火力"把事情、现象说透;若是提供信息,也总是力图全面、立体地把信息的方方面面展现在读者面前。这就使得副刊在信息传播上体现出集束式、集装化的特征,信息传播由以前的"散"转向现在的"聚"。如图 5-1《人民日报》2008 年 2 月 14 日《科教周刊》,集中展现了在雪灾面前有关教育方面的信息。

图 5-1 《人民日报》2008 年 2 月 14 日

二、新时期副刊重策划的必然性

策划活动其实早已存在于新闻媒介的运作中,只不过在过去是一种无意识的行为,没有上升为一种理性认识,没有形成有意识的追求。策划也不是新闻传播业的发明和专利,它在企业管理中有着更为广泛的运用。"策划"一词频频出现于中国媒体,是在 90 年代以后。1996 年至 1997 年间,新闻界还展开了一场关于"新闻策划"的讨论。这场讨论虽未能完全达成一致观点,但至少明确了一些问题。第一,对"策划"一词作了进一步探讨。有研究者认为,"在古代,策划的名词性较强,与现在的计划、计策、计谋、对策的意思较近。而在现代,策划的动词性含义增强,信息、创意、点子、谋略、目标等要素为其内核。"①另有研究者指出,策划"是为实现某一既定目标(这由决策而定)而对行动方案进行全面设计、对行动步骤进行衔接协调、对行动结果进行预测应变的谋略活动"②。第二,从理论上廓清了"新闻策划"与"策划新闻"、"策划"与"炒作"之间的区别,明确了新闻策划不仅是指新闻报道策划,也包括新闻媒介运作的各个环节的策划。因此,我们所说的副刊策划,实际上是新闻媒介运作中的一个环节的策划。

中国的副刊从诞生到 80 年代,虽发生了许多变化,但从形式上看,版面式的综合性副刊(即每日一个综合性版面、每周几个综合性版面)一直是主流,从内容上来说,则偏重于文艺性内容,注重整体的文化色彩。在这样一种模式下,对策划的需求还不是那么迫切。进入 90 年代之后,媒介竞争的激烈,受众本位意识的强化,副刊专刊化、周刊化趋势的出现,使得策划在副刊中显得越来越重要。

(一)激烈的媒介竞争使得副刊策划显得尤为重要

90 年代以来是中国新闻事业大发展、大变革的时期,也是媒介竞争日趋激烈的时期。从报业本身看,1990 年底,由国家新闻出版署颁发的全国统一刊号的报纸共 1442 家。1993 年,全国报纸总数突破 2000 家。到 1995 年年底,国内正式出版的报纸种类已达 2202 家。③ 其中晚报的发展尤其迅速,1991 年,"全国晚报总数达到 51 家",到 1993 年已增至 104 家,是 1991 年的两倍还多。不仅报纸数量在 90 年代初增长极快,周末版、星期刊在 90 年代初也迅速增多,"据不完全统计,截至 1992 年 5 月,《人民日报》、《解放军报》、《经济日报》等一批全国性大报,三分之二的省市委机关报和三分之一的中央部委机关报,都办有各种形式的周末版或星期刊。"④进入新世纪,报纸经多次整顿,截至 2006 年 12 月底,中国共出版各类报纸 1935 种,并继续向日报化方向发展,周四刊以上日报种类占全国报纸总量比重超过周报。90 年代中期,晨报、都市报的异军突起,又使得传统的机关报、晚报面临新的竞争对手。报纸不但面对着来自不同品种以及同一品种报纸的竞争压力,还承受着来自异质媒体竞争的压力。90

---

① 陈放:《策划学》,中国商业出版社 1998 年版,第 1~2 页。
② 晁钢令:《营销战略策划》,上海财经大学出版社 1996 年版,第 24 页。
③ 方汉奇:《中国新闻事业通史》,中国人民大学出版社 1999 年版,第 506 页。
④ 方汉奇:《中国新闻事业通史》,中国人民大学出版社 1999 年版,第 525 页。

年代广播、电视事业的规模迅速扩大,技术不断更新,覆盖面愈来愈广。同时,广电人充分意识到发挥优势的重要,不断创新改革。板块节目的推出,杂志型栏目的开设,"热线电话"的开通,主持人直播形式的采用,听众的直接参与等等,都使得广播、电视拥有越来越多的受众。而90年代网络媒体的崛起,更使得报界发出一片"狼来了"的呼声,甚至有人发出纸质媒体行将消失的哀叹。面对如此严峻的形势,各报在办好要闻版的同时,不约而同地把目光投向了发展潜力较大的副刊。

人们习惯认为"新闻引客,副刊留客",而实际上副刊的产生正是报纸"引客"的需要。1897年中国新闻史上第一个副刊——《字林沪报》的《消闲报》之所以产生,一个重要的原因就是《字林沪报》想用《消闲报》这样一个副刊与当时一些小报相抗衡。《字林沪报》当时的编辑高太痴等人,"看到一些以趣味为中心的游戏小报在读者中很有影响,因而就想模仿小报,在《字林沪报》上搞些花样。不过,他们又觉得小报上那些'游戏笔墨'难登大雅之堂,于是便想出了在'正张'之外另出'附张'的办法,用专门的版面来集中刊载诗词、小品、乐府、传奇之类带有消闲性质的作品。"①可见《字林沪报》发行副刊《消闲报》,目的是吸引更多的读者。把副刊作为提高报纸竞争力的有力砝码,在新闻史上我们还可以找出一些成功的范例。19世纪20年代初,旧中国历史最为悠久、发行量最大的两家老牌商业报纸《申报》和《新闻报》,在当时新闻言论受到限制,不易突破的情况下,也是以副刊为突破口来谋求发展的。1919年8月,《申报》首先创办《申报星期增刊》,紧接着创办了《常识》、《申报本阜增刊》、《教育与人生》周刊、《本埠增刊》等。一向与《申报》竞争激烈的《新闻报》也不甘示弱,1919年11月创办《新新闻》,随后又创办了《新知识》、《本埠附刊》、《经济新闻》专栏等。正是通过众多增刊、专栏的创办,《申报》、《新闻报》增强了自身实力,发行量稳步上升,发展成为其他报纸难以望其项背的两家综合性大报。

当今报纸要面对电子媒介和新媒体的竞争,生存压力更大。报纸在新闻传播方面的作用和影响正在削弱已是不争的事实,许多重大新闻事件的发生,人们都是首先通过网络或电子媒介的渠道获悉的,然后再从报纸上得到证实或了解更多的信息和背景资料。因此,在新闻的广度和深度上做文章,在内容的丰富性和多样性上做文章,已是许多报纸采取的共同对策。这就需要更大地发挥副刊的作用,因为新闻言论版毕竟有限,而且不容易突破。报纸扩版、改版,其实主要是在副刊上扩版、改版,是报纸试图以副刊来"引客"的表现。而要使副刊能够吸引更多受众的眼球,合理的策划必不可少。

(二)受众本位意识的强化使得副刊策划势在必行

从80年代中期开始,西方的传播学的受众理论进入中国,并对中国的传播学研究及媒介实践产生了巨大的影响。90年代媒介被推向市场之后,媒介竞争的激烈更使受众本位意识得到前所未有的强化。强化受众本位意识,意味着媒介必须全心全意为受众服务,满足受众多方面、多层次的需求,而传统的副刊已经不能够满足广大受众的需求。90年代的中国社会进入了市场经济时代、知识经济时代、信息时代。社会生活日益多姿多彩,各类信息令人目

---

① 王文彬:《中国报纸副刊》,中国文史出版社1988年版,第3页。

不暇接。随着人民生活水平的提高,闲暇时间的增多,人们的精神文化需求也更加丰富多样。除了关注重大时事问题,对经济知识、法律知识、科技知识,乃至日常生活知识,对证券、楼市、旅游、家居、时尚等实用性信息,对影视、娱乐、体育、休闲等消遣性内容都有极大的需求,而传统的综合性文艺副刊主要是精英文化的阵地,无法承载如此丰富的内容。如何突破综合性文艺副刊的单一模式,如何最大限度地满足受众的需求,对副刊进行科学的策划,做好副刊这道特色菜,是一个突破口。

(三)副刊的多版化、专刊化、周刊化呼唤着科学的策划

90年代初,周末版、星期刊的骤然增多,实际上是在不影响常规副刊,不触动传统副刊格局情况下的一种变相扩版。到1993年扩版风潮席卷报界,各报急于将副刊做大,尝试着突破综合性文艺副刊的单一模式,将软新闻、服务性信息、实用知识、文艺性内容一股脑儿全往副刊里塞,使得副刊版数不断增多。多版化带来了副刊内容空前的丰富,同时也带来了副刊内容的杂芜、子创刊系列的混乱、栏目的不固定等问题。这要求对周刊、专刊进行科学策划,使特定的专版为特定的受众服务,按一定的周期刊出,既方便读者阅读,也容易找准定位,形成自己的特色。

三、新时期副刊的单元策划

进入90年代以后,随着媒介竞争的加剧,新闻传播策划被媒介提出并运用到实践中去,对新闻传播策划的研究,我国学术界取得了一定的研究成果。其中,中国人民大学蔡雯教授较早投入对新闻策划理论与实践的研究,其专著《新闻传播的策划与组织》第一次架构了宏观编辑学的理论框架,提出了新闻传播策划与组织的理论与模式。本节在这一理论框架之下,来探讨报纸副刊的策划。

(一)副刊单元策划的提出

1.报纸的"树状"结构与报纸的新闻单元、副刊单元

报纸的结构是一个"树状"结构(见图5-2),"由单元—版面—专栏—稿件几个层次架构而成"[1]。报纸版面如果少,直接由若干版面组成。如果版面多,则由需要根据内容把版面分类形成版组,再版组组合成一份完整报纸。从报纸的内容构成看,有新闻、评论、副刊、广告,这些内容相对集中在不同版组中。如,1999年《经济日报》扩版,内部结构由A、B、C、D四个版组构成,每个版组均含四个块版。A版组为"综合要闻",B版组为"产经透视",C版组为周刊,D版组为"企业信息"。在四个版组中,容纳了新闻、评论、副刊、广告。A版组中的A4版周日为综合副刊(包括绿原、读书、旅游,国际副刊,摄影画刊),B版组中的B1、B2、B3版为评论和深度报道,B4版为广告,D版组中的D4版为广告。[2] 所以在报纸的"树状"结构

---

[1] 蔡雯:《新闻传播的策划与组织》,新华出版社2001年版,第127页。
[2] 郑兴东、陈仁风、蔡雯:《报纸编辑学教程》,中国人民大学出版社2005年版,第38页。

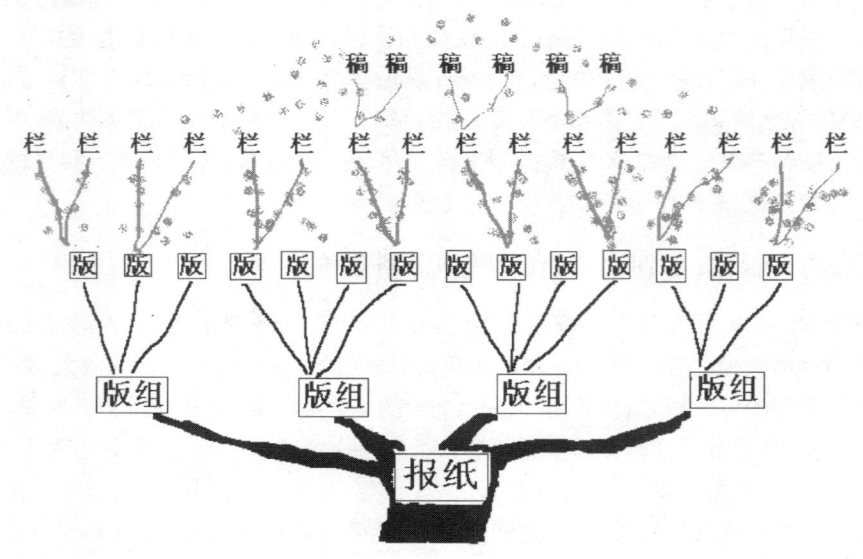

图 5-2 报纸的"树状"结构

中,报纸在内容的构成上有新闻单元、评论单元、副刊单元、广告单元。而新闻单元是其中最重要的一个分支。"新闻单元,指的是新闻媒介产品中传播新闻为主要职能的那些组成部分,具体包括:报纸的要闻版和其他新闻版、新闻性的专版专刊,广播电视的新闻频道及新闻性栏目,网络媒介的新闻网页。"[1]在这里蔡雯教授把新闻性的专版专刊也列入新闻单元,原因在于:这类专版专刊虽然由传统副刊发展而来,但是由于其内容与形式介于新闻版与传统副刊之间,保留着传统副刊的版面特点,又具有新闻版的新闻特色,所以从广义上讲报纸的新闻单元设置应该包括新闻性的专版专刊。[2] 在报纸构成单元中,除了新闻单元是一个重要组成部分,副刊单元也是一个重要组成部分。专版专刊,虽然并不完全与传统副刊相同,有较强的新闻性,但仍然具备副刊版面的特点,仍然属于副刊范畴,而不是新闻版,所以报纸的副刊单元,不但包括传统副刊,而且还应该包括这类新闻性的专版专刊。

2. 系统思维方式与报纸设计、副刊单元策划

系统思维方式是解决现代创造过程中复杂问题必备的思维方式。"系统,就是由相互联系、相互作用的若干要素组成的,具有特定的功能和运动规律的整体。""系统思维方式是根据创新工作的系统特征,从系统整体出发,着眼于系统整体与部分、部分与部分、系统与环境之间的相互联系和相互作用关系,采用系统分析方法,以期获得创新系统目标最优化的科学思维方式。"[3]

运用系统思维方式,要遵循几个基本原则:(1)整体性原则。坚持系统是一个整体,对版

---

[1] 蔡雯:《新闻传播的策划与组织》,新华出版社 2001 年版,第 59 页。
[2] 蔡雯:《新闻传播的策划与组织》,新华出版社 2001 年版,第 134 页。
[3] 胡珍生、刘奎林:《创造性思维学概论》,经济管理出版社 2006 年版,第 163 页。

组、版、栏的设计,从副刊单元的整体出发,从报纸系统的整体出发。(2)层次性原则。系统论认为,系统结构的要素有一定的层次性,纵向母子系统可构成垂直系统层次,横向联系的同一层次中,又可构成各种平行并立的系统,纵横交错可构成网络系统,因此,要注意整体与层次、层次与层次之间的相互制约关系。通常情况下,"处理同一层次的各子系统纵横向的功能联系,应放在它们之间进行权衡,由这个层次的子系统自己解决。当本层次协调解决不了矛盾时,才提到上一层的系统解决。上一层只管下一层,下一层只对它的上一层负责。"①在报纸整体系统中,副刊单元与新闻单元、评论单元、广告单元是同一层次的子系统,副刊单元的各子刊是同一层次子系统,每一子刊的栏又是同一层次子系统。(3)结构性原则。系统由若干要素组成,各要素之间又都有一种相互结合的存在方式,系统是按不同的结合方式集合而成。系统论认为,结构决定性质,系统的结构不同,决定了系统的性质不同。副刊单元设计,在量不变的情况下,坚持从系统的结构方式出发,使系统目标达到最佳。(4)相关性原则。相关性原则就是组成系统的各要素之间相互作用的基本方式,系统内各要素是相互作用和相互联系的。这一原则要求我们从内部和外部两个方面考察系统。(5)目的性原则。目的性原则就是把一切事物当作具有一定发展规律和趋势的系统,任务就是以实现工作目标最佳为最高原则。坚持目的性思维原则,就是坚持系统内部部分、层次、结构、环境等诸因素对整体共同起作用的原则,也就是说,在系统整体发展过程中,部分、层次、结构、环境四因素中任何一个因素都不能少。②

副刊单元是报纸母系统中的一个子系统,副刊单元设计是一种系统的创新工程。设计与策划副刊单元,必须从报纸系统整体出发,考虑到报纸与副刊单元、副刊与子刊、子刊与栏目、栏目与栏目、报纸与报纸生存环境之间的相互关系,用系统分析方法使副刊单元设计达到最优化。

报纸设计是根据报纸的外部环境与内部环境,在确定报纸编辑方针的前提下,对报纸整体规模、内部结构和外部形象进行整体设计。在对报纸整体规模、内部结构总体设计之后,还要对报纸的每个组成部分进行设计,设计每个版组、版组中的每个版以及版中的各个专栏。副刊单元策划是报纸媒介产品策划的一个重要组成部分,主要任务是在报纸确定整体定位和编辑方针的基础上,确定副刊单元在报纸媒介产品中的比重与规模、规划和设计。

从系统论角度来看,报纸是一个母系统,版组及其中各版是这个母系统中的子系统,而专栏又是这些子系统中更小的子系统。副刊单元设计是报纸这个母系统中的一个子系统设计。设计副刊单元各组成部分,包括分工定位、局部设计(各版设计)、细部设计(专栏设计)。而每一部分又是副刊单元的一个子系统。副刊单元策划是报纸媒介产品策划的一个重要组成部分,所以副刊单元设计是一个系统工程,要树立全局性的系统观念,如同新闻单元设计一样,"需要从不同层次来策划,处理好整体—局部—细部之间的关系"③。

---

① 胡珍生、刘奎林:《创造性思维学概论》,经济管理出版社2006年版,第169页。
② 胡珍生、刘奎林:《创造性思维学概论》,经济管理出版社2006年版,第171页。
③ 蔡雯:《新闻传播的策划与组织》,新华出版社2001年版,第138页。

(二)副刊单元策划

副刊单元策划首先要确定副刊单元在报纸产品中的地位与比重,也就是从定性与定量上来设计,具体包括:确定副刊定位、版面总量在报纸版面中所占比重、在报纸上的位置、出版频率、具体时间。

1. 定位策划

媒介定位从两个方面来考虑:一是受众定位,二是功能定位。副刊单元的定位设计,同样也要考虑受众定位与功能定位。

(1)受众定位

"受众定位,就是确定媒介的目标受众,立足于对媒介市场的分析及对媒介产品的市场占位所作出的决策。"[1]副刊单元受众定位,就是要确定目标读者群。

受众定位是副刊单元定位的基本内容之一,在副刊的定位策划中必不可少。90年代一些办得较好的副刊,往往都有较为准确的受众定位。以《光明日报》为例,《光明日报》自创刊起就是一份以知识分子为读者对象的报纸。创办于20世纪五六十年代的《哲学》、《文学遗产》、《史学》、《经济学》等专刊,以其"文史哲的权威、知识的密集、理论的厚重、学术的探索、品位的高雅"在知识界留下深远的影响。[2] 进入90年代以来,大众文化从边缘走向中心,精英文化受到强有力的冲击,许多报纸副刊纷纷转向通俗,而《光明日报》副刊并没有盲目地跟风转向,而是坚持以知识分子为自己的目标受众,以构筑知识分子的精神家园为办刊追求。这么做并不是墨守成规,而是来自于"光明日报人"对中国社会发展、中国报业格局变化以及知识分子这一群体的深刻了解。他们清醒地认识到:首先,"进入知识经济和信息化时代,中国社会出现了知识密集、科技密集、文化密集的显著特征,教育、科技、文化发展处于长盛不衰的地位,思想理论也处于大解放、大探索的活跃期。这些给予以科教文理宣传见长的《光明日报》新的机遇。"第二,"报业发展快,媒体数量增多,读者分众进一步升级;报道领域广并不说明生存空间大,综合性报纸显示出弱势。这使读者分布较广的《光明日报》在传统领域的新闻资源被相对稀释,但给了内容相对厚重的周刊、专刊以展示身手的舞台。"第三,通过读者调查,他们发现"知识分子共同的精神追求,如求知、爱国、创新等,比他们的具体需求更具共性,更需要思想含量高的精神产品去满足。这给具有学术优势、联系专家众多、以思想探索见长的《光明日报》周刊、专刊留下了广阔的发展空间"。[3] 基于上述基本认识,《光明日报》在继承和发扬传统理论学术类专刊品牌优势的同时,将新闻延伸类、文艺类专刊作为新的增长点,使专刊数量占到了整个报纸的47%。而这一切,又都以满足知识分子的精神需求为出发点。

受众定位并不是一旦确定就不能改变。《光明日报》副刊之所以几十年始终坚持面向知识分子这一受众定位,是因为它处于政治文化中心,处于知识分子云集的北京,有着巨大的

---

[1] 蔡雯:《新闻传播的策划与组织》,新华出版社2001年版,第86页。
[2] 徐华西:《创立、保持和发扬鲜明的特色》,《新闻战线》2002年第4期。
[3] 徐华西:《创立、保持和发扬鲜明的特色》,《新闻战线》2002年第4期。

市场需求,同时它自身又具有其他媒介所不具备的优良传统和品牌优势。

　　而在有些情况下,媒介应根据市场需求的变化,对受众定位作出适当的调整。我们以《北京青年报》副刊为例。《北京青年报》副刊正是通过调整自己的目标受众,获得了更多的读者和更大的发展。80年代《北京青年报》的主要读者群是20岁以下的青年,尤其是广大中学生,其副刊以突出教育性、知识性、趣味性为主。从90年代初开始,《北京青年报》副刊将目标受众确定为27岁以下的青年人,陆续将原来的《团的生活》、《理论园地》、《红绿灯》、《希望的田野》、《光彩之星》、《瞭望角》、《知识窗》、《乐土》等副刊栏目扩充变更为《青年周末》、《新闻周刊》、《青年星期刊》、《经济服务》(《理财导刊》)、《青年摘译》等五大专刊,在保持教育性、知识性、趣味性的同时,强化娱乐性与服务性,以求全方位、多层次地满足青年人的需求。显然,《北京青年报》对受众定位的调整是明智的。中学生尽管人数众多,但他们学习十分紧张,承受着高考的压力,不可能有很多时间来读报。即使读报,他们阅读的范围也十分有限,这势必限制《北京青年报》的发展。而27岁以下的青年人刚刚踏入社会,正处于探索人生、认识社会的阶段,急需了解天下大事、社会动态,同时在学习工作之余又有获得精神满足与娱乐消遣的需要,《北京青年报》副刊瞄准这一受众群体,无疑具有广阔的发展前景。而从1994年3月中国人民大学舆论研究所受《北京青年报》之托所做的读者调查来看,"《北京青年报》读者的总体平均年龄为27.2岁,大大低于全国报纸读者的平均年龄(据统计,全国报纸读者的平均年龄为34.0岁),属于典型的青年型读者群"[1],而其中"七成左右的读者是从90年代起开始阅读《北京青年报》的"[2]。这一数据虽是针对整个《北京青年报》的,应该也适用于它的副刊,因为副刊占着《北京青年报》的"半壁江山",受众对《北京青年报》整体的认同,也包含着对它的副刊的认同。

　　在进入21世纪之后,随着都市报改版变厚,《北京青年报》2000年创办了《天天周末》,以服务生活、品味文学、抚慰情感、提供娱乐、彰显个性为特色,强化了副刊的都市色彩、文化品位。如2008年2月28日《天天副刊》栏目有:非常感受、佳教联盟、人物在线、饮食主义、读家酷评、每日连载等,充溢着浓厚的都市色彩和现代气息。

　　随着市场变化,《北京青年报》不再以零售为主,而是以订阅为主,《北京青年报》的定位再次调整,朝着最具权威性和公信力的市场化主流大报方向发展,努力成为"最具亲和力、最有影响力的大都会报纸"和"城市主流人群的首选报纸"。读者定位于社会的中产阶层和城市主流人群,其中高学历、高收入、高职位的读者为本报核心读者。基于此,《北京青年报》2006年再次改版,正报在常态下分为A、B、C、D四叠,其中,A叠由要闻、本市新闻、国内新闻构成,B叠由国际新闻、财经新闻构成,C叠由体育新闻、文化新闻构成,D叠是天天副刊。周六、周日24版,周一、周二32版,周三、周四、周五扩至40版。报相一改"浓墨重彩"、"浓眉大眼",变为"清秀、雅致、疏朗、美观"。[3] 实践证明,《北京青年报》受众定位的调整是成功

---

[1] 郑兴东、陈仁凤、郑超然:《新闻冲击波——北京青年报现象扫描》,中国人民大学出版社1994年版。
[2] 郑兴东、陈仁凤、郑超然:《新闻冲击波——北京青年报现象扫描》,中国人民大学出版社1994年版,第22页。
[3] 北京青年报社编采业务研究室:《媒体改版　在变化中寻找机遇》,http://www.chinaadren.com/html/news/2006-7-7/200677145258.html

的,达到了预期目的,扩大了读者群。

(2) 功能定位

"功能定位是指媒介所要担负的职能和所要发挥的功用,是立足于受众需求和传播目的对媒介产品的决策。"①副刊的功能定位是副刊定位的又一基本内容。新时期副刊较之传统副刊在功能上发生了极大的变化。传统副刊一般定位于补充角色,处于配角地位,而新时期副刊大都定位于副刊与正刊之间相对独立、相互渗透。在功能上则由过去较为单一的"寓教于乐"转向全面发掘副刊的信息、服务、文化、娱乐等诸多功能。处于这一转型时期,功能定位对于各报来说自然至关重要。功能定位与受众定位有着紧密的联系,"是在受众定位的基础上,考察受众的信息需求,结合媒介主办者对媒介的角色期待而确定的"。② 因此,传媒在确定功能定位的时候必须首先考虑受众的需求,将功能定位与受众需求有机地结合起来。在这方面,《新民晚报》副刊做得比较好。《新民晚报》的副刊以"雅俗共赏、老少咸宜"的"文化副刊"为功能定位,与《新民晚报》"'以民为本',飞入寻常百姓家"的整体定位是分不开的。既然要飞入寻常的百姓家,就必须雅俗共赏,老少咸宜。上海作为国际化的大都市,又具有中国最早的现代都市的背景,其文化底蕴、市民的受教育程度及文化素养都使得上海的传媒不能不考虑受众的文化需求。《新民晚报》副刊的文化追求显然与受众的需求是相吻合的。如《新闻晚报》2007 年 5 月 14 日"夜光杯"等都充满了丰富的文化色彩,见图 5-3。

传媒的功能定位不仅要考虑与受众的关系,还应该寻求特色,即确定该传媒"有别于其他传媒的特质或价值"。在传媒竞争日趋白热化的 90 年代,传媒的特色就是传媒的生命。都市报在 90 年代中期能够迅速崛起,就在于它有别于机关报和晚报的独特的"市民报"的功能定位。对于都市报的副刊来说同样如此。与机关报、晚报副刊偏重思想性、知识性、消遣性不同,都市报副刊更注重实用性与服务性。比如《楚天都市报》,1997 年创刊之初的副刊专刊"市井"、"百姓"、"打工"、"健康是福"等主要展现底层百姓的情感世界、日常生活,为他们提供宣泄、沟通、交流的渠道,以此凸现"为普通市民服务"的宗旨。1999 年扩版后,新增的置业、体育、生活、服务、消费等五个导刊,大大强化了副刊的服务性与实用性,从吃、穿、住、用、行等生活琐事到宣泄、表现、娱乐等精神情感层面,大众生活的方方面面都成为《楚天都市报》副刊的服务空间,真正体现了它"想市民之所想,急市民之所急,帮市民之所需,解市民之所难"的办刊理念。③ 在报纸影响日益扩大,日发行量突破 70 万份的情况下,《楚天都市报》编委会郑重告诫员工要防止"小报大办"的倾向,不能"一阔脸就变。要甘于办市民报,勇于办市民报",④不怕人说俗,始终坚持"为普通市民服务",这正是《楚天都市报》及其副刊的特质和价值所在。

如同受众定位在市场需求发生变化的情况下应作出相应调整一样,功能定位在读者需求有所改变的情形下,也应作出新的抉择。例如《南方周末》,创刊之初是作为《南方日报》的

---

① 蔡雯:《新闻传播的策划与组织》,新华出版社 2001 年版,第 88 页。
② 蔡雯:《新闻传播的策划与组织》,新华出版社 2001 年版,第 89 页。
③ 杨卫平:《社会主义的大众化报纸——论都市报的属性》,《新闻战线》1999 年第 6 期。
④ 祝晓虎:《极目"楚天"谱新篇——《楚天都市报》的探索与实践》,《新闻战线》2000 年第 2 期。

图 5-3 《新闻晚报》"夜光杯"2007 年 5 月 14 日

补充,《南方日报》的增刊出现的①,在 80 年代及 90 年代初,与许多周末报一样,主要以文娱为特色,融思想性、知识性、趣味性于一体,寓教于乐。1992 年邓小平南行讲话之后,中国改革步伐加快,在经济繁荣的同时,也出现了许多新的问题。如何正确认识改革过程中出现的问题,成为人们关注的焦点。处于改革前沿地带的《南方周末》面对新的需求,迅速做出反应,以时事政治评论性报道取代了文娱性内容,以反映社会、服务改革、贴近生活、激浊扬清之特点,讲真话、追求公信力,以正义、良知、良心、理性为诉求,最终奠定了《南方周末》这样一份地方性报纸成为无可替代的全国性周报的地位。② 而有的文娱性周末报曾经充当了副刊变革的先锋,但由于不能与时俱进,及时地满足受众的需求,最终从报界消失。

---

①② 方汉奇、蔡铭泽、董天策:《新闻春秋》,四川大学出版社 2003 年版。

2. 副刊单元定位设计充分考虑到报纸的整体定位

美国传播学者托尼·哈兰森在《传播技巧》中曾这样界定传媒定位，他认为，"传媒定位是指一个传媒的特点在受众心目中的总体反映。它包括传媒的地位、报道的质量、受众的类型以及该媒介有别于其他传媒的物质和价值。"①简要地说，传媒定位实际上包括传媒的受众定位与独特的功能定位。对于副刊来说，由于它是报纸产品一个结构单元，一定程度上受到报纸整体的制约，在考虑受众定位和功能定位的同时，还必须考虑与报纸整体的关系，考虑到报纸的整体定位。

90年代以来的各报副刊虽处于不断的调整变化中，但作为报纸的子系统，基本上保持着与各自报纸这一母系统的和谐统一。比如《人民日报》是一份以全面宣传党的路线方针政策为主的全国性党报，政策性、导向性极强，内容涉及国际、国内，涉及各行各业和政治、经济、文化、教育、卫生、军事等各个领域，读者以全国各地的党政机关干部及知识分子为主，其副刊《经济周刊》、《社会周刊》、《国际副刊》、《文艺副刊》、《理论专刊》等便以高品位、综合性和宏观性见长，涉及面较广，显得十分大气。《经济日报》是一张"以经济宣传为主的全国性党报"，它的副刊便抓住"经济"二字不放，定位为"关注经济生活中的文化现象和文化生活中的经济现象，在经济和文化的结合处找题目、做文章。"这样，不仅使副刊特色鲜明，而且使副刊与正刊相互照应，"为正刊拾遗补缺、掘深拓广、增光添彩。"②《羊城晚报》是一份老牌晚报，知识性、消遣性是其特色，其副刊《花地》、《家庭广角》、《晚会》等便以提供文艺作品、知识娱乐为主。《华西都市报》副刊《街坊》以市民生活为中心，"写市民，市民写"，为市民提供沟通和交流的平台。而以"街坊"为副刊的刊名，本身便蕴含着生活化、市民化、都市化的追求。

3. 确定副刊单元版面总量在报纸版面中所占比重、在报纸上的位置、出版频率、具体时间

副刊的定位与编辑方针，需要通过副刊单元的版面总量及其在空间和时间的分布，组成一个副刊单元结构来实现。而副刊单元的编辑方针、定位、版面总量，决定于报纸的定位与编辑方针。

如《大河报》(原《大河文化报》)1995年创刊时，第7版副刊最初切成生活副刊"现代生活"和文学副刊"河之洲"两大块，每周各发三期，隔日交替见报，"现代生活"务实，"河之洲"务虚，有虚有实，虚实结合。经过调整形成了相对稳定的副刊单元：周一"现代生活"，周二"大观园"，周三"河之洲"，周四"校园内外"，周五"老人天地"，周六"大写真"、"影视广场"、"女友"、"街坊"等专版。对副刊的设置，考虑到了报纸面对的是普通市民，覆盖生活各方面，兼顾了各种层次读者。

再如，《新京报》作为新型综合类严肃日报，高起点，高规格，高品位，定位于高端市场。高端既代表政治的、经济的、文化的、思想的等报纸内容的成熟，又是读者平均素质的高端。

---

① 喻国明、喻国英：《什么样的报纸"卖得动"》，《都市报现象研究》，新华出版社1998年版，第138页。
② 李洪波、王秋和：《以质量立足，靠特色成长——兼谈经济日报副刊的自励和追求》，《新闻战线》2002年第4期。

《新京报》读者年富力强,是社会的中坚力量,成长分子,活跃分子,他们是业界的领袖,潮流的领导者,消费的主力军,他们有较高的文化素质,较高的经济收入,较高的社会地位和较高发展潜力的人群。高端其实就是主流,《新京报》目的是成为北京政治界、经济界、文化界和主流社会的首选和必读的一份报纸。① 它的文化副刊有:京报博客、京报专栏、大家(读者走进名家,名家回归大众)、京报诗刊漫画等。其中京报诗刊是纯文学专刊。自上世纪90年代以来,诗歌版在大多报纸上消失了,都市报副刊更不刊登诗歌,可该报为什么逆流而上诗歌专刊,该报副总编辑孙献韬解析开创京报诗刊缘由时,说:现在写诗、读诗、评诗是一种文化现象,本报开辟京报诗刊,就是要顺应诗歌发展的趋势,反映它的状态,为它提供一个空间和平台,诗刊一切围绕诗歌来做,不离开诗歌文本本身。② 2008年2月28日京报诗刊整版刊载王梓的诗歌专版,有《鲸》、《蜥蜴》、《堕落》、《晚祷》四首。京报诗刊品位高雅,符合高端主流人群的欣赏口味,与《新京报》的定位是一致的。

(三)副刊单元的局部设计

新闻单元的局部设计,"设计报纸各新闻版、广播电视各新闻栏目、网络媒介各新闻网页,确定其名称、报道对象、内容范围、表现形式、形象包装。"③那么,副刊单元的局部设计就是设计副刊单元的各子刊,确定其名称、报道对象、内容范围、表现形式、形象包装。

1. 子刊系列的设计

子刊系列的设计必须围绕副刊的总体定位来进行。比如《光明日报》,其副刊定位于知识分子的精神家园,其系列子刊也皆以精神家园为中心进行定位。1949年7月起,《光明日报》就陆续开始创办《经济》、《文学》、《文学评论》、《学术》、《新语文》等各种专刊,开始形成自己的鲜明特色。目前,《光明日报》专刊的格局是新闻文化性周刊与理论性学术性专刊并举。每周出版世界、经济、科技、教育、文化、理论、电脑网络、书评、军事、法制十个周刊和民主与团结、九州、读者三个双周刊。其《经济周刊》、《理论周刊》、《科教周刊》、《文化周刊》、《电脑周刊》等立足于满足知识分子的求真、求知欲,其文艺性子刊侧重于满足知识分子的心灵情感需求,新闻延伸类子刊则着眼于知识分子关注时事、关注社会的理性诉求。三类子刊分别从不同角度突出了精神家园这一副刊定位。

新时期副刊经过了一轮又一轮的扩版、改版,各报副刊的子刊也由少到多,由占一个版面到占多个版面,由一种类型到多种类型。副刊子刊的类型大致有以下几类:一类是以版面式子刊为主,如《羊城晚报》、《文汇报》、《华西都市报》、《新民晚报》、《武汉晚报》、《长江日报》等;一类是以周刊专刊式的子刊为主,如《北京青年报》、《光明日报》等。第一类子刊到90年代末大多开始了由版面式子刊向周刊、专刊式子刊的转变。然而,无论是哪一类子刊形式,除个别报纸副刊的子刊系列较为稳定外,许多子刊系列的设计都走过了一个由无序到清

---

① 戴自更:《时政类日报市场定位与运作模式》,《中国传媒投资报告Ⅲ》,http://www.stanchina.com/shop/t34.htm
② 《新京报推出诗歌专刊》,《新京报》2005年6月7日。
③ 蔡雯:《新闻传播的策划与组织》,新华出版社2001年版,第133页。

晰、有序、特色鲜明的过程。

2. 子刊自身的定位

子刊自身的定位同样应从受众定位与功能定位两方面去考虑,只不过子刊的受众定位与功能定位受到副刊定位的限制,不能超出副刊定位的范围。从受众方面看,像《中国青年报》、《北京青年报》是面向青年人的,其子刊的受众就只能是青年人,而不能是老年受众。从功能方面看,像《南方都市报》、《华西都市报》副刊定位于为市民服务,其子刊不能以学术性为特色。实际上,子刊的定位是对副刊受众定位与功能定位的进一步细分和发挥。

如《北京青年报》经济类周刊有《房地产周刊》、《汽车周刊》、《人才周刊》等。《房地产周刊·广厦时代》成立于1995年,自成立之初,就立下了"为老百姓服务,为老板服务"的"二老政策",使《房地产周刊》成为读者、开发商、政府之间沟通最宽广、最顺畅、最权威的平台。

当然,作为副刊系统的子系统,子刊自身的定位并不仅仅是对副刊定位的细化,还应该进行创造性的发挥。比如《南京日报》,其副刊定位于高品位与世俗性的融合。对于它的子刊来说,不可能对这种融和进行细化,只能是在自身定位中融入这种精神实质。而正是这样一种精神实质的注入,使得《南京日报》副刊的一些子刊显得别具一格。以它的《家周刊》、《房地产周刊》、《旅游专刊》为例:《家周刊》是一份文学周刊,将一份文学周刊起名为家周刊,本身便暗含着高雅与世俗的结合。《家周刊》的好稿率一直列《南京日报》副刊前茅,其"头版以有关家庭生活的纪实文学作品和抒情散文为主,力图真切地反映改革开放年代各类家庭关系、家庭生活的变化,折射出社会变革、时代发展的轨迹"。将文学的感染力、时代的精神、平凡的家庭生活完美地融为一体,既体现了《南京日报》副刊高品位与世俗性融和的追求,又使得这样一个文学性副刊有别于其他的文学副刊。《房地产周刊》与《旅游专刊》属服务性专刊,但它们同样有着独特的定位。《房地产周刊》不仅及时提供大量准确的房改、房地产开发政策信息和商品信息,还热情探讨如何在住宅营建和使用中增强环保意识,和谐户际关系,提升文化档次。《旅游专刊》在提供旅游信息的同时,着重引导读者扩展知识领域,提升鉴赏水平,在饱览大好河山中增进爱国情怀,培养高雅情趣,激发创造新生活的热情。① 努力发掘服务性专刊中的精神内涵,这使得《南京日报》的《房地产周刊》、《旅游专刊》的定位与众不同,因此,子刊自身的定位虽受制于副刊的定位,但实际上仍有极大的运作空间。

3. 子刊的版面包装设计

副刊的版面是副刊策划中一个不容忽视的内容。因为版面向来被看作是报纸的"脸面"。一份报纸是否吸引人,版面给人的第一印象尤为重要。新时期副刊的版面,风格多样,或彩色印刷,或凸显色彩反差,或突出线条,或善用图片,或追求简单明快、模块结构的现代版式,或保留参差错落、精巧细致的传统版式,呈现出鲜明的个性化风格。

党报副刊,其内容往往叙事宏大,理论性强,文化气息浓厚,文章篇幅长,这样的内容显然不适合以花哨、新异、活泼、精巧的版面来包装,因此,其副刊版面基本上是以直线或花线纹线来画版,呈明晰的块状,给人以大气的感觉。

---

① 秦德成:《论副刊的世俗化和高品位》,《新闻战线》2001年第3期。

晚报类副刊,其内容大都是一些小言论、小散文、小知识、小情趣,其版面编排自然追求一种精巧细致,常常运用传统的藏头露尾、曲径通幽、参差错落等手法。

版面包装表面上看是一种形式美,而实际上任何形式美都不能完全脱离内容。只有当形式与内容有机融为一体,或者当形式恰如其分地完美地表现了内容,这种形式才是美的。

如《南方周末》版面设计:《南方周末》从一开始就确定了简约的版面设计原则,舍弃了传统的花线、纹线、藏头露尾,参差错落等编排手法,基本采用简洁的板块结构,在版面上特别强调空白的作用,文与文之间不用线条分割,而以空白代之。标题虽也采用粗黑标题,但往往一版只设置一个或至多两个大字号的粗黑标题,既醒目又不乱眼,且标题不使用铺底纹、反白等装饰手段。在摄影图片的运用上,《南方周末》也用得恰到好处。大幅的摄影图片,一般一版只有一幅,用来配重要的长文章,放在文章的中间或上方,直观形象地寓意文章的内容。若一版里有几幅图片,则特别注意图片的距离与对称,或左右对称,或上下对称,或对角对称,且图片周围留出一定的空白,以免与文字混在一块儿,相互淹没。《南方周末》每版下方的广告亦十分注意与广告上方正版内容的关系,从不喧宾夺主。往往上方正版的内容呈较为开放块状,直线的运用极为节制、简约,而广告则每一则都用直线框出,呈封闭状态。这样报纸内容与广告清晰可辨,避免了两者视觉上的模糊性。这一切,正是得益于《南方周末》在版面上的精心策划。

(四)副刊单元的细部设计

"细部设计,即设计报纸要闻版与新闻性专版、网络媒介新闻网页中的主要专栏以及广播电视新闻栏目中的主要子栏目,确定其名称、报道对象、版面位置与版面容量、报道形式与风格。"①那么报纸副刊的细部设计,主要设计副刊版面、新闻性专刊的主要栏目,确定其名称、报道对象、版面位置与版面容量、报道形式与风格。栏目是子刊的构成元素,栏目策划更多地受到子刊定位的影响,副刊的总体定位虽不能说对其没有影响,但相对来说影响要小一些。栏目策划的关键在于栏目的设置与搭配。

1. 栏目设置

新时期副刊栏目设置主要有以下几种趋势:

第一,栏目大化。大专栏、大栏目占整个版面成为栏目设置中最突出的一个特点。专刊、周刊式子刊,栏目设置以大专栏为主,专栏之下有的又设置一些小栏目,也有的不再设栏目。比如《光明日报》的《理论周刊》,下设理论与学术、经济论坛、史林、理论与实践四个大的专栏,各占一版,下面不再设小栏目。而它的《文化周刊》,除了文化风云、文艺观察、文荟副刊、专版四大专栏之外,其中的文荟副刊之下又设置了随感录、往事随想、诗歌、国画、序与跋等一些小栏目。不论设不设小栏目,大专栏已成为新时期副刊的一种非常普遍的栏目形式。

大专栏的出现,与新时期副刊的多版化是分不开的。首先,多版化为大专栏的出现提供了足够的空间。

---

① 蔡雯:《新闻传播的策划与组织》,新华出版社2001年版,第133页。

第二,在栏目设置中注重读者的参与。新时期许多报纸副刊都设置了专供读者发表文章的栏目,如《新民晚报》的"灯花",《南方周末》的"百姓茶坊",《楚天都市报》的"百姓纪事",《广州日报》的"写作",《南京日报》"家周刊"的"读者点题"。最典型的莫过于《华西都市报》的副刊"街坊",其中所有的栏目如"众生相"、"私人档案""凡人心态"、"心灵档案"、"都市人说"、"市民茶座"等,全部是为读者所设。这些栏目的设置调动了读者的积极性,满足了读者的发表欲,同时也给副刊带来了原生态的鲜活的内容,使副刊充满了生气。

第三,注意栏目设置的独特性,即栏目定位的独特性。新时期不少副刊在栏目设置上精心策划,独具一格。比如《中国青年报》副刊以大块文章为主的"冰点"栏目。"冰点"着力发掘未开垦的表现领域,"关注那些通常不被媒介注意的'小人物'的生存状态;关注普通人不普通的命运;为虽则微弱,但实为真知灼见的声音扩音;为被市场经济的喧闹和浮躁所遮蔽的真善美展示真容"①,努力将媒介、公众、社会所忽略的具有真价值的东西凸现出来,从而以自己独特的栏目定位赢得了读者。

2. 栏目搭配

栏目策划中,栏目搭配是否合理妥当也十分重要。新时期副刊在栏目的搭配上,大致有以下几种表现:

第一,固定栏目与流动栏目相拼贴的方法。比如《羊城晚报》的副刊"晚会",常设的栏目有:小幽默、随便谈谈、生活启示录、域外拾翠、博览、智慧人生、人生第一次、身边趣事、特稿等,其中夜谈、小幽默、特稿是每天出现的固定栏目,其他栏目则不定期出现。这种搭配方式避免了整版全是固定栏目的死板,也避免了整版全是流动栏目的杂乱无序。同时,固定栏目往往是受读者欢迎的栏目,容易培养固定的读者群,有利于打造品牌,流动栏目则能使版面内容更丰富多彩。

第二,精心搭配栏目,以期产生一种整体效应。所谓整体效应是指通过栏目的组合产生一种大于各栏目之和的效果。这在栏目的策划中有一定难度。《新民晚报》副刊的"夜光杯"在这一点上做得比较成功。《夜光杯》主要栏目有《世象杂谈》、《灯花》、《十日谈》、《七夕会》、《今宵灯谜》等。从栏目名称上看都是适合灯下夜读的内容,暗合"夜光杯"的题目及晚报的风格。这些栏目都是固定的,内容却是开放性的。《世象杂谈》、《灯花》的话题可以十分广泛,栏目的发挥空间极大;《十日谈》十天一个选题,灵活多变;《七夕会》分别由健身之道、摄影苑、戏里戏外、闲情异趣、美食家、假日时光,七天一会;《今宵灯谜》则让读者品尝动脑筋的乐趣,可以是读报之中,也可以在掩报之后。内容兼容并包,有反差、有互补。《世象杂谈》、《灯花》都是针对时弊的栏目,前者由名人名家来谈,后者由普通百姓来说,正好构成一个反差和互补。《七夕会》讲的是生活的艺术,与《世象杂谈》、《灯花》同样构成反差和互补,前者追求的是日常生活中的美好,后者针砭的是日常生活中的丑恶。在一个有限的版面之内,从栏目名称的设计,到栏目内容的丰厚,再到栏目与栏目之间的反差、互补、相融,无不体现出策划者的匠心独运。

---

① 周志春、李大同:《冰点精粹》,中国人民大学出版社1998年版,第15页。

新时期副刊策划与设计,追求的不是策划好一个版组、一个子刊、一个栏目,而是以报纸整体结构优化为目标。策划是从系统思维方式出发,来进行副刊单元的分工设计、局部设计和细部设计,并在报纸整体系统的发展过程中,根据客观需要不时作出局部调整。副刊策划与设计就是一个随报纸媒介产品生产,不断接受反馈、不断实现系统最优化的过程。

第三节 新时期副刊的动态策划

副刊的动态策划是副刊系统策划的一个重要方面,可分为广义的与狭义的两种。副刊系统的每一次变动,如定位的调整、扩版、改版等都可看作是广义的动态策划,而狭义的动态策划则主要是指在系统策划的基础上进行的选题策划以及专栏、专版的动态设置。

新时期副刊的动态策划运用广泛,原因是:其一,新时期报纸扩版之后,信息量加大,内容十分丰富,如果只是以固定的方式来静态地组合材料,很容易给人冗长繁复死板的感觉,产生厌烦心理或视觉疲倦。而增加"动态性"的内容,以动带静,使副刊活起来、动起来,则更能吸引读者。其二,动态策划可以突破固定专栏、固定专版的局限,使副刊更加富于变化,与时代、与生活、与读者的联系更加紧密。

动态策划可从两个方面着手,一是从专栏、专版的设计上着手,二是从选题上着手。

一、从专栏、专版的设计上着手

副刊版面由一个个固定的栏目构成,固定的栏目有固定的内容,但如果在栏目定位上注重动态策划,就会使栏目的空间更大,内容更加丰厚鲜活。动态策划不仅可以运用于栏目定位上,也可以运用于专版、专刊的设计上。如《楚天都市报》的《视点周刊》,其系列专版有《视点与科技》、《视点与财经》、《视点与消费》、《视点与军事》、《视点与心声》。《视点与科技》关注最新科技动态,反映科技生活,以专题形式从科普角度向读者传递新知;《视点与财经》关注新动向,抓住热点、焦点;《视点与消费》注重实用性服务性,紧跟消费潮流;《视点与军事》突出新字,围绕近期国际军事领域里的重大事件做文章;《视点与心声》反映最新社会现象,传达读者声音。这样,各专版的专题虽是固定的,但由于选取"视点"这一特殊视角,就不再是科技、财经、消费、军事等信息和知识的静态传递和介绍,而是由"视点"串起来,强化了内容的变动性、重组性、时新性。

二、从选题上着手

选题策划的关键在于抓住好的选题,而好的选题不是凭空产生的,它可以通过以下途径来产生:

(一)与新闻互动

副刊的功能之一便是补新闻版之不足。新闻版的版面有限,读者对一些重大的新闻事件往往希望了解得更多,这就为副刊提供了用武之地。

（二）与时代互动

与时代紧密相连，是我国副刊的优良传统。五四副刊与新文化运动的互动，成就了著名的"四大副刊"。新时期副刊继承了这一优良传统，在选题策划中充分注意到了与时代的互动。比如 1997 年香港回归期间，《光明日报》在距离香港回归日还有 15 天的 6 月 16 日起至 7 月 2 日，策划了《喜迎香港回归特刊》，为香港回归这一伟大历史事件提供现实与历史两方面的生动而丰富的背景资料。特刊隔日在 5、6、7 版上刊出，第 5 版刊登本报赴港记者的现场报道，以及全球对香港回归的反应等，以展现香港回归祖国这一伟大历史事件的生动画面。第 6 版为《香港沧桑》专版，介绍有关香港问题的历史事件和人物。第 7 版刊登著名书画家、各界知名人士喜迎香港回归的诗书画作品。① 其中《香港沧桑》专版在香港回归的当天 7 月 1 日，推出了《"一国两制"方针的法律保证》、《一个具有创造性的杰作》、《为了香港未来的稳定和繁荣》等系列文章，集中介绍香港基本法的主要内容、诞生过程以及对香港未来的稳定和繁荣的重大意义。在香港回归的第二天即 7 月 2 日，《香港沧桑》专版又推出《"一国两制"构想的成功实践》、《"港人治港"的主要标志》、《高度自治的体现》、《确保平稳过渡》等一组文章，介绍香港特别行政区的筹备和组建过程、香港特别行政长官的推选过程、香港特区终审法院背景、香港特区临时立法会成立背景。这些背景的介绍使人们对香港特区的平稳过渡有了更全面而深入的了解。

与时代互动不仅指与正在发生的重大事件的互动，也包括与过往的历史事件的互动。一些重大历史事件纪念日，如五四运动纪念日、一二九运动纪念日、辛亥革命纪念日、抗日战争纪念日等等，都可以成为副刊动态策划的话题。此外，与时代互动还包括与节日、与时令互动。

（三）与受众互动

与受众互动是现代大众传媒重视受众，以受众为本位的一个重要体现。受众的参与，已成为新时期副刊动态策划中一个不可缺少的重要方面。如《南京日报》的《理论视线》专刊的《求索论坛》专栏，《长江日报》的《理论与我们同行》专栏，都是邀请基层工作者、理论工作者、有关部门领导等一同座谈，探讨如何看待和解决改革过程中出现的新情况新问题。往往是基层工作者提出一些具体难题和困惑，理论专家从理论高度上对难题或困惑进行剖析论证，有关部门领导从政策上详细的解释和指导。这样，报纸不仅办活了理论专栏，而且使理论与实际很好地结合起来，激发了读者的兴趣和思考。

除了在栏目设置中充分考虑受众的参与，不定期地策划一些征文活动，也是副刊动态策划的一个常用方法。如《武汉晚报》一年一度举办的"楚才杯"作文竞赛，在武汉的中小学生中影响极大。作文竞赛中的得奖名单，获奖作品都要在《武汉晚报》的副刊上刊登出来，这极大地激发和满足了中小学生的写作欲和发表欲。这种特殊形式的征文，不仅保证了征文的质量，而且扩大了《武汉晚报》的影响。

---

① 《光明日报》1997 年 6 月 16 日。

副刊的动态策划既是现代副刊变革的需要,也是副刊激烈竞争中立于不败之地的有力武器。做好副刊的动态策划,势必要求我们的副刊编辑改变旧有的办报观念、办报方法和思路,勇于探索,大胆创新,使副刊真正做到不仅"留客",而且"引客"。①

案 例

"跨世纪跨千年"成都三家报纸的动态策划

1999年岁末,成都的三家报纸各出奇招,就"跨世纪跨千年"这一由头上演了一出精彩的"千年策划之战"。

一、《成都商报》——"新夸父行动"让成都走向世界

《成都商报》在成都各媒体中最早亮出新千年策划。早在1999年12月8日这天,《成都商报》就在头版位置刊登《环球追逐千禧第一缕阳光(主)本报特派记者分赴24时区为300万读者现场报道千禧盛典五大活动,诚邀千万成都人参与(副)》的新闻。文章称:在新世纪来临之际,本报演绎"夸父逐日"的古代神话故事,分别向地处24个时区的代表性国家和地区派出24名记者,在2000年1月1日这天,迎接新千年的第一抹曙光。这次活动的目的是"让世界了解成都,让成都走向世界"。

从12月8日开始,《成都商报》几乎每天都推出一个专版以上的篇幅报道"新夸父行动",直到活动结束的1月12日,历时35天,共推出了100多个专版。其持续时间之长,发稿量之多,报界罕见。"新夸父行动"的报道高潮出现在12月30日、31日、2000年1月1日这三天。据统计,30日这天,"新夸父"们共发稿89篇,31日发稿200篇,100多张数码传真照片。1月1日这天,《成都商报》32大版全是"新夸父特刊",翔实报道了全球24时区千年庆典的盛况,被读者誉为"一报尽揽全球狂欢"。从1月1日到10日,"新夸父"们又发回近百万字的新闻报道及近千张数码传真照片。

"新夸父行动"在1月10日—13日这三天,分别以《为成都喝彩》、《逐日的精神震撼心灵》、《世界眼光打开世纪之门》三篇文章作为尾声。文章称:对于一家媒体来说,这次活动是一个里程碑,对于成都来说,"新夸父行动"把世界眼光带给了每一个成都人。这一活动所弘扬的"逐日精神"和"世界眼光",已经为成都打开了新世纪之门。

二、《华西都市报》——"千年留言簿"情动百万读者

1999年12月27日,《华西都市报》在头版位置刊登了一则启事称,在2000年1月1日这天的头版位置,将专门为读者留一块空白,让读者将他们心中的话以各种形式创意在这块空白上,从而,每一位读者都会有一份属于他个人专有的《华西都市报》。留言完成后,读者可以把他们的留言以传真、电子邮件、邮寄、面交等方式送到报社。启事称,在这一天,52万份

---

① 本章吸收了王灿发主持,员怒华、丁汉青、陶喜红参加的国家社会科学基金项目"九十年代报纸副刊变革研究"的部分成果。

《华西都市报》,将份份不一样。

2000年1月1日,《华西都市报》32版"跨越2000珍藏特号"在1、4连版正中位置辟出一块空白,让读者在上面任意留言创意。据报道,珍藏特刊一面市,很快就被读者一抢而空。当日下午1时许,成都市区各零售点的《华西都市报》就告罄。而在天府广场、音乐广场等地,竟有人出价5元、10元,甚至20元收购《华西都市报》,许多读者打热线要求加印头版。据记者的了解,许多读者疯抢的原因之一竟是为了头版的那份创意空间———"千年留言簿"。

从1月2日上午开始,读者的千年留言就通过传真、E-mail等形式飞向《华西都市报》。这其中有百岁老人、小学孩童、知名作家、普通打工仔。成都市106岁的女博士留言说她想活1000岁,一位小学生说希望少一些作业,多一些时间玩。从1月3日开始,《华西都市报》陆续在报纸上选登留言。与留言相关的报道也从这天推出,如记者采访到的与留言相关的一些感人故事、梦虎公司表示万元征购留言原件等消息。截至1月12日,该报共收到来自全国各地(以本省为主)的留言3285份。1月14日,在《华西都市报》的读者节上,12项留言奖揭晓并各归其主。1月21日,《华西都市报》头版推出《这张"华西报""卖"了一万元/"梦虎"收藏本报读者"千年留言"第一名获奖原件》的新闻,为"新千年留言簿"的策划落下了一个圆满的注脚。

三、《商务早报》———"世界最大报纸"让全球瞩目

1999年12月17日,《商务早报》刊登《世界最大报纸降蓉城》一文,声称将制作一份2700平方米大、1890公斤重的世界第一大报。这一策划一经推出,即引起了读者的关注。一集报爱好者称:"希望这份报纸能够拍卖,我将尽力收藏这份20世纪之最的报纸。"此后,该报围绕着申请"吉尼斯之最"以及制作、悬挂、市民参观评论等内容展开了报道,直到1月3日活动结束。

1999年12月31日,这张世界最大的报纸———《商务早报·新千年特刊》,挂在成都最高的大楼———位于人民南路与府南河交界的汇通大厦上。据了解,这张报纸实测为59.55米长,42米宽,面积为2501.10平方米,是由36块灯箱布拼贴而成的。最大一块布有144平方米,最小一块布也有20平方米,每个字足够容纳三个小孩子坐在上面。①

---

① 游国华:《争读者各出奇招———从"三大策划"看策划成都的报业竞争》,《新闻记者》2000年第4期。

第六章

党报、都市报编辑

在我们国家,党报是报纸媒体的旗帜。这里的党报即为党委机关报,指的是国家机关、政党和社会团体出版的报刊,代表该机关团体发言并宣传其政治主张和方针政策,以影响社会舆论和树立良好形象①。都市报是90年代中期以后产生的市民生活类报纸,其构成主体是各党委机关报所办的市民生活类子报。1995年1月1日,我国第一张以"都市报"为报名并公开发行的综合类报纸《华西都市报》创刊并发行,它首创"市民生活报"定位,制定以"全心全意为市民服务"为编辑方针。都市报以贴近实际、贴近生活、贴近群众的信息为主要传播特征,在内容上注重服务意识,着眼于对老百姓关心的社会热点、焦点、难点问题的报道;在形式上采用平易近人、通俗生动的编辑和报道风格,以客观真实和社会责任为报道规范;在运作上遵循市场化发展规律开拓创新。

第一节 党报编辑概述

党报每天的稿件涉及生活的各个领域,包括政治、经济、法律、社会、科技、教育、文艺、体育等,其重点是有关贯彻党的路线、方针、政策以及社会政治、经济、文化等方面重大事件的报道,党政领导同志活动和会议消息,政策法规解读等。党报是传播马克思主义意识形态和社会主义价值观的主阵地,是宣传党的路线、方针、政策等的重要载体,是党和人民的喉舌。

在党报的诸多作用中,"喉舌"作用是最根本的,首先是党和人民的喉舌,必须宣传好党的路线、方针、政策,反映群众意愿,及时传递各种信息。同时,党报作为重要的新闻媒体,要遵守新闻规律,按新闻规律办报,必须通过各种具体、生动的新闻报道来体现党性,完成宣传任务。

在20世纪80年代以前的一段时间里,党报主要单一地扮演着"党的喉舌"的角色,比较多地给读者留下了"面目呆板"、"枯燥乏味"的印象。但是,随着改革开放的不断深入,市场

---

① 甘惜分:《新闻学大辞典》,河南人民出版社1993年版,第67页。

经济的不断完善,新闻事业也在不断适应市场需要,逐步迈开了改革的步伐。党报在发挥好"喉舌"作用的同时,锐意改革,与时俱进,不断以新的、生动活泼的风格和面貌,为广大读者所喜闻乐见,担当起了促进经济社会共同发展的多种角色。

新形势下,党报在营造良好舆论环境、宣传党的主张、弘扬社会正气、通达社情民意、引导社会热点、疏导公众情绪、搞好舆论监督等方面发挥了重要作用。

一、党报编辑必需的素质

党报编辑面对的是国际风云的急剧变幻,国内现代化建设和改革开放日新月异的可喜变化,这些都需要凭借新华社、本报记者、通讯员提供的丰富稿件资源,在马克思主义新闻观指导下,作真实、准确、快捷的报道。

(一)政治胸怀:政治意识、大局意识、责任意识

恩格斯曾指出:"绝对放弃政治是不可能的……主张放弃政治的一切报纸都在从事政治。""政治家办报"意味着新闻工作、新闻人与政治的天然联姻。

在党报系统内,编辑记者要有这样一种政治胸怀。记者要想总理想的事情,站在天安门上看问题,在田埂上找感觉。要有全局观念,把新闻报道放在全国工作的大局中考虑,要准确及时负责任地报道新闻事实。

江泽民同志在接见解放军报社师以上干部时的讲话中指出:"报社的同志必须讲政治,必须具有良好的政治素质,具有很强的政治鉴别力和政治敏锐性,必须树立高度的政治责任感。"在视察人民日报社时又强调指出:"报社的同志要有大局意识、全局观念,坚持政治家办报。"

胡锦涛同志2008年6月在人民日报社考察工作时讲话指出,必须坚持党性原则,牢牢把握正确舆论导向。要牢固树立政治意识、大局意识、责任意识、阵地意识,把坚持正确导向放在新闻宣传工作的首位,坚持团结稳定鼓劲、正面宣传为主,唱响主旋律,打好主动仗,更加自觉主动地为人民服务、为社会主义服务、为党和国家工作大局服务。

以敏锐的政治眼光、高度的政治责任感和饱满的政治激情努力塑造中国特色社会主义国家的形象,是党报编辑长期的、义不容辞的重大政治任务。正是基于这一客观需要,多年来党报编辑总是着眼于具体展现中国特色社会主义根本制度固有的优越性,循着"点、线、面、体"梯度推进范式,采用多种新闻体裁和相应编排手段,大力报道我国社会生产力和综合国力的巨大发展,向世人昭示我国已走出一条建设中国特色的社会主义道路。

(二)业务根底:理论素质、道德素质、业务素质

党报编辑只有把马克思主义揭示的科学真理作为毕生追求的理想和信念,作为学养的核心内容,从中汲取智慧和力量,夯实根底,才能主导自己的各项业务实践,达到用正确舆论引导人的目的。只有自觉地以马克思主义科学理论为指针,才能正确地反映人民的意愿和心声,保证报道始终沿着正确轨道前行。

在政治上与党中央保持高度一致,这是党报工作者必须遵守的政治纪律。要使党报工

作者自觉遵守这一政治纪律,实践证明必须以高尚的道德境界作为重要思想保证。有了这样的道德义务感,我们才不是在口头上而是在行动上、不是被动而是自觉地、不是勉强地而是严格地遵守与党中央在政治上保持高度一致,使我们的宣传始终符合党和人民的要求。

党报是办给群众看的,尊重读者的阅读愿望,了解他们在想什么,需要什么,刊登他们想看、爱看的东西,这是党报编辑应肩负的道德责任。实践证明,只有尽量满足读者的阅读需求,才会赢得他们的信赖和赞许。

胡锦涛同志在人民日报社考察工作时的讲话也强调,必须坚持以人为本,增强新闻报道的亲和力、吸引力、感染力。坚持贴近实际、贴近生活、贴近群众,把体现党的主张和反映人民心声统一起来,把坚持正确导向和通达社情民意统一起来。必须不断改革创新,增强舆论引导的针对性和实效性。

具体到实践中,党报编辑的才干主要在三个领域施展:选稿、作题、组版。编辑选用国内时事稿件,一般注重选出当前政治、经济、文化生活中的重大或重要新闻,当前群众关注的焦点或热点问题,或与群众生活十分贴近的服务性内容等;选用国际时事稿件,一般注重选出重大或重要的政治事件,或具有一定影响的突发性事件。

时事稿件标题有多种类型,编辑应根据有关稿件内容在多种类题中作优化选择。比如单一型标题一般应是实题,旨在具体标明新闻事实。复合型标题是实题的存在以虚题作依托。与单一型标题相比,复合型标题能更为完整地表达新闻内容,突出主次,富有层次感。

新闻版面设计根据稿件内容,大致可分三种形式。一为综合型,一般是在稿件内容丰富,所选头条与其他稿件分量差别不大的情况下采用。这种版式往往不着意引导受众只关注版面上某一特定内容,而是以版面的丰富多彩吸引读者。二为重点型。这种版式一般最为常见,它特别强调版面上的某一部分。三为集中型。即用一整版或一个版的绝大部分篇幅,把同一主题的各种稿件集中编排在一起,使之形成声势,让读者产生强烈、深刻的印象。

党报版面一般由三个板块组成:要闻版、新闻版、专(周)刊版。如,《人民日报》经过多次改版后的版面安排:1—8版为国内、国际要闻和评论板块;9—16版为视点、经济、政治、文化、社会、体育等新闻版面;17—24版则轮流安排经济周刊、党建周刊、民主政治周刊、文教周刊、国际周刊、理论专刊、新农村周刊、副刊等。

(三)主体意识

党报编辑应该具备思想素质、文化素质、业务素质、道德素质等,然而,这些素质都不能离开编辑主体而独立存在。编辑主体意识的强弱,与报纸版面质量的高低有很重要的关系。只有坚持与时俱进、开拓创新,发挥编辑的主观能动性,创造性地开展工作,党报才能在较高层次上坚持正确的舆论导向,提高宣传的艺术,真正做到"贴近实际、贴近生活、贴近群众"。

1. 能动的策划意识

编辑的主体意识,首先表现为能动的策划意识。这里所讲的策划意识,不只是针对重大报道主题而言,它同时要求编辑在日常工作中深入开掘各类新闻资源,提炼出当天的黄金资讯并进行整合,突出重点,形成版面强势。

在日常策划中，编辑必须全盘考虑当天整张报纸的各个版面，做到胸有全局，合理分流稿件。同时，要根据稿件的特征及相关信息的重要程度，考虑是否将头版与其他版面联动，做大做足主流新闻。

这要求编辑"知稿善用"，处理好"规定动作"与"自选动作"的关系，准确判断稿件的新闻价值，做出恰当的安排。当编辑拿到稿件后，不能只起到加工整理的作用，把来稿简单地组合起来。

党报编辑每天在进入具体的工作之前，要做到对各版信息与头版的关联程度，心中要大致有数，形成比较明确的编辑思想；面对整张报纸各个版的大样，编辑应能恰当地调整版面结构，变更新闻语言，筛选出与各版稿件相关的信息并进行组合。

2. 积极的创新意识

所谓"创新"，也就是在坚持正确舆论导向的前提下，根据稿件的特点，在极短的时间内产生和形成新的方法，突破固有模式的限制，用最富有表现力的编辑手段，对新闻事实进行精加工。把好新闻报道的政治关，这是对党报编辑最起码的要求。而能否调动全部经验和知识积累，在编排稿件时考虑读者的诉求，灵活、准确、创造性地处理各类稿件，也是检验编辑素质高低的一个重要标准。

创新意识的外化，主要是编辑观念和手段的创新，将鲜明的指导性寓于更强的可读性当中。当前，在各级党报创新形式中，根据不同稿件的具体特点，灵活运用背景材料、图表数字、名词解释、新闻链接等编辑手段，将政经主流新闻做得更具有"贴近性"，为读者喜闻乐见。如经济新闻，尽量将有关数字图表化，使之一目了然；专业性较强的稿件，则配发"名词解释"；先进典型报道，就设置"人物档案"；对于较长的稿件，就视具体情况将其切分成几个"模块"；对于重要题材，就发挥组合报道的威力，消息、评论、专家访谈等同时登场。如《人民日报》2007年5月30日"劳动者之歌"专栏《帕米尔雄鹰》，经过和编辑沟通，记者改变该指令性栏目的传统写法和做法，通过拍摄新疆公安边防总队红其拉甫边防派出所一天的为民事迹，生动展示了位于帕米尔高原上这群可爱的边防战士的典型形象，更好地实现了典型宣传的目的，见图6-1。

总之，编辑突破旧的思维定势，在坚持"政治家办报"的基础上不断求变、求新，其目的是为了进一步增强主流新闻的亲和力，扩大新闻阅读的覆盖面，提高舆论引导的影响力。

3. 鲜明的个性意识

这里"个性"指独特的办报理念、版面的个性化特征。强调版面的个性化特征，就是要在创新过程中努力形成自己的风格。独到的视角、深入的报道、精辟的见解，才是党报卓尔不群、赢得市场的立身之本。

个性化特征是整张报纸品牌理念的体现，同时又有相对稳定的编辑原则作保证，诸如新闻的取舍、标题制作、版式设计、新闻图片运用等，都力争契合自身的独特定位。在新闻的取舍原则上，《人民日报》头版充分发挥党报自身的优势，牢固树立权威性、公信力，舍弃那些哗众取宠、纯粹为了讨好读者感官的内容，让时政新闻、经济新闻和权威的政策解读等"唱主角"，努力担当社会主流声音的代言人，在激烈的报业市场竞争中打造出自身的良好形象。

图6-1 《人民日报》2007年5月30日版面

强化标题的信息量。在传统肩题、主题、副题以及内文视具体情况加小标题的基础上，还要十分重视提要。提要不是简单地重复原文，而是经过编辑的消化，在深入吃透原稿的基础上，提炼出读者关注的重要新闻信息，以非常简洁的文字予以表述。提要所占版面空间的大小，根据稿件的重要性及新闻信息含量的多少而定。有些很重要的稿件，提要本身又有标题，非常醒目，它丰富了版面语言，在形式上和内容上都更贴近主流读者。

二、党报的编辑特色

党报是党和人民的喉舌，所担负的政治功能受到了上至国家领导，下到普通百姓的普遍重视和关注。以《人民日报》为例，作为中共中央机关报，《人民日报》所透露出来各种政策信息，是国内广大读者甚至国外的相关机构研究某一时期我们国家相关路线、方针、政策的重要信息渠道，其受重视程度可见一斑。党委机关报的政治功能备受关注，这种关注也直接影响了党报的编辑风格。改革开放以来，传媒业的变革促使其承担起传递信息、引导舆论、传播知识之外的任务，主要体现在提供娱乐和广告等功能上。在这样的背景下，党报作为大众媒体的重要组成部分,根据自己的功能和定位确定自己的编辑方针也就成了党报改革的重要方面。总的来说,近年来,党报在强调权威性、指导性、理论性的同时,也讲究宣传艺术,努力实践"三贴近",表现出了鲜明的特点。

(一)党性原则统领党报编辑理念

时刻坚持党报的党性原则,牢牢把握正确的舆论导向,是党报编辑工作的重中之重,是党报新闻工作者的立足点和出发点。可以这样说,在党报编辑理念中,坚持党性原则是第一位的,是高于一切的。

在这个要求的统领下,党报工作者们以党的基本理论、基本路线和基本方针为指导,对每一个新闻稿件都从政治上、思想上、政策上进行把关,争取将新闻编辑好、刊发好。

(二)组稿内容强调权威性、指导性

党报作为党委机关报,首先要完成党报政治宣传的主功能。党报和各级党政机关部门关系密切,在迅速、深入了解社会政治变动信息、重大方针政策的出台实施等方面具有先天的优势,所以在各级党报上,某一段时期各级政府的中心工作经常会占据各党报的主要版面。以《人民日报》为例,党中央要求《人民日报》作为中央的机关报,要服务大局,即围绕党和国家的中心工作来把握宣传报道的方向和步骤,强调权威性和指导性。① 党报多年的风格走向使得国家在召开重大会议、实施重要举措或出现突发事件时,人们会在第一时间关注各级党报特别是《人民日报》,通过党报的报道和宣传,了解国家的大政方针,了解国家对于某事件的立场与看法。例如1998年的抗洪抢险,2001年的中美撞机事件,2003年的抗击"非典",2007年以来的抗击低温雨雪冰冻灾害、维护西藏社会稳定、筹办北京奥运会、汶川、玉树和芦山抗震救灾等重大报道中发挥了很好的舆论引导作用。

围绕宣传进行新闻报道,服务党和国家不同阶段的工作重心来选择报道内容,是内容编辑上的主要特点。例如,典型人物报道和弘扬主旋律是党报的一大特色。过去几十年中,焦裕禄、史来贺、雷锋、孔繁森,这些先进人物走进千万读者的心中,依靠的媒体主要就是各级党报。新时期,典型人物报道仍是党报各个阶段的报道重点和版面亮点。

随着报业竞争的加剧,面临来自市场的压力、来自受众分流化压力的党报,逐渐从采编业务和经营理念上作出积极的变化与尝试。如会议报道不能照搬照抄文件,少用套话虚话空话,要以实为主,言简意赅,充分挖掘会议的新闻资源,准确提炼会议的核心内容,把群众最想了解的、也是会议最想表达的信息,通过会议报道传达出去,提高群众对会议报道的关注度。

(三)版面风格上严肃、端庄、大气

版面是报纸内容的最终表现形式,也是衡量报纸质量的一个综合性指标。报纸版面体现着报纸的政治立场、观点和风格。党报作为党委机关报,在排版上沿袭传统编辑风格,无

---

① 王武录:《十四大以来〈人民日报〉版面研究》,中国传媒大学出版社2006年版,第87页。

论从标题制作、文字处理、排版规范还是图片选择上,一招一式都有着严格的讲究。以《南方日报》为例,《南方日报》在整体版式的设置上分四类:新闻类(要求版式风格特点偏严谨典雅)、财经类(要求版式风格特色偏朴素明快)、生活类(要求版式风格特色偏清雅精致、明快活泼)、个性类(版式风格特色要求在与本报版式气质相统一的基础上又各具特色,并保持相对稳定);《南方日报》在版面色彩的运用上"坚持遵循简洁、清雅的原则,惜色如金。版式素净、清雅"①。

1. 党报的版面风格讲究政治性

在版面编排中充分体现出报纸的政治意识、大局意识、责任意识和阵地意识,快捷而又准确地传达中央和省委、省政府的声音,把中央和省委、省政府的战略部署和主要宣传意图创造性地落实在版面上,传达好、报道好。给予充足的版面空间,优先处理好重大时政新闻、重要经济新闻和重要言论。②

2. 党报的版面风格讲究章法

在党报的版面编排和内容选取上,哪些稿件需要强势推出,哪些稿件需要弱化处理;哪些稿件位置高而字号小,哪些稿件位置低而字号大;哪些稿件需要立即刊发,哪些稿件必须放一放再发都是有讲究的。在党报版面编排中,首先要求准确表达内容,其次是追求表现形式,努力达到内容与形式的高度统一。

三、近年来党报编辑风格的新变化

(一)尊重新闻规律,内容上强调新闻价值,真正做到"三贴近"

2003年3月28日,中共中央政治局召开会议,专题讨论并通过了《关于改进会议和领导同志活动新闻报道的意见》,会议要求"各级党委要高度重视这项工作,并把它作为一件大事抓实抓好。中央和国家机关要带头,自觉支持新闻媒体改进报道工作"。这也就意味着把党报的新闻改革尤其是会议新闻的改革提上了议程。

党报更重视贴近报业市场,更加尊重新闻规律。表现在具体的内容选择上,具有新闻价值的稿件更多地得到了刊用,会议新闻报道方式开始改革,党报的版面特别是新闻版面在渐变中展现出了新意。以《人民日报》为例,据统计,2003年"两会"期间,《人民日报》用于报道中央政治局常委活动的版面较2002年减少了三分之一。与此同时,对中央领导同志参加团组活动的报道,实质性内容多了,思想容量大了,指导性和针对性更强了。许多稿件从百姓身边事切入,把会议主题、会议进程同普通读者的日常生活联系起来,进而以平易、鲜活的形式,将许多重大主题、严肃内容展现于版面,取得了良好的传播效果。③

1. 改文风

党报在编辑业务方面重视新闻规律,切实注意改变文风,通过通俗的、亲切的、平实的语

---

① 杨兴峰:《高度决定影响力》,广州南方日报出版社2004年版,第346~354页。
② 路国贤:《报纸版面编排要做到三讲》,《新闻爱好者》2003年第10期。
③ 王武录:《十四大以来〈人民日报〉版面研究》,中国传媒大学出版社2006年版,第87页。

言来表达宏观的题材,通过细节展现力量。例如2003年抗"非典"期间,《中国青年报》曾刊发一篇《"谁的水能给我喝一口"》的报道,在读者中引起强烈反响。报道讲的是温家宝总理到清华大学与同学们座谈时,提出"谁的水能给我喝一口",一个细节,却展示了总理的爱民之心和镇定自若、平易近人的品格,在"非典"时期给人以信心和力量。① 2012年12月,中宣部颁布的《关于贯彻党的十八大精神 切实改进文风的意见》使中国新闻界掀起改文风的浪潮,《人民日报》在改文风的过程中更是率先垂范,按照新闻的传播规律来进行版面安排,一股新风拂面而来。

案例

十八大以来《人民日报》"改文风"版面的创新实践

一、《人民日报》版面内容安排的改进与创新

(一)新闻报道变短,版面的信息量变大

由于报纸的版面容量有限,不可能做到有闻必报,更不可能做到事事详细报道,必须按照新闻规律选择最具新闻价值的消息进行报道。而新闻报道的长短又和版面的信息量呈负相关,即每篇新闻报道越短,则该版可以报道的新闻数量越多,版面的信息量也就越大。但在这一过程中要把握好尺度,一味求短也是不可取的,应根据实际情况长短搭配,点面结合,做到广度和深度的完美统一。

改文风以来,《人民日报》在这方面作出了适当调整,在确保不影响报道深度的前提下合理增加版面的信息量。2013年3月21日头版上《习近平将对俄罗斯坦桑尼亚南非刚果共和国进行国事访问并出席金砖国家领导人会晤》《李克强会见美国总统特别代表、财政部长雅各布·卢》《刘云山会见坦桑尼亚客人》这三篇时政类报道都比较简短,用精简有力的话语表达出核心内容,因此头版上放了7篇报道,整个版面的信息量变大。2013年3月22日头版上一共有9篇文字报道和一篇图片报道(见图6-2),更是显现了现在时政类新闻的短小精悍。而对比2012年3月21日的头版(见图6-3),我们可以看出头版上一共只有5篇报道,信息量就相对较小。

(二)时政新闻报道规模压缩,民生新闻规模变大

党报是党的喉舌,代表最广大人民群众的意愿和要求。党报对时政新闻报道规模进行压缩,可以腾出更多的空间来关注民生、体恤民情,这正是党报党性性质的集中体现。从近期的报道我们可以看出,关于中央领导人出席活动和参加会议的报道所占比例适当减少,来自基层、贴近民生的报道越来越多,而且内容涉及广泛,比如对雾霾天气的连续报道等。这种变化符合大多数受众的需求、习惯和爱好,也使得《人民日报》的面貌焕然一新。2013年2月13日,《人民日报》头版上就报道了方方面面关乎民生、与人民群众息息相关的话题。比

---

① 任建中:《党报党刊如何真正走向"三贴近"》,《共产党人》2006年第3期。

图6-2 2013年3月22日《人民日报》头版　　图6-3 2012年3月21日《人民日报》头版

如,困难群众的生活保障、少数民族住进新房、农民工免费体检、春节期间消费问题等民生话题。民生新闻几乎占据了整版80%的篇幅。又如2013年2月22日的2版要闻版上,几乎一半内容是民生新闻,内容涉及环境污染、雾霾问题、吃水难问题。其中只有两篇时政新闻报道,一篇是《在澳门社会各界纪念澳门基本法颁布20周年启动大会上的讲话——吴邦国》,另一篇是《吴邦国出席纪念澳门基本法颁布20周年启动大会》。可见,《人民日报》在版面内容的安排上加大了报道人民群众关心的话题和遇到的难题,心系民生,使得版面看起来更有亲和力和贴近性,更得人心。

（三）头版国际新闻和批评性报道增多

十八大以来,头版国际新闻和批评性报道越来越多,做到国内新闻与国际新闻、正面报道与负面报道的平衡搭配,这是一种全新的改变和尝试。2013年2月1日《人民日报》头版上出现一条国际新闻《以色列轰炸叙利亚目标　阿拉伯国家联盟强烈谴责》。2月2日头版上同样刊登了一条国际新闻《墨西哥石油公司大爆炸已致32人死亡》。另一方面,批评性报道也有所增多,并按其新闻价值和重要性放在头版。比如,2013年1月21日的头版上《汽车文明,我们差在哪儿》一文,对见黄灯就闯、有缝就挤、狂按喇叭、开窗吐痰等不文明现象进行了批评,提醒人民群众:人人有"车德"、讲文明,最大的受益者正是道路使用者本人。这一变化是《人民日报》在版面内容安排上的一大新亮点和新突破。

（四）头版头条打破常规,依据新闻规律来编排

《人民日报》的头版头条也有了很大变化。比如,2013年1月22日的头版头条是本报评

论员评论《狠刹浪费之风》,文中写道:"对公款浪费,奢侈之风,人民群众深恶痛绝,这不仅是败坏社会风气的顽症,更是污染政治空气的'痼疾'。"对公款浪费问题进行了深刻的批判,提倡厉行勤俭节约,只有这样才能有效净化我们的社会风气,培育健康向上的文明风尚。2013年3月1日,头版最上方刊登的是《50年,雷锋一直在身边》,推出"雷锋精神与时代同行"专栏,大力弘扬雷锋精神,广泛宣传学雷锋先进典型,深入总结学雷锋实践活动,以凝聚起建设社会主义核心价值体系的强大力量。3月21日头版头条刊登的是《时刻准备上战场——记广州军区某特战旅二营一连连长刘珪》,对这一时代先锋的形象进行了宣传。特战连长刘珪用如火如铁的战斗激情和卓越成绩,给祖国和人民带来了一个强烈信息:当代官兵正在践行一个属于这一代人的强军梦。这些都体现了头版头条敢于打破常规,依据新闻规律来进行版面编排。

二、《人民日报》版面形式安排的改进与创新

(一)增加评论版,开设多样化的专栏

《人民日报》从2013年1月4日开始增加了评论版,力求在社会转型的斑驳底色中凝聚共识,充分发挥了其舆论导向的作用,社会各界对此反应良好。《人民日报》官方微博在新年第一天就表示:"新一年,我们将努力说真话、写实情,让文章言之有物、言之有理、言之有情,更具亲和力感染力,更有可读性、可视性,实实在在服务读者。"《人民日报》正在用实际行动践行这一承诺。2013年3月21日的5版评论版上一共有6篇评论,都针对各种典型的社会问题作出了一针见血的深刻评论。其中,《用法治擦亮美丽中国》呼吁法制不能独行,需要法治精神、文明风尚的推动,我们要从中国实际出发,脚踏实地、一点一滴地朝"美丽中国"目标迈进。《公益慈善不能代替公共服务》的新论指出政府不能用公益慈善来简单替代政府公共服务供给的不足,更不能把公益慈善作为新的"钱袋子"工程来运作。《靠"愧疚"管不住吃喝的嘴》更是对公款吃喝的奢靡之风进行了批判,提出了可行的对策。又如,2013年3月22日的评论版中《"大众召回"能否让权力归来》就汽车召回问题对消费者不断觉醒的权利意识进行了深刻评论,得出这样的结论:"汽车时代,也是权利时代。成熟的市场经济,讲求生产者与消费者权利义务关系的平衡与对等。从单向度的'产品供给'到多元互动的'权利供给',时代发展的高速路上,系好权利安全带,'中国经济的升级版'才会愈行愈稳健。"

评论版的设置使得党报的观点和立场有了自己的阵地,能够发出自己的声音。在保持原有风格和优良传统的基础上,在保持指导性和权威性的基础上,进一步增强了党报的新闻性、可读性、群众性和服务性,使报纸宣传更加贴近生活,贴近实际,贴近群众,使得报纸有更深刻的思想和温度。除此以外,《人民日报》还增设了《美丽中国——寻找最美乡村》、《雷锋精神与时代同行》、《新春走基层》、《厉行节约 反对浪费》、《中国梦 赤子心》等专栏,通过专栏里的一系列报道,给读者展现一个具有连续性、对比性的报道形式,形成独特的风格,也使得版面更加有系统性。

(二)稿件与图片、漫画等的巧妙配合美化了报纸版面,创造了新的视觉体验

当今社会,报纸已进入读图时代。改文风以来,《人民日报》上稿件配合图片和短评的形式更加多见,而且文字与图片、图表的搭配更加巧妙、浑然一体,图片报道进一步增多,这些都进一步丰富了视觉元素,美化了报纸版面。比如,2013年2月18日2版上就一共运用了四

种不同类别的图片,丰富了报纸版面,摆脱了以前枯燥沉闷的感觉,使得版面显得更加活泼,创造了新的视觉体验,受众能更好地理解信息。具体来说,《陨石离我们有多远》中的示意图"图解俄罗斯陨石坠落"用生动直观的图示向我们展示了整个过程,便于我们理解,见图6-4。《千年陆巷太湖畔》则用素描和照片向我们展示了鲜活的画面,配合文字使得我们顿时被太湖畔的美景所吸引,传播效果更好,报纸版面也更加生动活泼。

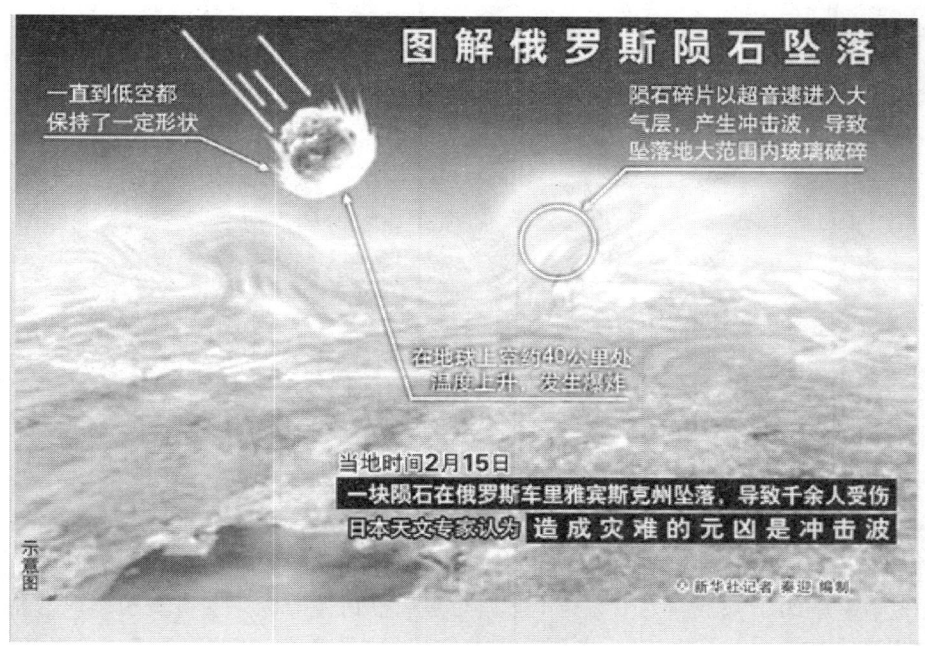

图6-4　2013年2月18日2版《陨石离我们有多远》的示意图

2013年3月22日5版上用一张漫画生动地展示了办酒席成为"收入来源"这一社会普遍现象,见图6-5。作者写道:"请帖纷飞如雪片,宴席聚散似轮转。忧贫哪堪酒风盛,陋俗不除戒奢难。"表达了对这种陋俗的担忧和对奢靡之风的批判。2013年2月12日头版上用了一张图表显示了"去年个税收入同比下降3.9%"这一问题,非常清晰明了。2月25日4版上的《雾霾发难,油品难逃其责》中也用表格清晰展示了全国汽柴油标准升级过程,一目了然。可见,新闻图片、新闻图表、漫画等插图恰到好处地运用,可以极大地丰富新闻的表现形式,美化报纸版面,提高新闻的可视性、易理解性和视觉传播力,达到内容和形式的完美统一,更加有助于受众理解。

(三)视觉上突出重点,兼顾各方,间接进行议程设置

尊重视觉规律,按照人的视觉习惯,把重要的内容放在显眼的位置,间接起到议程设置的作用,合理引导舆论。中国人民大学舆论研究所传播心理实验工作室于2006-2007年在国内首次运用眼动仪进行了中文报纸版面的实验研究。根据他们的研究结果,我们可以得知读者在阅读报纸时是有一定的视觉轨迹规律的。在接受同等视觉信息刺激的情况下,人在阅读报纸时的眼动轨迹呈现顺序性的阅读规律:即从左到右,由上及下。改文风以来,《人

图6-5　2013年3月22日5版　新闻漫画

民日报》在版面形式上也作了很大改进,在兼顾各方的前提下利用视觉规律突出重点内容。在编排中综合运用多种技术手段,以突出版面的中心和重点,进而凸显版面的审美亮点。比如,2013年3月20日头版在左上方这个显眼位置刊登的是习近平会见美国总统特别代表、财政部长雅各布·卢的新闻,以此来显示这次会面的重要意义,习近平强调中美经济关系以尊重为前提,以合作为途径,以共赢为目标。这篇报道对于中美经济关系进行了合理的议程设置,而且报道中用了具有代表性的亲切握手图片更显二者追求合作共赢的姿态。

对于报纸而言,版面风格的重要性不言而喻。《人民日报》在改文风在保持自己优良传统的前提下不断创新,为读者提供更好的视觉体验和最佳的阅读效果。具体来说,《人民日报》在版面的内容安排和形式安排上均有较大改进:在版面的内容安排上,新闻报道变短,版面的信息量变大;时政新闻报道规模压缩,民生新闻规模变大;国际新闻和批评性报道增多,并开始上头版;头版头条打破常规,依据新闻规律来编排。在版面的形式安排上,增加了评论版,开设了多样化的专栏;稿件与图片、漫画等的巧妙配合美化了报纸版面,创造了新的视觉体验;视觉上突出重点,兼顾各方,间接进行议程设置。这些都是值得各地方党报学习借鉴的地方。当然,改文风并非易事,版面的改进也并非一朝一夕就能完成,它是一个循序渐进、持之以恒、不断完善的过程。各级媒体都应与时俱进,按照新闻的重要性和新闻的传播规律来进行版面安排,结合自身实际进行版面设计,为读者呈现全新的风貌,在改文风的实践中走出创新之路。①

---

① 王灿发、马寅桂:《"改文风"以来〈人民日报〉版面的创新实践》,《新闻爱好者》2013年第4期。

2. 重策划

党报作为党委机关报,以服务党和政府的中心工作为第一要务。党报工作者们发挥主观能动性,牢牢把握"三贴近"的原则,发挥主观能动性,增强新闻策划能力,整合党报的优势资源,通过精心策划、立体覆盖,在完成"规定动作"的同时积极出击,通过消息、评论、专家访谈等"多炮齐发",将新闻事件进行全覆盖,站在较高的位置上对新闻事件、政策出台、国际事务等进行全方位的解读,获得了很好的传播效果。

重大新闻重视策划。重大新闻对受众、对新闻媒体非常有吸引力。只有精心策划,破格处理,大事大做,浓墨重彩,在新闻事件的高潮阶段动足脑筋用足版面,才能给人留下难忘的印象。① 党报在这方面无疑有着先天的优势。

党报在典型报道类栏目里亦有着先天的优势。例如,《人民日报》从2005年9月5日开始,推出了"经典中国 重点工程篇"专栏,在这个专栏里集中介绍一批(25项)国家重点建设项目的进展情况。《人民日报》通过形式上的多样性,如加"编者按"、配图片等使报道生动活泼、贴近读者,取得了很好的反响。②

(二)在保持大气、端庄的版面风格的基础上求新

对党报的版面风格进行创新一直是广大党报工作者不变的追求。从现有的变化和经验来看:正确的舆论导向,是党报版面改革的永恒主题;满足读者阅读的需求,是党报版面发展的现实要求。快节奏的时代生活,当代审美观念的变化,以及欧美报纸版式的影响,客观上促使党报版面不断改进。其主要表现在:重要稿件的标题越来越醒目,图文并重意识越来越强烈,厚题薄文越来越时尚,版面导读越来越被看重,横向走势越来越明显,静态版式越来越普及。③ 这些表现形式的呈现,极大地强化了版面语言的功效,增强了版面的表现力,以强烈的视觉冲击力,吸引了读者,提高了宣传艺术水平。

在版面风格上党报逐渐开始吸收国外的大报和国内部分都市报的一些能够加强传播效果的做法。在具体操作上,讲究多制作小标题,突出实题,少拟或者不突出虚题等;在版面编排上讲究"浓眉大眼"、"图文并茂",讲究"模块版式",通过表现性的编排手段,形成视觉冲击力,以期在读者心中留下深刻的印象。

但是党报的性质决定了党报始终无法像都市报一样拥有极强冲击力和感染力的版面,如《南方日报》的版式标准细则就规定:以新闻价值的重要性和图片信息的多少来取舍,并决定其大小主次,而均不得为重图而不顾实际加大、加强图片或以图凑版面④。这也是党报端庄、严肃、为读者负责的一个表现。

目前,党报的版面风格有了很大进步,但是在整个报业环境中,党报的版面风格还是略

---

① 耿玉珠:《强化创新意识 保持版面活力》,《采写编》2006年第3期。
② 高培峻:《试析党报的重大主题报道》,《人民共和国党报论坛(2005年卷)》,中国传媒大学出版社2006年版,第420页。
③ 章勇思:《努力使党报版面异彩纷呈》,《新闻战线》2002年第11期。
④ 杨兴峰:《高度决定影响力》,广州南方日报出版社2004年版,第346~354页。

显呆板。鲜活的内容用赏心悦目的版面形式表现，能够引起读者强烈的阅读欲望，这对增强宣传效果、提高报纸的影响力大有益处。编排理念陈旧、滞后于读者欣赏水平的版面，会使报纸的宣传效果大打折扣，影响正确舆论引导作用的有效发挥。因此，深化版面改革，加强版面研究，切实提高版面编排的质量和艺术水平，不断为广大读者提供既体现正确舆论导向、又富有美学魅力的高质量版面，应该成为广大党报新闻采编人员特别是版面编辑的不懈追求。

(三)重视群众路线

重视群众路线，回归读者本位，重视读者的需求，成了党报编辑思路改革的重要组成部分。

重视民生新闻、社会新闻，加强舆论监督，是新世纪党报落实群众路线的一个重要举措。党报编辑适时编辑刊登匡正时弊、扶正祛邪的社会新闻；编辑批评报道稿件，加强舆论监督；版面留下联系方式，密切和群众读者的联系，刊登网友留言等等，这些做法正体现了党报民生新闻的社会价值。以读者为本位的群众路线，不仅是党的执政理念核心价值所在，也是党报"群众办报"方针的具体反映。

比如2010年1月26日，《人民日报》上"读者来信"版刊登了一封读者来信，提出"农村新增人口无地种怎么办"的问题。这是带有典型意义的重要民生问题。《读者来信》版在刊出来信的同时，还在"权威回应"栏目以《对农村土地承包关系忌"翻烧饼" 对新增农民无地问题莫"等着瞧"》为题，刊登了农业部农村经济体制与经营管理司的答复。读者认为，这组报道"有点现场办公的意味，对读者来说更有现实作用和意义"。对这一涉及农村土地承包的具有很强政策性的问题报道，人民网当日下午在头条位置予以转载后，进一步扩大了影响，有效地宣传了党和政府的农村土地政策。农业部专门来信肯定了这样的处理方式。

第二节　党报新闻编辑

一、党报要闻版编辑

党报的要闻版，历来是编辑部工作的重中之重，也是读者最关注的版。

(一)对国家领导人活动和重大政治题材的报道

对国家领导人活动和重大政治题材的报道，是当前党报需要不折不扣完成的政治任务。这一类型的报道通常有着相对的政治内涵和外交意义，需要较强的政治领悟力和政治警觉，防止出现政治性差错。如：国家领导人的排序；字号字体的规格；外交策略；政策常识等。如2007年10月16日《人民日报》头版报道《中国共产党第十七次全国代表大会在京开幕》，就是政治性强的重大题材的报道，见图6-6。

再如2006年6月17日《人民日报》头版，这也是一个报道国家领导人活动的很有创意的版面。版面大胆使用左右分切的版式,全部使用横题。特别是右侧由上至下,既体现了几国与我国的密切程度,又兼顾外交礼仪。其他消息也摆放得恰当合理,应为《人民日报》经典版面提供了又一示范,见图6-7。

图6-6 《人民日报》2007年10月16日版面　　图6-7 《人民日报》2006年6月17日头版

(二)以高端新闻为主,以"三贴近"为标准

党报姓"党",但本质上还是报,是新闻纸;要闻版姓"要",但本质上还是新闻版,是承担特殊使命的新闻版。要闻版的稿件,一般来讲新闻价值重大。要立足于舆论引导的正确性、权威性,在此基础上实现产品多元化、风格多样化。应遵循"三贴近",用新闻的形式和语言,代表党和政府发言。

党报的目标读者群为各级党政干部、科研院所和大专院校的知识群体,企事业单位的经营者和管理者。政治素养高、文化程度高的群体特点,使得这部分"高端"受众在新闻需求取向乃至形式偏好上,都格外苛求。同时,由于报纸与其他媒介的不同,导致报纸在新闻选择、处理上的功效日渐凸显。因此,面对每日浩繁的新闻和信息,加之自身时间的局限,受众对党报的心理预期,往往变成了是不是能看到最适合、最需要、最解渴的新闻。

党报要闻版以高端新闻为主,以"三贴近"为标准。要集中精力把主流高端的新闻做好做强,保持、巩固党的舆论阵地。让要闻版"重"起来,一定要重大权威,能让人回味、引人思考、给人启发。做好高端新闻,理论、评论是重武器;特稿、前瞻性述评体现深度;宣传稿件要新闻化。

如 2003 年 7 月 29 日,《南方日报》在要闻版选登了《学习时报》一篇综述:《新一届中共中央政治局不到半年已进行五次政治学习——中央领导在关注什么》,在主流读者中产生了良好反响。

选题重大,但从小处着眼。《人民日报》的《党建周刊》推出的《"领导干部党性修养系列述评"》,也就是"小圈子"、"小兄弟"、"小家庭"、"小爱好"、"小格局"。从 2010 年 1 月 5 日到 2 月 2 日每周二连续刊发 5 篇,对领导干部中存在的"五小"现象进行了剖析。强调要从"小"处着手加强对领导干部的管理监督,防止因"小"失"大",酿成大错。这组报道产生了较大的社会反响,也是党建报道的一个重要突破。

(三)对新华社等稿件的"再创作"

新华社稿件内容丰富,报道权威,导向正确,是党报要闻版最主要的稿件来源。由于新闻来源高度一致,各报就面临一大问题,即时事新闻的雷同性。面对同一新闻来源,要实现"独家特色",突出报纸的差异与个性,要闻编辑必须对新华社通稿进行"再创作",使报纸的时事报道"与众不同"。

1. 内容的"再创作"

力争在稿件编辑、组合上寻求差异,体现本报特色,可以使用合并、剪裁、延伸等编辑手段。

一是合并。一个热点事件或问题,新华社往往是滚动发稿,稿件的长短不一、角度不同、主题相关。这些稿件,如果只作简单处理,不仅会占据大量版面,而且也会显得散乱,影响传播效果。对于这类稿件,就需要在把握整个新闻事件的基础上,对之进行重新整合加工,理清脉络,彰显主题,突出细节,合成一组或一篇浑然一体的稿件,为读者呈现清晰的事件全貌。

二是剪裁。由于报纸的版面容量有限,为了提高信息量,经常把新华社的稿件进行"压缩",将稿件中的精华部分直接呈现给读者。在这里,编辑的删节功夫决定了稿件的质量。

三是延伸。对于某一重大或热点新闻事件,读者往往不会仅仅满足于对该新闻本身的获知,而想更多地了解与该新闻事件相关联的信息。如果新华社没有提供此类信息,编辑就必须从其他渠道获取相关信息,再适当编排到版面上。这样既能满足读者的进一步需求,又能彰显报纸的独到性。

2. 标题的"再创作"

鲜明生动独特的标题,既能吸引读者阅读,又能体现报纸特色。运用得好,可以起到事半功倍的效果。

一是用好细节。每一条新闻,在其发生、发展、终结过程中都会有一些细节。这些细节构成新闻生动的场景、人物的心理活动、事件的微动状态等。这些展示新闻过程的细节,能使该事件的新闻价值、美学价值以及宣传价值得到提升。

2007 年 3 月 4 日,正值农历正月十五,沈阳遭遇了罕见的特大暴风雪袭击。《河北日报》在编辑本组稿件时,起了一个主标题:《正月十五雪打沈阳》。标题取自正月十五雪打灯之意,简洁有力。尤其是一个"打"字,把肆虐的暴风雪带给沈阳的灾难很传神地表现出来,标题使得整篇报道变得生动起来。《人民日报》2006年6月6日,标题:《三峡工程三期上游围堰成功起爆,三峡工程提前一年首次实现大坝全面挡水(引)——爆惊天除旧堰　浩浩江水涌新坝(主)》,标题从旧堰新坝、旧去新来着眼,透过新闻事件,歌颂世纪工程,有新意,也有气势。

二是突出关键。一条新闻中,只要注意观察,总有几个关键字、句能对新闻起到增色生辉、画龙点睛的作用。因此,在为新华社电稿重新制作新闻标题时,要认真阅读新闻内容,善于从新闻中找到最能表达新闻"精髓"的关键"字"和"句"来。

2005年1月3日下午6时,满载着中国人民的同情与关爱,中国向斯里兰卡灾区提供的第二批计70吨援助物资的专机离开北京飞往科伦坡。1月4日,另一架救援物资专机预计自天津飞赴泰国。《人民日报》2005年1月4日头版予以报道。编辑编稿时觉得,原标题《中国救援应急机制启动之后》不够鲜明,但该文第一段最后一句话"这是迄今为止中国最大规模的对外救援行动"引起了编辑的注意,找到了新闻的"关键点",遂将标题改为:《印度洋在哭泣　中国人在行动(引)中国启动最大规模对外救援(主)》。

2009年3月5日《人民日报》头版《代表委员议国事》栏目主题:《促创业　保就业》。全国人大代表、山东莱芜市市长马平昌谈起全民创业,做了一个形象的比喻:"一个好的创业环境,有阳光、空气和水。阳光是优惠政策,惠及每一个创业者。空气是自由氛围,形成你追我赶的局面。水是服务,缺什么技能,补什么技能;少什么项目,给什么帮助。"马平昌代表认为,政府应放宽市场准入条件,如实行"一元钱注册"、"零首付"创业、允许"试营业"等,降低创业门槛。此外,建立全民创业项目库,加大创业资金扶持力度。

记者来稿原标题为:《创业门槛"零首付"》,编辑从中找到关键词把标题制作为《全民创业三要素——阳光·空气·水》。

3.体裁的"再创作"

新闻体裁包括消息、通讯、言论等,这些体裁既有区别,又有联系。根据报纸的具体需求,对新华社稿件进行体裁的转换,也是要闻版编辑的案头工作。当然,值得注意的是,对新华社稿件进行"再创作",是在严格把握原稿新闻内容的客观性、权威性和公正性的基础上进行的。

新疆阿克苏市阿依库勒镇协合力村曾是远近闻名的"问题村"、"上访村"。2002年9月26日,由阿克苏市委组织部派出的4人工作组进驻这个村。数年下来,面貌焕然一新。《人民日报》2005年1月4日1版头条以《一个工作组改变一个村》为题进行消息报道。记者原稿《阿克苏:村里来了工作组》为近4000字的长篇通讯,编辑联系记者紧急增补新"由头",将题材由通讯改为1000字的消息。

二、党报社会新闻编辑

党报不同于一般大众化报纸,没有必要争娱乐、市井新闻方面的短长。但党报的权威性并不排斥生动性,更不代表没有可读性。关注民生是党报的重要任务之一,党报需要社会新闻。

近年来,越来越多的党报开始重视社会新闻,有的开通报料热线、新闻110等快速反应机构,有的设置"热线工作室"或"社会新闻版"等栏目或专版,目的就是要在社会新闻竞争中抢占市场。

2005年6月,《金华日报》推出社会新闻专版《新闻三秒区》。将篮球运动的术语引用到新闻中来,就是指要快速、准确地报道最近发生的新闻事件。热线电话为报料主渠道,配以短信与QQ。以文字为主,图文并茂,图、表、画各显神通,力求冲击力。

(一)党报为何需要社会新闻

1. 党报需要社会新闻,是由社会新闻的本身性质所决定的

社会新闻与公众、与民生有着特殊紧密的联系,它们大多发生在普通群众身上或身边。因此,社会新闻的最大特点是贴近性。新闻工作要做到"三贴近",党报要贴近群众,就必须重视社会新闻。因为党报要贴近群众,在把党和政府的声音及时向广大群众传达的同时,还应把人民群众的声音及时传达给党和政府,这是相辅相成的。必须承认,社会新闻中就有不少人民群众的声音,所以社会新闻成了党政部门了解民意的重要渠道。

2. 党报需要社会新闻,符合报业竞争的趋势

理论界认为,随着大众化报纸表现出咄咄逼人的上升势头,并逐渐向主流报纸发展,以党报为代表的主流报纸却走上了"下行线"。这两种不同类型的报纸呈现出"剪刀差"式的发展轨迹。

有观点认为,传统的主流报纸会在一定程度上改变过去僵化的面貌,而大众化报纸也不再是过去的市民报纸。两种不同类型的报纸互相接近,彼此取长补短,乃至于"合流"。其主要表现就是党报越来越重视社会新闻、越来越注重拉近与大众读者的距离,而晚报、都市报等大众化媒体在不断加强时政新闻的分量,社会新闻在版面安排上有所弱化。

(二)党报需要什么样的社会新闻

一提到社会新闻,不少人都会联想到"内容庸俗、格调低下"、"假新闻泛滥成灾"、"同质化现象严重"等论断。这些论断忽视了社会新闻的可区分性。党报的社会新闻应该具有权威性、人情味、引导力。也就是说,党报社会新闻不能靠"猎奇"取胜,不能靠"猛料"吸引人,不能靠炒作制造轰动效应;它靠的是新闻的权威发布,靠的是深层次的人文关怀,靠的是新闻报道的思想性和洞穿力所体现出来的引导力。

1. 党报报道社会新闻,权威性优势不能丢

权威性首先体现在真实、准确上面,体现在客观公正上面,体现在质疑精神上,权威性还体现在顾全大局上。在顾全大局的同时,我们尽可能寻找新的角度。权威性还体现在报道深度上。时政报道需要深度,社会新闻同样需要深度,尤其是党报的社会新闻,挖掘报道深度,是党报社会新闻权威性的重要表现。

如,2007年6月以来,发生在山西省部分地区的"黑砖窑"事件引起国内外广泛关注。

《人民日报》敏感地捕捉住这一重大新闻线索,从6月15日到8月14日,"黑砖窑"事件相关稿件仅在视点新闻版就刊登9篇报道。这套组合拳,赢得了读者对党报的信赖,获得地方和中央领导的高度评价。一线记者传来的初稿符合社会新闻版所要求的故事化写法,尤其是对"黑窑工"悲惨遭遇的细节描写,让人触目惊心。但考虑到此事件在党中央机关报"放大"后可能产生的有关中国人权问题的不良国际影响,《人民日报》编辑部将基调最后定为"不渲染窑工尤其是童工的受虐细节,重点突出地方政府如何解救,妥善处理善后"。

后续报道《31名"黑窑工"重见阳光》,标题看似一个"正面"标题,但内涵深刻,既暗含了"黑窑工"原来过着"暗无天日"的生活,又揭示了事件的最新进展——"黑窑工"重获新生,体现了政府紧急查处,妥善解决善后的效果。直到8月14日视点新闻头条刊登《"黑砖窑"事件查处、整改取得阶段性成效——山西成功解救359名农民工》见报,视点新闻编辑组对颇具关注度的山西"黑砖窑"事件的处理暂告一段落。在对广受关注的社会新闻"黑砖窑"事件的报道中,《人民日报》始终把握住了党报的权威性优势。

2. 党报的社会新闻应有浓浓的人情味

在社会新闻的报道中,升华人性中的真善美、展示和弘扬人文精神,是党报社会新闻避免低俗、树立品位的重要途径。尤其是在灾难事故的报道中体现人文关怀,强调在灾难面前人们如何坚强、如何乐观生活的精神面貌。对交通事故的报道避免对事故现场血腥场面的渲染,而是竭力挖掘感人的细节。

《人民日报》2006年6月1日政治新闻版头条《路见不平一声"吼"引来奖金600元(引)呵斥歹徒也属见义勇为(主)》,标题口语化,借用歌词表现见义勇为的英雄气概,点出最新鲜、最重要的事实,有警醒作用。

3. 党报的社会新闻要增强引导力

首先,将社会新闻与主题报道相结合,以增强社会新闻的引导力。如,2005年胡锦涛同志提出树立社会主义荣辱观后,许多党报推出专栏《知荣辨耻、近荣远耻》。《人民日报》适时推出《社会公德》专栏,既有对好人好事的颂扬,也有对社会问题的揭露。

其次,发挥言论的作用,增强引导力。党报是社会思想的旗帜,需要有生机、有创见的时事分析,需要能启迪人们心灵的短评。

如2006年下半年全国人民关注的"中医药存废之争"风波。"万人签名"的谣传肇始于2006年10月10日卫生部新闻发布会上某媒体的提问。当时记者问:"在网上有人征集取消中医的签名,已经达到万人,而且主要都是卫生领域的人,主张让中医5年内退出国家医疗体制,回归民间,使西医成为国家唯一的医疗技术……"然后,卫生部新闻发言人做了回答。正是这一问一答,自此掀起了几乎全国人民关注的"中医药存废之争"风波。随后,各类都市化媒体纷纷上阵,"一窝蜂"炒作,似乎都把那位记者"提问中子虚乌有的依据"当成了"既定的事实"。于是,此事迅速成为全国人民议论的话题。实际上,当时签名的只有二三十人,即便后来也不足200人;且多是非卫生领域的人。让人忧虑的是,在广泛的议论中,某种程度上宣传了反中医者的声音,使得这一违背国家方针政策的声音打着科学的幌子,扰乱了视听,迷惑了不少普通民众,形成错误舆论,造成消极影响。针对"取消中医"的错误观点,《人民日报》旗帜鲜明地发出党报声音,发表调查报告《发展中医　无须彷徨》,采访了中国科技大学校长朱清时院士等"最权威"的专家和机构并给予有理有据的反驳。针对都市化媒体炒作行为,2006年11月3日《人民日报》刊登人民时评《从"取消中医"看媒体失真》,正本清源,正确引导社会舆论。

再次,通过与读者的互动增强影响力。在有些新闻报道后面,许多党报借助互联网等新媒体,将报道贴到互联网论坛上,引来网民的讨论。

如1999年,武汉一位个体餐馆的老板为了抢救不慎被毒蛇咬伤的打工仔,不惜重金包专机连夜送他到广州抢救,还有数百人自觉地参与了抢救活动。《南方日报》对包机救人事件进行了跟踪报道,采写出长篇通讯《为了一个受伤的弟兄》,并发动读者进行讨论:在市场经济条件下,应如何建立新型的人际关系?在金钱和道义之间,应怎样选择?这次报道宣传活动,使读者受到心灵上的触动,得到了深刻的启示。

(三)党报如何推出鲜活的社会新闻

党报的社会新闻要具有权威性、人情味、引导力,说到底就是要求党报的社会新闻应是鲜活的、有品位的。以往的社会新闻、民生新闻分散在许多版面,与读者要求有不少差距,包括时效性差、题材狭窄、文风陈旧等。

第一,求时效性。报道对象越近,越鲜活,越能引起读者的注意。《人民日报》2005年创立视点新闻版,进行新闻改革探索时,就把"坚持当日做新闻,做当日新闻"作为核心理念。

第二,现场感。许多新闻都是记者的亲历和现场实录,大大增强了新闻的可看性和可信度。

第三,注重社会新闻的内涵。对社会关注的新闻进一步挖掘,使其读起来别有一番意味。比如,高考话题,年年都可以做,但第一感觉是"做不出新花样"来。要做,首先就需要克服专题内容的同质化倾向。2010年高考,《人民日报》重点打"服务牌",在《文教周刊》上推出了系列报道,从高考的三个阶段入手。考前,针对考生和家长紧张、焦虑、恐慌等心理问题,推出了《心态平和自从容》、《考试在即,如何泰然处之?》、《每临大考有静气》等报道和评论,对考生及家长进行心理疏导。高考一结束,又针对考试失误特别是落榜考生心理失落、前途迷惘问题,推出《高考后,路该怎样走》、《别把孩子的人生填得太满》等报道和评论,引导考生和家长走出失落、失意的人生误区。此后,还针对近年来高考中突出存在的考试高科技作弊和招生诈骗等社会问题,推出了《让考试作弊者无路可遁》、《高考诈骗何时休》、《骗子为何盯上高考》等报道和评论,呼吁社会共同维护高考的公平公正。这组系列报道既有典型案例,又有深度分析,既有权威评论,也有专家视角,具有很强的服务性,起到很好的社会传播效果。

第四,表现方式力求新颖。通过文字稿件叙述方式的改变、图片与图表的运用等手段,形成了具有独特风格的版面。

第五,注重策划。

传统意义上的编辑多是被动编稿,发挥的空间极为有限。随着党报新一轮改版的逐步深化和完善,编辑的诸工作环节已不再仅仅陷于被动,而是发挥了更多的主导作用。这种主导作用的发挥,在社会新闻版面编辑上得到充分体现。遇有重大或极具价值的新闻题材,编辑部成立项目责任制,调动多方力量,采编双方自始至终随时可进行沟通,尽可能发挥双方的优势。当然编辑策划主导能力的发挥,还须加强记者与编辑的沟通,减少中间环节,最大限度减少信息损耗,让记者写稿具备版面意识,让新闻体现编辑意图。

如,《人民日报》视点新闻关于2007年上半年无锡水危机报道就是一次成功的编采互动的社会新闻策划。

2007年5月30日,《人民日报》视点新闻版编辑看到江苏媒体上一篇报道,无锡居民家中自来水发臭,随即约一线记者前往采访。6月1日《蓝藻给太湖亮红灯》见报,指出太湖蓝藻提前一个月爆发,导致江苏无锡市区供水出现严重危机。

为了把问题引向深入,编辑部联系到十多位相关专家学者,获得了很多独家的信息和观点。第二篇报道《蓝藻水危机 污染是主因》6月4日见报,文章视角独特,观点鲜明,尖锐地提出蓝藻"四问",包括:蓝藻水是否"只臭不毒"？是否会波及更多城市？太湖病根在何处？污染该向谁问责？"四问"直击群众关注的热点问题,迅速引起社会的广泛关注和强烈反响。

在无锡市政府宣布正常恢复供水当天,通讯《突来的考验 深长的警钟》(6月6日见报),介绍无锡化解危机的努力和采取的措施。之后,编辑部继续关注太湖蓝藻的情况,跟踪相关的信息,重点关注"蓝藻会不会重来"、"蓝藻的成因"、"蓝藻能否变废为宝"等问题。6月20日,有媒体报道太湖再次出现蓝藻聚集的现象。视点新闻版编辑随即约请一线记者展开采访,把最新的情况连同之前的思考一并推出《遏制蓝藻 不容懈怠》(6月21日见报)。

第三节 都市报编辑

一、都市报编辑特点

(一)读者定位为市民

媒介的受众定位就是确定媒体的目标群体,是在对媒介市场进行分析的基础上,对媒介产品的市场定位做出决策。而媒介的功能定位,是指确定媒介所要担负的功能和所要发挥的功能,是立足于受众需求和传播目的对媒介产品的决策①。对于都市报来说,受众定位和功能定位的准确化是他们能够迅速异军突起的主要原因。都市报的定位是建立在对周边媒介生态环境的充分调研和考察的基础之上的,这样的定位充分考虑了自身的优势以及不足,考虑到所在地的媒体空间以及面对的竞争对手,考虑到广告源和新闻来源。

以《华西都市报》为例,该报作为我国第一张以"都市报"命名的综合性日报,办一张"市民生活报"的定位和初衷就非常明显,其创始人席文举归纳为:《华西都市报》定为市民生活报,选择全体市民为读者对象,是由广告市场来决定的;二要征服读者,让广大市民都喜欢

---

① 蔡雯:《新闻编辑学》(第二版),中国人民大学出版社2010年版,第65页。

读,报纸报道的内容又是由读者市场的需求来决定的。①

再以《京华时报》为例,这一创刊于2001年5月28日的四开日报,是我国首家成功引入业外资本的报纸。该报筹备人员在《〈京华时报〉可行性报告》中对该报的定位和办报策略进行了全面论述:《京华时报》定位为主打北京及周边市场的都市类综合性日报。读者对象为北京市民,报道内容为市民新闻,营销方式为自主发行,广告运作为全面代理。借鉴各地都市报的成功经验,贴近市民,贴近生活,贴近市场,办成一份北京市民爱读、有"卖点"的报纸。②

从以上具有代表性的两家都市报的定位我们可以看出,我国都市报的定位主要集中在以下几个方面:地域化、市民化、市场化、综合性、日报。报纸的定位在很大程度上决定了其编辑方针,决定了其所提供的新闻产品。

对内容进行分析,我们不难看出,都市报有其独特的优点。有学者这样表述:都市报雅俗共赏,为读者喜闻乐见。"雅",就是品位高,格调高。"俗",即通俗,就是世俗的内容,大众化的表达。都市报走向市场,就必须有大众风格,有"俗"。③ 具体地讲,都市报在内容上有以下几个特点。

1. 新闻内容本地化

从最"低级"的"马路新闻",到蕴涵丰富文化底蕴的"当地文化新闻",都市报追踪发生在本地的、在市民周围的、能够引起市民极大关注的新闻,让市民了解本市动态;抓住读者所处的社会环境和现实生活中存在的种种矛盾、困惑和问题进行报道,抓与读者的思想、情绪、利益相关的问题进行报道,抓应知、欲知、有兴趣的各种问题进行报道。

内容的本地化还包括对本地文化的深度挖掘。我国人口众多,地域广阔,不同的民族形成了不同的风俗,即使同一个民族里,不同地区的人们也有着不同的生活习俗,其中包括饮食、节日等。这些都是都市报内容的富矿,通过对本地风俗文化的深度挖掘,完成报道内容的引人入胜。对这些内容的报道,就引出了都市报的第二个内容特点,即报道手法上的系列化。

2. 报道手法系列化

在都市报上,我们能够经常看到这样的新闻内容:大量系列报道,深入挖掘或分析本地文化资源和经济资源的本土新闻,这样的新闻往往不具有很强的时效性,但是适合做成专题,可以在深度和广度上挖掘。中国悠久的历史使每个城市都有自己的文化积淀和特有的风土人情,如成都小吃、重庆火锅、景德镇瓷器、宜宾的五粮液等。把这种具有历史的积淀感和文化味的独有经济品牌挖掘出来成为都市报的报道内容。

3. 注重市民的娱乐消遣诉求

快节奏的现代社会生活,给人们带来了压力。人们迫切需要轻松的资讯来缓解压力。

---

① 参见席文举:《报纸策划艺术》,中国社会科学出版社2000年版,第96~114页。
② 蔡雯:《新闻编辑学》(第二版),中国人民大学出版社2010年版,第80页。
③ 王灿发、董广安:《论当今报界"黑马"——都市报(下)》,《当代传播》1999年第3期。

转移注意力是一个主要途径,人们通过阅读体育、文化、娱乐等相关新闻,放松了精神。都市报显然把握了市民阶层这一娱乐消遣诉求,经常会月大量的版面刊登娱乐和体育新闻,这些新闻也就成了市民饭后茶余的谈资。

如今报纸已进入"厚报时代",几十个版已是寻常事,上百个版也不鲜见。所以无论是本地新闻还是国际新闻,无论是文化、社会、政治还是体育、娱乐、财经,都市报的信息覆盖面特别大。如此大量的信息丰富了市民的生活和选择,许多人都可以从上面得到对其有用的信息。如《北京晨报》2003年3月27日第1版,该版信息量大,全版11条(含图片)中,既有血战巴格达这样的国际大事,也有颐和园北墙露脸这样的北京要闻;既有妙手仁心韦加宁这样的主旋律报道,也有索纳塔出租上路这样的贴近报道,可谓"家事国事天下事 事事关心",而且版式美观,新颖,条块清晰,主打图动感强,体现了竖报报头版面设计上的特色,见图6-8。

(二)版面风格时尚化、实用化

报纸版面就像时装一样,越来越讲究流行时尚,讲究与国际接轨。

图6-8 《北京晨报》2003年3月27日第1版

在版面设计上,都市报一直走在行业的前沿。我国报纸经历从传统的四开报到具有大报风范的对开报样式这样一个历程后,又回到小报时代,纷纷开始瘦身,变成长51cm,宽33cm的黄金分割版式,据有关专家研究,这种版式最便于阅读,不像以前的报纸太大,拿在手里必须折几下才好读,虽比以前的版式小了,但又不像四开报那样小气,版式清秀挺拔,方便实用,是目前国际流行的版式。

1. 大量运用彩色图片

很多报纸规定每个版面至少要有一张图片,以确保每个版面拥有自己的视觉中心,对读者的眼球造成一定的冲击力。有的重要新闻事件往往是一张大图片配若干张小图片,所以现在的都市报看起来就像原来的画报一样,花花绿绿,丰富多彩。除了大量运用图片外,漫画的运用也越来越多,彩色漫画有兴起之势。有的报纸还在专栏上刊登专栏记者的肖像漫画,使专栏不仅个性化、形象化,也更生动有趣,报纸版面显得活泼俏皮,给读者以审美的享受,如图6－9。

此外,为了便于读者理解新闻事件,示意图的运用越来越多,复杂的示意图绘制新闻事件发生的场景及新闻事件中人物的行走路线,简单的示意图绘制成柱形图或圆饼形图案展示百分比等。

2. 标题口语化

都市报重视标题,在制作标题上下足了工夫,通常会在都市报上看到很多读起来朗朗上口,口语化倾向明显的标题,这类标题通常讲究告知事实,讲究趣味性,给人留下深刻印象。

口语为题是都市报标题的一个重要特征。运用百姓喜欢、常用的口语化语言,将新闻事实准确、利索、生动地表现出来,与新闻的本质特征相契合,达到良好的传播效果。例如《科比终于在眼泪中明白,有些人一旦错过就不再》这样一个标题,通过一首歌中的歌词,表达 NBA 中轰动一

图 6－9

时的球员交易;又如《华西都市报》1998年11月11日报道成都万众送别壮烈牺牲的公安干警时用了三张大幅照片,标题分别为:《送战友》、《默默无语两眼泪》、《英雄啊,你慢些走》。一篇文字稿件的标题为:《让我再看你一眼》。这样的标题,传情、达意,容易引起读者的共鸣。

3. 突出导读

现代人生活的节奏变得越来越快,人们逗留在报纸版面上的时间越来越少。一家现代报纸,如果没有导读,靠读者自己费时费力去翻找感兴趣的内容,有时候会让读者感觉得不偿失,甚至产生无趣、无聊的东西太多的感觉,对培养读者对报纸的认同感极为不利。厚报时代的最大贡献就是提供了导读这一形式。导读作为一种特殊的标题形式,已成为各报展示内页最精彩、最重要、最有趣的新闻的橱窗,制作导读也成为体现报纸服务意识、实用主义的重要手段。通过把读者最有可能感兴趣的内容做成导读,首先让读者获得某种满足后再浏览其他内容,以尽可能地减少读者时间和精力的付出。因此,导读越来越受到现代报纸的重视,在现在的都市报上,头版通常是巨幅图片加上精彩内容导读,构成了整个头版版面。报纸对导读独立的价值和地位的凸现,既反映了现代生活的需要,也是报业发展的必然结

果。导读占据寸土寸金的抢眼区位,已成为时下报纸版面编排的一种流行趋势,也是媒介中心观向受众中心观转变的一个重要体现。

(三)重视互动

当前报业竞争十分激烈,各家报社都在争取自己的读者,特别是都市报,完全市场化的运作使得他们必须在市场上真刀真枪地竞争,通过内容和服务取胜。读者是报社的上帝,报纸开始主动关心读者的需求和感受,邀请读者到报社来参与各种活动,借此提升报纸的形象和品牌。

在都市报上,通常有这样的几个途径和方式:

1. 开通热线电话

开通热线是都市报体现服务意识的重要表现。通讯手段的进步在都市报上的主要运用就是热线,从曾经的读者来信到现在读者来电,都市报无论从对市民服务上还是对新闻的敏感上都有了很大的进步。一方面可以通过热线电话为读者服务,邀请相关专家解答读者的问题;另一方面通过热线电话获取读者提供的新闻线索,通过热线电话倾听读者对所报道新闻事件的看法,尤其是一些有争议的新闻事件,可以通过热线电话了解大众的看法,把一些有代表性的意见刊登在后续报道里,这样普通读者的意见也可以上报纸,报纸变得平民化,让读者感觉更亲近的同时,还把报道做得更深、更透,产生较大的社会影响力。

2. 组织读者举办各种活动

时至今日,都市报的发展已经远远超越了一张报纸的局限。报纸更多的时候可以作为一个活动组织者而不仅仅是报道者,通过自身的人才优势和社会脉络,组织各种活动,整合资源,取得经济效益和社会效益的双丰收。

报纸各专刊尤其偏爱这种互动形式,比如组织读者参加各种活动,用丰厚的奖品吸引读者的参与。例如,现在很多都市报的汽车版与汽车销售商联合举办车展和试驾,吸引读者参与。《北京青年报》的《汽车周刊》通常采取这一方式。另外,一些结合行业举办的各种节日层出不穷,如车文化节、美食文化节等,通过这样的活动不仅可以拉近和读者的距离,还可以通过商家的赞助赚取不少广告费,可谓一举两得。

3. 让读者直接上报纸特别是副刊

副刊作为报纸的一个组成部分在都市报上得到发扬光大。都市报的副刊通常走感情交流和趣味路线。以《北京青年报》为例,前几年《北京青年报》记者安顿写的《绝对隐私》掀起了一股描写都市普通男女感情生活的旋风。很多都市报蜂拥模仿,纷纷开出专门的版面刊登都市男女感情生活的访谈。报纸在版面上留下记者的电话或QQ号,以便想要倾诉的读者与其联系。报纸上刊登的故事大多伤感,故事的主人翁要么感情失败,要么对生活充满了无奈。普通人的故事直接上了报纸版面,普通人成为报纸的报道对象,一来使报纸贴近了受众,二来也为有话想说的读者提供了一个宣泄场所,尤其受到年轻读者的欢迎。①

---

① 参见张蕾:《当今都市类报纸的新特点及其发展趋势》,《内江师范学院学报》2007年第22卷第一期。

二、近年来都市报发展中存在的问题

随着媒介市场化的不断推进,都市报在发展中也面临着一些问题,主要有:

(一)同质化倾向严重

面对同样的市场,同样的读者群体和目标受众,各家都市报使出浑身解数,拼命保住自己的发行量。在这种情况下,同质化的倾向越发明显。从内容到版面风格,都市报大都是一个模子刻出来的。都市报的短期迅猛发展使其无法用心、花时间费精力培养一批优秀的编辑记者,所以采编力量的不足导致他们对国内外的突发事件不能做出及时的全面的报道,新华社通稿便成了一条捷径。在这样的情况下,不可能出现独家新闻。

同时在网络时代,资讯的发达使得媒体挖掘独家消息的能力大大受限。而厚报时代众多的版面又逼迫编辑们不得不绞尽脑汁去找内容填充。所以全篇转载或者换个标题转载就成为了行内较为普遍的做法。这种情况下,你有、我有、大家有,这样的局面使得大部分都市报出现内容同质化。

(二)虚假新闻抬头

为了吸引眼球,为了挖掘独家新闻,一些社会责任感缺失的都市报会编造虚假新闻,制造噱头,引起读者的注意。一段时间以来,在一些媒体上,虚假新闻频频出现,有关文化娱乐、体育和经济等方面的报道更是虚假新闻的"多发区"。有的捕风捉影、故弄玄虚,或把道听途说的小道消息、互联网上传播的未经核实的消息当成事实来报道,或把内部计划设想成已发生事实来披露。有的则夸大其词、背离事实,或望文生义以至违反常识,或把新闻事实"深加工"成新"事实",或一味追求标题"抓人"造成文题不符。有的甚至公然造假、凭空编造,借助社会纪实、口述实录、情景再现等手法,制造热点,夺人耳目。

(三)媚俗化、轻浮化倾向严重

为了争夺读者,一些都市报采用各种煽情化的手段制作标题,以迎合受众某些不良趣味。很多标题不再是情感的真实和自然流露,不再是纯真情感高度凝练化的表达,而是情绪化的虚张声势和矫情作态。轻浮、油滑、尖刻、冷漠等各种不健康的心理在版面上颇有市场,煽情化已是时下都市报标题的普遍趋势。有的突出一些灾难性、事故性新闻的刺激性、可欣赏性,有的淡化媒体舆论引导的天职,有的漠视人的痛苦和尊严,有的隐含错误观念。在普遍的煽情化追求中人文情怀被弱化了,甚至消解了,影响的不仅仅是一篇好新闻或者一个好标题的诞生,还有一家媒体的品格和声誉,甚至是整个社会舆论以及大众文化的健康发展。有些文化人士甚至痛斥这种肆意煽情以哗众取宠的做法是"传媒流氓主义"[①]。

---

① 赵国政:《关于都市报版面设计的思考》,《山东师范大学学报》(人文社会科学版)2002年第3期。

三、都市报的"主流化"之路

广告市场低迷和同质报纸竞争的双重压力,使都市类报纸面临着生存和成长的危机和困境。为了突破这种困境,都市类报纸纷纷寻求出路。进入新世纪以来,"主流媒体"成为中国新闻界一个频繁出现的关键词,无论是学界还是业界都在理论上或实践中探索都市类报纸迈向"主流媒体"的可能性和现实性。

(一)新闻的"再硬化"

之所以说新闻的"再硬化",是因为都市报的这种选择颇有无奈之意。都市报创办之初,完全摆脱机关报的办报模式,以补"机关报之不足"为己任,大力倡导"软些软些再软些",走出了一条"飞入寻常百姓家"的成功之路。① 然而,进入 21 世纪之后,随着报业竞争的加剧,特别是大量都市报的涌现,报纸同质化的现象日趋严重,"千人同面"的局面形成了一个没有特点的都市报群体。对于渴望获得更多重要新闻和有价值信息的读者来说,"新闻过软"已成为他们不满意的主要原因,同时也成为都市报发展的屏障。

于是,"硬化"成为都市报内容上的新选择。所谓"硬化",就是强化时政新闻和经济新闻,将都市报与机关报的特点融合起来,造就新的主流媒体。如《华西都市报》对此作出回应,提出"二次创业"的设想,在原来颇具晚报性质的都市报的基础上,打造全新的严肃报纸。

(二)重视新闻公信力

真实是新闻的核心本质,建立在事实基础上的新闻事件,通过新闻媒体的报道,展现给大家看。对一个媒体公信力的判断就在这个过程中进行,公信力的建立需要很长的时间,有时候一个媒体的公信力在经年累月中培养、巩固,而"一招不慎,满盘皆输",公信力是"易碎品",对新闻事实的判断和报道出现哪怕是一丁点儿的虚假,可能会导致辛苦营造的"公信力大厦"瞬间土崩瓦解!

都市报在激烈的市场竞争中曾一度出现过度追求"眼球效应"的问题。为了争夺新闻来源,为了吸引注意力,部分都市报抛弃了新闻真实性原则,通过制造假新闻来换取暂时的关注,最终却导致自身公信力严重下降。

其实重视新闻公信力很简单。重视新闻公信力,就要从新闻的真实性入手,恪守新闻职业精神和职业道德,坚持新闻的真实性原则,在客观、公正、公平的基础上,及时、准确、全面地采访写作和编辑处理新闻。

公信力的另一个培养渠道就是"立言"。这里讲的"立言"就是都市报开辟言论专栏,通过辛辣、权威、鞭辟入里的评论,透过现象看到本质,指引读者进行价值上的判断。都市报中专门开辟言论专版颇具代表性的就是《新京报》。《新京报》在京城刚刚上市时,就以其新颖的言论版吸引了很多读者。该版既讲究权威性,即约请相关领域权威专家对相关现象进行解读;又讲究参与性,鼓励市民阶层针对本市发生的社会事件进行评论,发表自己的看法。

---

① 李健吾:《向主流媒体进军——都市报发展趋势谈》,《新闻战线》2007 年第 6 期。

实践证明,这样的"立言"形式,建立了权威性的同时,鼓励了市民参与的热情,有利于报纸公信力的培养。

当然,要求媒体报道在任何条件下都保证百分之百真实是不现实的。在媒体报道出现事实差错、观点错误时,媒体应及时、真诚地采用多种方式更正错误,消除不良影响。这是媒体保证新闻真实性,维护自身公信力的重要方法。

(三)着眼人文关怀

一家成熟的媒体,必然是一个以人为本、尊重人权、彰显人性、弘扬人道的媒体,这与构建和谐社会息息相关。反映在新闻报道上,就是抛弃那种煽、色、腥的语言,回归平实,回归人文关怀。不再将受害者的悲惨作为报纸的卖点、新闻的噱头,不再将弱势群体的眼泪作为廉价的诱饵换取大众的同情。在新的历史条件下,新闻的人文关怀,已成为媒体记者、编辑的着眼点,成为媒体提高自身文化品位、塑造良好形象乃至提高市场竞争力的关键,也成为一家媒体成熟的标志。许多都市报将竞争的着眼点投向了人文关怀,投向了社会活动,投向了公益事业,投向了弱势群体。都市报的责任意识、大局意识、服务意识明显增强,民生新闻和服务类新闻受到空前重视。[①]

---

① 参见李健吾:《向主流媒体进军——都市报发展趋势谈》,《新闻战线》2007年第6期。

第七章

期刊编辑与策划

第一节 期刊的发展与种类

一、期刊的界定与主要特征

(一)期刊的界定

什么是期刊？我国权威工具书《辞海》对期刊作如下界定：期刊又名"杂志"。定期或不定期的连续出版物。每期版式基本相同,有固定名称,用卷、期或年、月顺序编号出版。

联合国教科文组织1964年11月19日在巴黎举行的大会上通过决议对期刊所下定义是：凡用同一标题连续不断(无限期)定期与不定期出版,每年至少出一期(次)以上,每期均有期次编号或注明日期的称为期刊。

国家新闻出版署1988年颁布的《期刊管理暂行规定》对期刊的界定是：有固定名称、用卷、期或年、月顺序编号,成册的连续出版物。

"期刊"一词来源于英文的"periodical",意思是定期的、周期性的出版物。将"期刊"与"杂志"作为同义词使用,在我国无论是管理部门或是民间,已是非常普遍的。两个术语所指的是同一种事物,只不过称其为"期刊",强调的是刊物的刊期及出版周期;称其为"杂志",则在强调刊物内容的包罗万象。

"期刊"之称,是近几十年才在我国流行的。在1949年中华人民共和国成立之前,对这种用同一名称、分卷期成册的连续出版物,一直是称作"杂志"而很少称之为"期刊"的。如文化界曾定1936年为"杂志年",而不是定为"期刊年";旧版《辞海》的词条中,只收有"杂志"条而未收"期刊"条。而如今,我们已经习惯于"期刊"这个称谓了。

期刊发展到今天,已经成为一种主要利用文字诉诸读者的大众传播媒体。它能简便、快捷地记载和报道各种最新文化、科技成果,进行思想文化交流,在人们日常生活中产生重大作用。

我们可对期刊作如下界定：期刊,是一种定期连续出版的出版物,它按一定的方针编辑,刊登众多作者多样内容的文章，并以固定刊名、相对固定的形式顺序编号、成册出版。

(二) 期刊的主要特征

按照上述对期刊的界定，我们可以探讨期刊的基本特征：

第一，期刊是连续性定期出版物。所谓"连续性出版物"，指的是用同一名称，以卷、期或年、月、日顺序编号连续出版的出版物。连续性出版物都具有这样一种特征，即无预定终结期，似乎具有无限延续性。但实际上，总有一天会停止出版。只是期限之长短，事先是未曾预定的。

定期出版指的是各期之间的出版间隔期是固定的。期刊按出版时间分为半年刊、季刊、双月刊、月刊、半月刊、旬刊、周刊等，这就是期刊固定的连续出版的刊期。按照有关规定，我国现在期刊的"增刊"每年只允许出版一期，所以期刊的"增刊"也是定期出版的。出版增刊的宗旨、开本和发行范围应当与正刊一致。

第二，期刊是有一定编辑宗旨的。期刊虽然是一期一期陆续编辑出版的，但是它都是有一定出版目的和编辑宗旨的，或政治，或经济，或科技，或文化，或娱乐，不可能有无任何编辑宗旨的期刊。

第三，期刊内容多样，作者众多。期刊要容纳许多篇文章，要容纳主题不同、题材不同、观点不同以至体裁不同的，篇幅或长或短，或文或图或表等各式内容的文章。

期刊内容的多样性特征又是与编辑宗旨结合在一起的。期刊内容的多样性是在统一的编辑宗旨下的多样性；期刊统一的编辑宗旨要在期刊内容的多样性中得到体现。这两种特征是互相制约又互相促进的。内容的多样性特征，还体现在这些内容多样的文章，一般是由众多作者撰写的。

第四，期刊是有固定名称和发行范围、用印刷或非印刷手段、用纸张装订成册的。期刊是有一定发行范围的，或公开发行，或内部发行，或在某一系统某一单位内发行，没有固定发行范围的出版物不是期刊。期刊都是装订成册的，只有在特殊条件下例外。

二、期刊的发展

(一) 期刊的出现

现代期刊品种繁多，它与书、报纸共同构成出版物的三大支柱。在书、报纸、期刊三种出版物中，期刊的历史最短。一般认为，1665年法国巴黎出版的《学者学报》(*Le Journal des Scavans*，后来刊名改为 *Le Journal des Savants*)是世界上第一份期刊。英国最早的期刊出现在1665年，那是英国皇家学会出版的名为《哲学会报》(*Philosophical Transactions*)。只不过比法国的《学者学报》晚出两个月。

《学者学报》刊名中所用的 Journal 一字，现在仍在沿用，但多用于学术性期刊。在我国，与 Magazine 一词一样，往往都译作"杂志"。Magazine 一词，源于阿拉伯文 Makhazin，本是仓库之义，现在 Magazine 一词还用以指武器、弹药、炸药等军火库。Magazine 从军火库之义引申发展而有知识库之意，知识库中包括有经济、哲学、军事、天文、理化等，就好像军火库中有武器、炸药、弹药一样。Magazine 有了知识库之义后,就很容易再延伸而用来称呼杂志了。因为杂志——期刊中包括各种各样的知识,就像一座知识库。

但用 Magazine 称杂志——期刊,却是晚至 18 世纪的事。1731 年,英国人爱德华·凯夫(Edward Cave)在伦敦出版的期刊名为 Gentleman's Magazine 首先使用了 Magazine 的称谓。这本期刊包括内容迥异、体裁不同的多篇文章,具有"杂"的特征,堪称是第一份现代杂志。美国的期刊始于独立前的殖民地时代,1741 年布雷德夫(Andrew Bradford)出版了《美洲杂志》(American Magazine)、富兰克林(Ben. Franklin)出版了《一般杂志》(General Magazine)。但出刊时间短,读者也有限。美国独立战争时期,只出版了五种期刊,出版时间也不长。直到 1783 年美国独立战争结束后,期刊才逐渐发展起来。

19 世纪后,期刊在各国获得发展,既有综合性期刊,又有各种专门性期刊、专业性期刊,文摘性期刊也出现了,最著名的如德国的《化学文摘》、英国的《科学文摘》等。

(二)中国期刊的出现

我国的报纸具有悠久的历史,早在唐玄宗开元年间即距今一千二百年前就有了邸报。但我国的期刊却产生较晚。

最早创办的近代中文期刊《察世俗每月统记传》(英文刊名为 Chinese Monthly Magazine)是由英国传教士罗伯特·马礼逊于 1815 年在马六甲创办的。它在马礼逊的主持下,由米怜主编,并由中国的基督教徒梁发等人参与,它是以中国人为主要读者对象的近代第一份中文期刊。这份刊物主要用来宣传基督教,也介绍一些其他知识,并注意针对中国读者的需求,所用语言和写作形式,力求便于中国读者接受,见图 7 – 1)。

《察世俗每月统记传》虽然是最早的中文期刊,但是它却是在境外创办的。最早在中国境内创办的中文期刊,是普鲁士传教士郭士立于 1833 年在广州创办的《东西洋考每月统记传》(英文刊名却是 Eastern Western Monthly),内容以介绍西方科学技术等为主,也介绍中国古代文化。

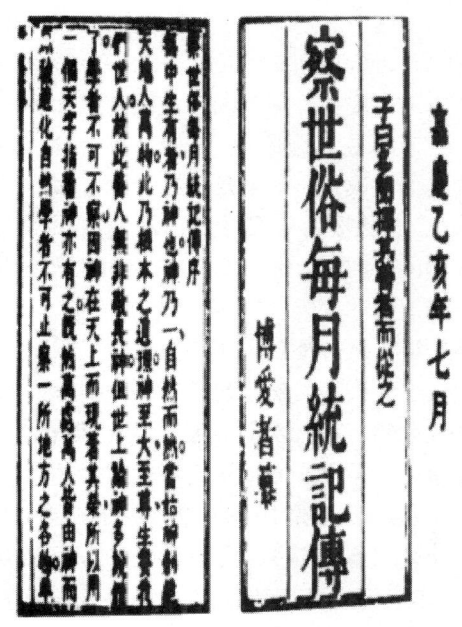

图 7 – 1　1815 年《察世俗每月统记传》创刊号

上述这些发轫时期的刊物,还都是雕版印刷的。1828 年于马六甲出版的《天下新闻》(Univeral Gazette),才用活字印刷。这份刊物不仅是第一份活字排印的中文期刊,内容也更接近现代的综合性期刊。但直到此时,中文期刊还没有把 Magazine 译成"杂志"作为刊名的。中国第一份命名为杂志的期刊,是 1862 年创刊,由英国人麦哥万(John Macgowan)主持的《中外杂志》。但它的英文刊名中却没有 Magazine

一词,而是 Shanghai Miscellany。

中国早期的期刊,还有1854年美华书馆在宁波创刊的《中外新报》半月刊、1857年墨海书馆在上海出版的《六合丛谈》月刊等。19世纪70年代,期刊逐渐多起来了,有1872年创刊的《中西闻见录》、1874年易名的《万国公报》、1876年创刊的《格致汇编》,其中以《万国公报》影响最大。《万国公报》(*The Review of the Time*)并其前身《中国教会新报》等计算,一共出版了三十多年。1889年成为美英官商传教士组织广学会的机关刊物,每月出版。长期由美国传教士林乐知(Young J. Allen)等主持笔政,对当时的维新派和戊戌变法运动都有很深的影响。

无论从"杂志"之名来自英文 Magazine 的对译,还是从早期杂志全是由外国人(许多是传教士)创办来看,都清楚地说明,杂志、期刊这种出版形式,是由西方传到中国的。①

(三)中国期刊的发展

1. 早期的期刊

中国近代的期刊活动,如果从1815年创办的《察世俗每月统记传》算起,到1896年维新派办的第一份期刊《时务报》止,其间80余年,虽然创办了一些期刊,但大都是外国传教士创办的。这个时期,是中国期刊的萌发期,即初创期,是中国期刊史的序幕。而"维新运动时期是中国近代期刊史的正式开端,它结束了外国人在中国垄断创办期刊局面的旧时代,开始了由中国人提笔挥写我国近代期刊史壮丽画卷和首创民间办刊,并议政、参政的新时代"②。

中国早期的期刊,是曾有意识地用作宣传工具的。戊戌政变后,维新派借创办报刊来宣传他们的政见。如梁启超在日本主编的《清议报》旬刊,倡议"尊皇"、"保皇"等,其后他又主编《新民丛报》,号召"维新吾民",介绍西方文化。而由孙中山撰写发刊词的《民报》,柳亚子主编的《复报》,马君武、陈去病、柳亚子等人撰稿的《醒狮》等,都是倡导革命的喉舌。中国早期期刊的兴起,是社会变革的需要,反过来又对社会变革起到了推动的作用,在唤醒群众、组织群众及传播新思想等方面,期刊起了很好的作用。

这一时期虽然也出版了一些科学期刊、学术性期刊,但期刊仍然大多是以政治性问题为主要内容。第一次世界大战爆发,期刊才逐渐重视讨论人生问题。第一次世界大战时期,也正是中国革命步入新民主主义革命的时期。这一时期,影响最大的,当首推《新青年》。

《新青年》是1915年9月在上海创刊的,创刊时的刊名为《青年杂志》,1916年才改名《新青年》。《新青年》原由陈独秀主编,后来实行轮值主编,主编者有陈独秀、钱玄同、刘半农、胡适、李大钊、沈伊默等。它高举民主与科学的旗帜,发动了一场以反对旧道德提倡新道德,反对旧文学提倡新文学为主要内容的波澜壮阔的新文化运动,对整个中国思想文化界的革命产生巨大影响。1919年以后,大量刊登介绍十月革命和宣传马克思列宁主义的文章。从1920年9月第8卷起,成为上海共产主义小组公开宣传的机关刊物。中国共产党成立后,

---

① 徐柏容:《期刊编辑学概论》,辽海出版社2001年版。
② 陈江:《爱国主义的颂歌——维新运动时期的期刊》,《出版史料》1992年第2期。

《新青年》一度成为党中央的机关刊物。1922年7月休刊。1923年6月复刊后改为季刊,成为中共中央的理论性机关刊物。1926年7月停刊。

1918年,李大钊在北京创办了《每周评论》,以"主张公理,反对强权"为宗旨,进行了反帝反军阀的宣传。1919年,毛泽东主编的《湘江评论》创刊。1921年中国共产党成立后,出版过党刊《向导》、团刊《中国青年》等。其他在此前后出版的较有影响的期刊有《努力周报》、《现代评论》等。文学期刊则以《小说月报》影响最大。《小说月报》本为"鸳鸯蝴蝶派"刊物,1921年起由沈雁冰、郑振铎接编后,改革成为文学研究会的重要刊物,也是一种大型新文学期刊。

第一次世界大战后,期刊讨论人生的内容受到重视,宣传新文化、新思想的文章更占有主导地位。期刊已成为宣传新思想、新文化的尖兵了。这一时期,期刊数量也有所发展。据不完全统计,1919—1927年,全国共有期刊526种,其中周刊122种、旬刊26种、半月刊36种、月刊170种、双月刊5种、季刊33种。① 如,1926年2月上海良友公司创办人伍联德在上海创办画报《良友》,这是20世纪第一本大型综合型画刊。《良友》封面多以美女作为招牌,但其内容展现的是中国20世纪20年代至40年代社会风尚,见图7-2。

图7-2 《良友》封面

2."二战"前后的期刊

中国期刊发展的历史从五四运动延续到20年代末,再发展到30年代前期,又出现了一个热潮。时人称之为"期刊热"或"杂志年"。尤其是1932年"一·二八"事变以后,期刊数量猛增。②

20世纪30年代,综合性、时事性期刊如《东方杂志》等继续出版,其他影响较大的期刊还有《新中华》、《国闻周报》、《申报月刊》、《申报周刊》等,而影响最大的综合性、时事性期刊,则莫过于邹韬奋主编的《生活》周刊了。在抗日救国高潮中,其发行量最高曾达十五六万份,远远超过其他期刊的发行量,见图7-3。

这期间,各种专门性期刊如妇女期刊、学生期刊、少年儿童期刊、自然科学期刊及文学期刊等,品种繁多。1930年,中国左翼作家联盟在上海成立后,由左联盟员主持的期刊就有《萌芽月刊》、《拓荒者》、《文艺新闻》、《北斗》、《文学月报》、《前哨》(第2期起)改名《文学导报》

---

① 徐柏容:《期刊编辑学概论》,辽海出版社2001年版,第29页。
② 宋应离:《中国期刊发展史》,河南大学出版社2004年版,第151页。

等，成为反文化"围剿"的前哨。

此外，还出现了被称为"杂志的杂志"的新型期刊，这种期刊不是供发表新作的，而是摘刊全国各种期刊的精粹。当时出版的这种期刊规模也相当大，有胡愈之主编的《月报》、孙寒冰主编的《文摘》。

20世纪30年代出版的期刊，内容涉及面广泛，读者的覆盖面也相当广。各种期刊大都由书店出版。各大书店在出书之外，很重视出期刊。

1937年抗日战争爆发后，由于环境艰苦及物资匮乏等种种条件限制，许多期刊难以为继，数量锐减。原来的大型期刊，或停刊、或改出篇幅大大缩减的战时版。到20世纪40年代，战争使全国分割成若干区域，而重庆和桂林则渐成为具全国性的文化中心，出版的期刊也最多。

抗战胜利后，期刊的出版渐有复苏之机，出版了许多宣传民主、进步的期刊，它们反映了当时人心所向：要和平、要民主、要进步。

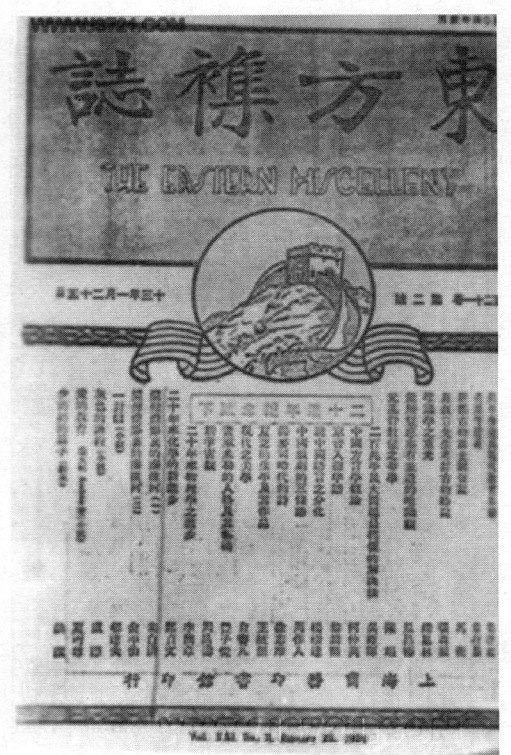

图7-3 《东方杂志》封面和原文首页

这时较为重要的文学期刊是上海出版的《文艺复兴》，这份期刊已接近大型期刊，由郑振铎、李健吾主编，也是一份综合性文学期刊。此外，还有由商务印书馆出版，朱光潜主编的《文学杂志》等。

20世纪40年代抗战胜利后的几年，也是国内民主与独裁、和平与内战斗争剧烈的几年，大多数期刊也都投身于这场斗争之中，争取民主、和平，很好地发挥了期刊的战斗作用。在这种形势下，期刊出版势头又受到国民党政府的种种摧残，期刊复苏之势，受到很大遏制，直到新中国成立前夕，也未能真正得到应有的发展。

3. 当代的期刊

新中国成立后，期刊出版走上了有计划稳步发展的道路。在1966年"文化大革命"前的十几年中，期刊发展的着重点在于内容的充实，质量的提高上，而不在于数量的增长。在这期间，期刊已形成全国性期刊与地方性期刊两级。地方性期刊大致是以在本省、市发行为主。无论是全国性期刊还是地方性期刊，大体上都是各大类别各有一种，主要门类不缺。这种有计划的期刊布局显得比较整齐，可以避免重复浪费，也便于管理。这一时期的期刊，配合着党、政府、各人民团体的工作，在性质上成为党、政府和各种人民团体的喉舌。

这十几年间，影响较大的综合性期刊有：《学习》、《红旗》、《新华月报》、《新建设》、《中国青年》、《新观察》等，其中20世纪50年代出版的《学习》和其后出版的《红旗》影响又大，成为一般干部、知识分子学习的良师益友。影响较大的社会科学方面期刊有《哲学研究》、《历史研究》、《经济研究》等专业性期刊。文学艺术方面影响最大的是《人民文学》、《文艺报》,此外还有《诗刊》、《文艺学习》、《收获》等,见图7-4。

1966年"文化大革命"开始后,期刊和其他出版、文化事业一样,都受到很大的摧残,大量期刊被迫停刊。仅存的或新出的为数寥寥的期刊,减少到21种。

粉碎"四人帮"以后,特别是党的十一届三中全会后,期刊和整个出版事业重获生机,以前所未有的气势发展起来,形成今日可称为前所未有的高潮。

现今的期刊品种范围,比历史上有了很大的扩展。自然科学期刊在期刊中占了很大的比例。2003年,公开发行的期刊共9000余种,人均年拥有期刊2~3册。期刊的内容也在逐渐打破五六十年代的千

图7-4 《学习》1956年第10期

篇一律的面目,而走向多样化、个性化的趋势。此外,生活化、通俗化的期刊也有较快的发展,并且还有继续发展的趋势。

三、期刊的种类

对期刊的分类众说纷纭,我们可以从形式和内容两个主要方面给期刊分类。

(一) 按期刊形式分类

1. 按刊型分类

这种分类法,主要着眼于期刊的篇幅。期刊按刊型分类,一般分为大型期刊、中型期刊和小型期刊。所谓大型期刊,指的是篇幅较多的期刊。中型期刊篇幅较少,小型期刊篇幅更少。例如在我国,人们一般把《十月》、《当代》等称为大型期刊,而《小说选刊》、《家庭医生》等称为中型期刊,《故事会》、《小小说选刊》就只能算是小型期刊。

2. 按开本分类

这种分类法,是着眼于期刊开本大小而分的。按中国常用开本,一般把期刊分为大16开本、16开本、大32开本、32开本等。按开本分类与按刊型分类,常常是有连带关系的。这是由于开本和刊型往往是相互呼应的。在中国,大型期刊一般都采用大开本如16开本,而几乎没有采用如32开那样小开本的。而小型期刊则往往采用32开本而较少采用16开本或更大开本的。这不只是出于习惯,也有其内在依据。大型期刊如用小开本,就与其大型不甚相称;而且大型期刊刊载文章多较大篇幅,开本太小的话,读起来翻页过勤也不方便。反之,小型期刊用大开本同样与其篇幅偏少不相称,而且小型期刊多刊载短文,开本过大版面结构编排起来也不方便。

可见，一本期刊的刊型大小和开本大小虽只是形式问题，但却要由内容决定。理论、学术性期刊、刊登中篇小说为主的期刊，篇幅较多，一般为大型、大开本，而通俗性期刊或青少年期刊篇幅较少，一般为小型、小开本。

2000年1月3日，新闻出版署下发了《关于实施〈图书和杂志开本及其幅面尺寸〉国家标准的通知》（新出技［2000］1号）推荐使用国家技术监督局发布的新标准，该标准编号和名称为GB/T 788－1999图书和杂志开本及其幅面尺寸（代替GB/T 788－1987）。"通知"规定该标准自当年5月1日起实施。同年1月31日，新闻出版署下发了《关于实施〈图书和杂志开本及其幅面尺寸〉国家标准的函》（新出技［2000］113号），要求中央国家机关各有关部委协调开展该项标准的实施工作。期刊开本及幅面尺寸应按以下我国国家标准（GB/T 778－1999）执行（单位：mm）

系列	未裁切单张纸尺寸	已经裁切成开本	
		代号	公称尺寸（允差±1mm）
A	890mm×1240mm	A4	210mm×297mm
	890mm×1240mm	A5	148mm×210mm
	890mm×1240mm	A6	105mm×144mm
	900mm×1280mm	A4	210mm×297mm
	900mm×1280mm	A5	148mm×210mm
	900mm×1280mm	A6	105mm×144mm
B	1000mm×1400mm	B5	169mm×239mm
	1000mm×1400mm	B6	119mm×165mm
	1000mm×1400mm	B7	82mm×115mm

上表规定了期刊的开本及其幅面尺寸，但其标准只适用于一般期刊，不适用于需要采用特殊开本的期刊。上表中A和B表示开本尺寸系列的代号，期刊开本由原来787mm×1092mm的1/6，即16开188mm×260mm改为通常所称的大16开210mm×297mm。新标准取消了"开"的概念，代之以A系列和B系列，大16开尺寸与常用A4复印纸尺寸相同，有些32开期刊的新标准也应使用大32开即148mm×210mm（与A5复印纸相同）。B系列标准虽然列入国际系列，但我国目前没有适用。也就是说，上表中A和B代号后面的数字，表示将全张纸对折长边裁切的次数，"M"表示纸张的丝绺方向与该尺寸边平行。[1]

有两个问题需要说明的：一是GB/T 788－1999仍属推荐性国家标准，其原因是我国原来实行的GB 788－1987标准实施状况不佳，还需要适当过渡，故尚未作强制执行标准实施；二是目前有相当多的期刊使用的16开本尺寸为210mm×285mm，其原因是我国进口的部分纸张不是严格的国际标准，一些期刊社在有关书刊定点印刷厂复印时选择不当。

---

[1] 张天定、郭奇：《编辑出版学》，河南大学出版社2003年版，第218页。

3. 按刊期分类

期刊是定期连续性出版物,其定期有长短的不同。按刊期的长短不同,期刊可分为季刊、双月刊、月刊、半月刊、旬刊、周刊等。从刊期来分类只是就其刊期长短的共性着眼,其意义却不仅只反映刊期长短这一点。刊期的长短,一般说来,也正是这一期刊物最佳时效的期限。以刊期分类,实际也可说是以其最佳时效长短分类。因此,刊期到底定多长为好,决定因素之一,便是期刊内容的需要。例如,时事性期刊,由于时事的时效性很强,刊期就不宜过长;学术性期刊相对于时事性期刊来说时效性要求不高,刊期就不必过短。

我国现在的期刊中有月刊 3151 种,占期刊种数 34.73%;双月刊 2857 种,占期刊种数 31.49%;季刊 2234 种,占期刊种数 24.62%。① 可见,我国期刊以月刊、双月刊和季刊占主要部分,旬刊、半月刊和周刊较少。按刊期分类也与刊型有关,例如,刊型的大小与刊期的长短,总的说来是成正比的。大型期刊的刊期往往较长,小型期刊的刊期往往较短。

4. 按办刊级别分类

我国期刊按照办刊级别一般把期刊分为三级,即中央级(国家级)期刊、省级期刊、地市级期刊。中央级期刊一般是指国家各部委主办的期刊,或者是国家权威出版社、中国社科院、中国科学院主办的期刊,例如《人民文学》、《中国语文》、《中国实用医药》、《中国科学》等都属于中央级期刊。而省级期刊是各省有关部门主办的期刊,例如《辽宁青年》、《云南法学》、《山西科技》等。地市级期刊如《佛山文学》、《深圳周刊》等。

我国期刊管理部门近年来还把期刊分为全国百家社科优秀期刊、省优秀期刊、一级期刊、二级期刊、三级期刊等级,这也是按级别给期刊分类的一种形式。

5. 按发行途径分类

我国期刊按发行途径可分为公开发行期刊和非公开发行期刊两大类。公开发行的期刊由国家报刊管理部门颁发期刊出版许可证,有国际、国内标准刊号,可在国内、外公开发行,也可刊登广告或搞其他经营活动。非公开发行的期刊又称为非正式期刊或称内部期刊(简称"内刊"),它的创办不由新闻出版署审批,而是由各地新闻出版管理部门自行掌握。新闻出版署下发的《内部资料性出版物管理办法》(新闻出版署署长第 10 号令,1997 年 12 月 30 日)第六条规定:"内部资料性出版物严格限定在本系统、本行业、本单位内部交流,不得收取任何费用,不得刊登广告,不得在社会上征订发行,不得传播到境外,不得拉赞助或搞有偿经营性活动,不得用《准印证》出版其他出版物,不得与外单位以'协办'之类形式进行印刷发行等。"

按发行途径,期刊还可以分为邮发期刊和非邮发期刊。邮发期刊是指由国家邮政部门统一向国内外发行的期刊,由各地邮政局负责全国征订,统一发行。邮发期刊必须是国家报刊管理部门批准公开出版的期刊。每家期刊有一个"邮发代号",这是邮政局为方便读者订阅而确定的,例如《读书》的邮发代号是"2-275",前一个数字代表期刊出版地,"2"指北京市,后一个数字是该期刊代号。非邮发期刊指期刊社或自办发行或通过新华书店或通过个

---

① 中国期刊协会、期刊研究所:《中国期刊产业发展报告》,社会科学文献出版社 2005 年版,第 2 页。

体书商发行的期刊。为了扩大期刊的发行量，我国许多邮发期刊同时也通过非邮发期刊渠道发行自己的期刊。

（二）按期刊内容分类

1. 按读者对象分类

期刊内容的不同，往往是根据不同读者对象的不同需要而决定的。读者是一个十分广泛的概念，每个读者又有着十分复杂的多重属性。从其不同属性、不同方面又可以作多种多样的分类，例如按性别、年龄、职业等分类。

按读者性别分类。以性别分类，历来是将妇女期刊专作一类。世界各国都有很多专供、或者主要供妇女阅读的期刊。早在18世纪的英国，《淑女使者》、《女旁观者》、《淑女周刊》等妇女期刊就出现了。妇女运动的兴起与发展，更是对妇女刊物的发展繁荣有直接促进作用。美国众多期刊中发行量最大的就是妇女与家庭一类期刊。中国也早就有了妇女杂志，20世纪二三十年代商务印书馆出版的《妇女杂志》、生活书店出版的《妇女生活》等都影响较大。现在，除了妇女期刊，还出版了专门以男性为主要对象的期刊。

按读者对象年龄分类。过去主要是划分出青年期刊与少儿期刊，近些年来，我国又出现了不少以老年人为读者对象的期刊，如《中国老年》、《老年天地》等，这是与我国老年人增多，许多地方进入或将进入人口老龄化的趋势分不开的。

按读者对象职业分类。有面向工人的期刊，面向商业工作者的期刊，面向军人的期刊等等。改革开放以来，中国又出现了不少面向企业家的期刊，大有后来居上之势。

2. 按期刊内容的性质分类

首先是就其内容是综合性的还是专门性而言，可以划分为综合性期刊和专门性期刊两种。期刊的特性之一就是内容杂，是多样性的统一。综合性期刊与专门性期刊之分，也只是相对意义的，即专门性期刊之专，是相对于综合性期刊而言的。当然，综合性期刊综合范围的大小，也是各不相同的，正如专门性期刊专的程度大小各不相同一样。例如《中国社会科学》、《社会科学战线》，相对于综合性期刊说，它们是社会科学专门性期刊；相对于历史、经济、哲学、政治等期刊说，它们又是综合性期刊。自然科学类期刊，同样也有这种情况，它们是综合中有专门，专门中有综合，或者可称之为综合性专门期刊或者专门性综合期刊。

专门性期刊可以有各种各样的专。如前面所讲的按读者对象分类，因性别、年龄、职业等不同针对专门读者对象出版的期刊等，也带有专的性质。此外，还包括如专门刊载有关某种学科、某一门类、某种体裁、某个方面文章的期刊。专门性期刊中的专业性期刊，即某一专业、某一学科的期刊，占有很重要的位置。专业之中包括许多方面，学科之下还有分支学科，因而专业、学科范围也有大有小，因具体期刊而各有不同。而且现今不但各种学科分支越来越细，新学科，交叉学科还在不断出现，因而专门性期刊的发展前途是相当广阔的。

按期刊内容的性质分类，还可以根据科学的两大门类划分为自然科学期刊和社会科学期刊两大类。由于目前文学艺术期刊的数量往往较多，也可以将文艺期刊专门划为一类,而分为自然科学期刊、社会科学期刊、文艺期刊三大类。此外,按期刊内容性质还可以分为理论学术性期刊、文化知识性期刊、文学艺术性期刊、文选文摘性期刊、生活娱乐性期刊等。

3. 按内容层次分类

按期刊内容层次分类通常分作高级性期刊、一般性期刊、通俗性期刊三类。高级型期刊,往往是带有学术性的期刊,高级性期刊多以高级知识分子、领导层等社会精英读者为对象。国外称之为 Journal 的期刊,大多可以归为此类。如今一些专刊是时事性、评论性的期刊,多称之为 Journal 而不作 Magazine 了。国外还有一些刊名标作 Review 的评论性期刊,大多也可归入此类。从我国现在期刊来看,像《哲学研究》、《历史研究》、《读书》等,都可归入此类。

通俗性期刊就是普及性期刊,是面向大众的。像我国现在的《半月谈》、《大众电影》、《科学画报》、《大众医药》等都可归入此类。西方划分通俗性期刊时,还包括了那些庸俗性期刊,如被称作 Grossover Magazine 的时装、流行音乐、汽车等生活方面的通俗期刊,被称作 Pulp Magazine 的滑稽乃至色情的粗糙廉价刊物,以及所谓 Yellow Journalism——即黄色期刊等等也在内。

黄色期刊是我们"扫黄"的对象,在对我国期刊分类时,不应把它归入通俗性期刊之列。但一些娱乐性期刊、生活方面的通俗期刊、滑稽期刊,还是可以划归此类的。

一般性期刊指的是面向一般读者、内容既非高级的也非通俗的。也就是说,不属于高级性期刊也不属于通俗性期刊的,就都属于一般性期刊了。

第二节　期刊编辑策划

策划是现代公关学、广告学、企业管理学和 CIS 理论的重要概念。在市场经济大范畴内,策划理论和策划活动几乎可以渗透到所有的产业和事业之中。作为精神产品的期刊,在其运作的每个环节中,自然也是离不开策划的。在期刊如林的信息社会中,一个不重视或不善于策划的期刊,很难办出自己的特色,也很难赢得读者喜爱和市场认可。因而,期刊策划是期刊总编和编辑们不得不认真研究的课题。期刊策划是一种宏观性的决策和设计工作。期刊策划包括许多环节和方面,从大的方面说,主要有编辑策划和营销策划两个方面,本节只谈谈期刊的编辑策划。

编辑策划是一种构想或理性思维程序。期刊策划就是要着力找出其不同于其他期刊的特殊性,树起一杆标异立新的旗帜。这种特殊性是其赢得读者、安身立命的根本。具体说来,编辑策划是规划期刊编辑工作的思维活动,包括主题、重点、布局、结构、运动等以及与其相统一的表现形式、风格等。期刊是连续性出版物,作为连续性出版物,在编辑思想、编辑工作上,自然也应体现其连续性。如果期刊没有编辑策划,那么这种连续性就只能靠偶然的巧合而没有必然的依据。

一、期刊的定位

定位这一概念最早来于营销界。定位就是一种产品在市场环境与消费者心理环境中的位置。期刊的定位就是要确定自己这家期刊在社会上的位置,在同类期刊中的位置。只有明确自己的位置,期刊的编辑构思才会有一个坚实可靠的基点,才能产生"整体效应"。定位是期刊成功与否的最根本问题,只有定位准确,才能有自己独特的风格而自成一家,才能在市场上有较大的竞争优势。

作为精神产品的期刊,要想赢得稳定的服务对象并长久地生存下去,必须通过定位,在刊林报海中寻找到能够生存的空间并不断拓展它。即使是一种创办已久并拥有相当数量读者的期刊,面对竞争日趋激烈的期刊市场,也不得不重新审查、修订自己的办刊规划和既定目标,以适应当代期刊变革的需要。

期刊的定位包括以下方面:

(一)受众定位

受众是媒介产品的消费者,是新闻信息流通的终端,他们也是对信息、媒介以及传播者的检验者。期刊要达到预期的传播效果,就必须研究和分析受众,把握好对受众的角色定位。明确期刊的特定读者对象是哪些人,这是进行期刊编辑策划时至关重要的问题。如果主要读者对象不明确,读者需要什么也就不清楚,那么也就无法办好期刊。试图将全社会各行各业、各色人等都"一网打尽"的做法是不现实的。人们往往误以为读者面越宽的期刊发行量越大、影响越大,殊不知面向一般读者的话,固然人人可读,但正因为是人人可读而不是专供什么人读,也就可能人人都不读。除了要规定读者对象是什么,还要具体明确是哪个层次、哪一部分的读者。例如《三联生活周刊》的目标受众定为知识阶层中的白领和各大企业的中高层管理者,年龄在25—50岁之间。由于这部分人群收入稳定,事业处于上升期,关注时代发展潮流中重要思潮,对社会、经济、文化等方面发生的问题有敏锐的感受能力。

确定主要的读者对象,在期刊创办之前,就要调查清楚确定下来,期刊创办以后还要经常了解。只有这样,才能更好地为特定读者服务,受特定读者欢迎,发行量才会扩大,影响力才会增强。这种读者特定化趋势正是从读者面越宽越好的误区中走出来的结果。相反,如果只是大概了解自己期刊的读者对象,而对于主要读者对象并不是十分了解,那么就不清楚他们的兴趣、爱好、关注点,对稿件的处理也就没有了自己独特的依据,这是编辑工作的大忌。

(二)宗旨定位

我们要办的期刊是属于什么组织或部门的,是受哪一方面的具体领导和制约,这些情况就是期刊的属性问题。所办期刊是党刊、团刊还是学联或其他群众团体的刊物,是出版社办的还是某社团组织办的,属性不同,当然定位也就不同了。

所谓期刊的宗旨,是指办刊的目的、意图,也就是创办期刊的用意以及想要达到的要求等。确定办刊宗旨,就是刊物定位的明了化。期刊作为传播信息的精神文化产品具有多种功能,比如社会功能、教育功能、交流功能、信息功能、文化功能等。一种期刊,可能兼具多种功能,但一定有所侧重,以一两种功能为主。办刊宗旨不同,其功能的侧重点也不同。办刊宗旨一经确定,如同大海航行中的航标灯,办刊者就会明确地认识到自己的方向和职责,从刊物整体形象的设计、长期出刊规划、年度编辑计划、题材内容、栏目设置、版面编排到补白、题饰等细节,都会力图体现既定的宗旨,并逐步形成自己的风格。而有些期刊没有明确的宗旨,或趋时媚俗,或一味模仿,或像开杂货铺,或像断了线的风筝,这样不可能保证质量,更不可能形成自己的风格。

比如,《青年文摘》作为中国青年出版总社的社办期刊,延续了中国青年出版总社的宗旨,积极传播科学文化知识,以"引导青年,服务青年"作为自己的办刊理念。《青年文摘》将办刊宗旨确定为:"撷英集萃,有趣有益。"所谓撷英集萃,就是精选思想性、知识性、艺术性结合得好的文章,并且能够适合多数青年的阅读口味和需要。所谓有趣有益,就是使文章满溢乐趣,让读者愉悦生活,开阔眼界,增长见识,富足自心。《青年文摘》坚守这一宗旨,并始终把有益于青年成长和进步的题材放在刊物的首要位置,旨在为青少年打造一个丰富生动、健康向上的精神空间,从而形成了自己独特的风格。

(三)风格定位

风格是文艺理论范畴的一个名词,指一个时代、一个民族、一个流派或一个人的文艺作品所表现的主要思想特点和艺术特点。期刊也应有它的风格,一般认为是指它表现出来的独特的、统一的、一以贯之的个性、思想和艺术特点。邹韬奋先生早就说过:"没有个性和特色的刊物,生存已成问题,发展更没有希望了。"[①]期刊风格的形成需要从定位、确定宗旨到精心运作全线的一个创新和完善的渐进过程。但是,期刊一旦形成自己的风格,它又具有一定的稳定性。所以,一种期刊形成了自己的风格,也就是它成熟了的标志。

期刊的风格主要包括两层含义:宏观风格是指期刊的整体艺术特色,它包括期刊的封面、目录、内容、版式等诸多方面的设计;微观风格主要指篇目选择、编排方式、版式设计和图片、标题、装帧设计等多方面。在感性消费时代,受众的需求与满足,使功能性与时尚性达到统一。一本期刊要向立足于媒介多元化的今天,就要具有自己独一无二的期刊风格。只有独具个性、特色风格的期刊,才会受到广大受众的认同,才能在媒介多元化的今天立于不败之地。

《青年文摘》的风格是通俗易读又不流于肤浅,在朴实亲切的文风中达到引导青年的目的。它自创刊以来,以朴实亲切、淡雅清新的风格贯之,启迪性、哲理性、现代性和指导性并举,在期刊市场中独树一帜。《三联生活周刊》的风格总体上体现在"文化"与"生活"两个词上,表现出自己特有的"文化性"。它以新闻为由头,用文化资源来讨论生活的概念。将文字、图片与有关资讯有机结合,尽量在有限空间内安排丰富的阅读内容。从语气到版面,都极力模仿外刊,所有报道都强调优先获得人物故事或事件细节,注意培养记者各自独特的叙

---

① 邹韬奋:《韬奋文集》(第三卷),三联书店1978年版,第136页。

述风格,文字力求生动简洁而饶有兴趣。

这些刊物首先打出的这种个性是其他刊物所没有的,它们日积月累所形成和完善的个性能成为超出其他的期刊品牌。需要注意的是,风格的基础是特点、个性,要使期刊的风格日益鲜明、突出,就要在期刊编辑工作中,不断努力突出期刊的特点,强化期刊的个性。此外,风格是多方面、长时期积累形成的,因此创造期刊的风格应该坚持不懈。

二、栏目设计

现代期刊大都设置有若干栏目,将不同性质、内容的文章,分置于不同栏目之下,栏隔开来。每栏还有个名目,所以称之为栏目。也有的期刊分栏而不称名目,只在目录页上用空行之类方式栏隔开来,成为有栏无目,但其意义与作用也与栏目没有多少差别。栏目就是具有这样一种中介性的作用,它把分散的许多篇文章,先分别按其内容或形式等共同点,纳入不同的栏目中,化繁为简。然后再把这些互相有联系的栏目结构成一期期刊。

(一)栏目设置的作用

具体说来,期刊的栏目一般具有以下作用:(1)规范期刊的内容范围;(2)在一定程度上强化期刊的主题和风格;(3)指导采编人员进行选题、组稿、加工和编排稿件;(4)指导作者撰稿、投稿;(5)吸引和帮助读者阅刊;(6)有的期刊编辑部还把栏目的作用延伸到管理领域,用栏目作为采编人员任务分工的依据和界限,即以栏目分工负责制,或栏目分工承包制的形式,确定采编人员的工作任务。

(二)栏目的基本特征

具备这些作用的栏目一般有以下几个基本特征:

第一,从栏目在期刊中的地位看,它具有从属性和服务性的特性。栏目虽然具有十分重要的作用,但它在期刊体系中,必定不是占主导地位的因素。事实上,它的确定、发展和变化要受到许多因素的影响和制约,例如:办刊的宗旨、指导思想、方针、策略、原则、计划以及编辑出版的方式方法等等,这些对栏目的设置都有一定的影响。其中,起决定作用的是办刊宗旨。所以,我们说栏目及其设计工作最终要受办刊宗旨的支配,并为实现办刊宗旨服务,从而表现出从属性和服务性的特征。

第二,从栏目的内容看,它具有独立性和关联性的特点。在比较成熟的期刊中,各个栏目之间有着十分明显的区别。这种区别或表现在内容的重要程度上,或表现在内容范围上,或表现在内容范围的层次上,或表现在反映问题的角度上,或表现在所刊载文章的体裁上。

各个栏目都有其特定的内容,因而具有一定的独立性。但是,这种独立性只是相对的,每个栏目的内容都是其所属期刊整体内容的不可分割的有机组成部分。正是这种内在的有机联系,构成了期刊整体内容的统一体。栏目的独立性使期刊内容鲜明的个性化。关联性使期刊内容横向的全面化,系统性又使期刊内容纵向的完整化。这既是期刊栏目的一大特点,同时,也是期刊不同于其他出版物的显著特征。

第三,从栏目的表现形式看,它具有多样性和独特性的特点。期刊是一种综合性的出版物,即使是专业性较强的期刊,也是大学科中分支的综合。因此,期刊内容的"杂"就成了期刊一个突出的特点,这一特点决定了作为期刊内容的栏目种类和表现形式不可能是单一的,而是多种多样、丰富多彩的。

人们从各自的需要出发,根据不同的情况和标准,将栏目划分为许多的类型。例如,有的根据使用情况的不同,将栏目划分为固定栏目(每期都要刊载的栏目)和轮换栏目(每隔一定的期号就使用、刊载一次,或不定期使用、刊载的栏目);有的根据各栏目在整个栏目体系中所处的地位,划分为主干栏目(亦称骨干栏目)和枝干栏目;有的根据栏目的重要程度不同,分为重点栏目、重要栏目和一般栏目,还有的根据栏目内容所属的学科、专业,将栏目划分为政治栏目、经济栏目、科教栏目、文化栏目以及工业栏目、农业栏目、科技栏目、文教栏目等,呈现出多样性的特点。

第四,从栏目的运动过程看,它具有稳定性和重复性的特点。期刊栏目的稳定性和重复性主要表现在:在一定时期内,各个栏目特别是主要栏目在不同期号上连续使用,重复出现。不仅如此,各个栏目在期刊中的位置顺序也是相对固定的。当然,在期刊出版过程中,出版者有时为了在一个期号上突出某个主题,暂时不使用、不刊载某些与该主题联系不大的栏目,这种现象是有的,也是允许的。但这种现象只是暂时的、偶然的,并没有从根本上改变栏目连续使用、重复出现的规律。我们讲栏目的稳定性,并不是说栏目一经确定就绝对不能改变。事实上,在期刊出版过程中,根据变化了的主、客观情况,适时调整、充实一部分栏目是必要的,也是可以的,只是这种调整、充实不能太频繁,否则,不利于栏目作用的发挥和期刊风格的形成。

总而言之,从属性和服务性、独立性和关联性、多样性和独特性、稳定性和重复性是期刊栏目的基本特征。这些特征是对众多期刊的栏目特征的概括和抽象,说的是期刊栏目所具有的一般特征,而不是说任何一种期刊的栏目都具备这些特征。就某一具体的期刊而言,可能完全具备,也可能部分具备,还可能完全不具备这些特征。①

(三)栏目设计的方法

在期刊策划中,栏目设计是其中的重要一环。栏目设计反映出整体编辑思想、编辑手段和编辑水平,能够折射时代变迁、审美情趣及市场需要。那么如何设计期刊的栏目呢?

1. 要以期刊的方针任务、总体编辑策划为基础

期刊的方针任务、总体编辑策划既是栏目设计的基础,又是栏目设计的疆界。在设计中不仅要做到贯彻、体现,还要具有创造性。具有创造性才能体现期刊的个性,进而将其特色鲜明地表达出来,争取更多的读者。

2. 栏目设计要做到合理谋篇布局

个性化的栏目设计就像写文章,要进行谋篇布局,是采用单层栏目,还是多层栏目?其

---

① 田成:《论期刊栏目特征》,《出版发行研究》1999年第7期。

先后顺序如何？哪些是欲突出之"主干"？哪些是欲突出之"枝叶"？都要仔细斟酌，反复研究。个性化的栏目设计要围绕办刊宗旨、定位，结合文章内容、读者意见进行谋篇布局，坚持做到：排列有规律、宽度有长短。

（1）排列有规律。栏目有单层、多层之分。单层栏目为一级栏目，多层栏目为二级栏目，第一级栏目或称板块，第二级栏目或称子栏目。无论采用单层栏目还是多层栏目，都要按一定前后顺序排列，力求科学、合理、清晰、严谨。排列顺序或按内容轻重排列；或按内容涉及领域排列；或按文章体裁排列等。例如《软件工程师》的栏目设计就分为职场、学习、追求、生活等一级栏目和顾问、青春日记等二级栏目。

（2）宽度有长短。栏目内容宽度有长有短，分量有轻有重，在编排时要做到长短结合、重点栏目和辅助栏目结合。如《读者》文苑栏目宽度最长，分量最重，与其他栏目相比，刊载文章篇数最多，所占篇幅最长。一般说来，文苑、社会、人生、生活等栏目是重点栏目，知识、看世界、点滴、交流等栏目是辅助栏目。

3. 栏目构思要做到品牌固定

品牌栏目是刊物的标志，是期刊之所以挺立在市场上的一个重要原因，读者对它特别认同、特别亲切。读者可以忘掉许多期刊、栏目，唯有"这一个"难以忘掉。因此品牌栏目不仅要期期有、分量重，而且位置要固定。

4. 栏目个性化是变和不变的统一

栏目个性化追求，变和不变是由期刊特性、宗旨和读者需要决定的。对于已形成个性风格的，受到读者认可、广泛好评的栏目设计，一般不变或者说基本不变、少变。变的目的是增加新鲜血液，促进健康发展。而个性化尚未形成，市场认同不高，就需要不断磨合办刊思路，调整栏目设计以求最佳，进而形成自己的风格。

5. 栏目的名称要精练且具有宽泛的适应性

由于栏目及其名称具有相当稳定性，因而在栏目名称构思中，首先要考虑能概括本栏内容。能够让读者一看就知道内容是包括什么、不包括什么，有什么样的文章、没有什么样的文章。栏目名称只能是二三字、四五字，不能累赘，但这寥寥数字又要尽可能地体现栏目特色风格。它不像文章篇题那样是指定文章内容立题，而是立下栏目后再不断往栏中编刊文章。因此，栏目名称要有较宽泛的适应性，能够容纳品格类似而不全同的文章篇题。

三、期刊的选题计划

所谓选题，即编辑部为期刊文章所欲先拟定的题目，也就是指确定期刊要刊登的文章的题目或有关资料。这里所说的题目与文章标题不完全一致，通俗地说就是找题目。一期期刊包括哪些选题，实际上反映了这期期刊的主要内容。每期期刊出版前，都得根据期刊编辑方针，事先确定好一个个选题，所以通称"选题计划"，它是一期期刊内容的总体设计。

(一)选题的重要性

计划性是贯彻办刊方针和编辑思想的保证,是实现期刊总体设计和栏目整体设计的保证。而选题正是这种计划性的体现。如果没有选题计划做保证,编辑组稿是随意的或盲目的,那么办刊宗旨、编辑思想、总体设计、计划性就都谈不上。如果出现了这种情况,期刊的质量就没有保证,期刊成功更无从谈起。

1. 好的选题能充分体现期刊的导向功能

读者总是喜欢看新鲜、独特、发人深思的报道内容,渴望获取本学科、本专业最新研究成果,了解最新的发展动向。因此,具备独家特性的选题就有着非同寻常的吸引力和参考价值,可以满足读者求新、求知的欲望,是期刊形成自己特有风格和品位的主要手段之一。《瞭望》在党的十六大召开之前,连续6期没有离开"政治民主"这个话题。结果,政治民主成了十六大关注的热点,并作为重要内容写进了十六大的报告之中。后来各省市有关领导和部门在涉及政治民主的内容时,大都引用《瞭望》上的相关材料。可见,该刊物在选题上表现出了前瞻性,其导向作用名副其实。①

2. 好的选题能充分体现期刊的思想内涵

现今的读者,对那些呆板、单调、平面的报道持反感态度。而选题中的立体式、多元化、深层次的报道,为读者提供丰富的思想内涵,不仅让读者了解事实,还可以让读者知道背后的深层原因和真相,具有很强的说服力。号称是"中国最新锐的时事生活周刊"的《新周刊》推出的大型专题策划《中国不踢球》、《第四城》、《城市魅力排行榜》、《飘一代》等,通过题材选择、报道深度和图片运用三个维度构架了丰富的思想内涵,成就了鲜明的独创性、营造了较强的可读性,成为期刊市场上多个"叫好又叫座"且兼具欣赏和收藏价值的经典案例,确立了它在全国期刊市场的品牌地位。

3. 好的选题能充分展示期刊参与社会生活的能力

选题是通过研究社会生活得来的。期刊反映社会生活是否充分,参与社会生活是否有力,直接关系到期刊的权威和影响力。如《中国社会科学》关于重大社会现实问题的栏目,由于问题集中而且切中社会要害、贴近生活;稿件作者大都为本领域的知名学者,剖析问题的角度深而新,所设栏目吸引了读者的眼球,满足了读者的求知欲望。因此,产生了强大的学术效应,相应地引发了巨大的期刊影响力。

(二)选题策划应遵循的原则

1. 全局性原则

要提出好的选题,就应当胸怀全局,根据整个宣传工作的需要与可能多想点子。这里就需要深入理解党和政府的方针、政策、任务以及有关领导部门在一个时期内的工作要求。对

---

① 陈小华:《期刊原创性选题的功能体现和实施途径》,《锦州医学院学报(社会科学版)》2006年第4卷第4期。

党的政策理解水平的高低,直接制约着编辑制定选题。因此,作为期刊编辑,就要经常学习有关文件,经常同有关领导部门和业务部门联系,不断提高自身的政治水平和政策水平。

2. 针对性原则

现代传媒发展飞速,各种信息铺天盖地、杂乱无序,编辑就要有针对性有目的地进行信息收集,避免盲目性,做到有的放矢,不断满足读者的要求。期刊是办给读者看的,因此要研究读者的需要。读者喜欢什么?不喜欢什么?急需什么?心里在想什么?编辑必须了解,必须掌握。要在读者最关注的问题上做文章,同时,不仅要把握读者的既定需求,而且要把握读者的潜在需求,这样的稿件才能让读者的眼睛亮起来,激起读者的阅读兴趣和购买欲。

期刊的读者面很广,他们有着不同的职业、不同的年龄、不同的文化、不同的性别,不同的知识需求。即便是同一个读者,对知识也有不同方面的渴望。一种期刊要满足众多读者的众多需要是不可能的,但研究读者对象,对做好期刊选题是很重要的。否则刚出版的期刊不适合读者的品位和兴趣,就会很快失去市场。

3. 时效性原则

在讲究策划的今天,期刊的竞争在很大程度上是选题的竞争。再好的选题只要比别人慢半步,就有可能前功尽弃。信息不是一成不变的,时刻处在运动变化中。编辑对信息的反馈应快速及时,否则所收集的信息价值就会一落千丈,甚至毫无价值可言;同时,要及时对在收集过程中随时可能丢失的部分信息或新产生的信息进行补充,以保证时效信息与读者舍取需要的一致性,使期刊功能与社会需求尽量达到同步。选题策划就是要通过编辑的自觉努力和积极活动,能动地组织稿件,更好、更及时地报道最新研究成果,更好地为读者服务,因此选题策划一定要注意时效,要以快取胜。

4. 创新性原则

选题应当有新意,要讲究"独家发表"。这是优秀期刊的必备条件,也是期刊的生命。服装讲究"领导新潮流",期刊也应当用新的思想、新的内容来引导读者。新是指技术新、知识新、观点新;即使其他期刊发表过,自己也要有新角度、新内容、新素材、新启示。选题创新是期刊特色和风格的体现,可以说,没有选题的创新,就没有期刊的特色和风格。期刊编辑要做好选题策划,不仅要了解本专业的发展动态,了解读者的需求,还要具有强烈的创新意识和一定的超前意识及敏锐的眼光,动态地观察事物,及时地捕捉信息,有针对性地制定选题计划,组织稿件,才能不失时机地推出一些有影响、有见地的佳作。

案 例

1985年创刊的老期刊《软件工程师》2005年1月起全新改版。它以人文的视角,关注IT风云变幻,透视IT职场,讲述IT生活,记录IT人生,展现IT魅力,致力于IT职业生涯规划指导。改版后的《软件工程师》栏目包括:特稿、学习、追寻、求职、环境、生活、轻松等七大板块。除了设立新的栏目外,还开设了专栏、技术、争鸣,继续探讨IT热门话题,向读者展示一份全新的实用化、时尚化和生活化的 IT 职业生涯指导刊物。

《软件工程师》策划书

一、受众群体定位

年龄 18—26 岁之间,以全国计算机相关专业的大学生及爱好 IT 的大学生为主,兼顾毕业后从事软件开发和 IT 业的相关人员,并适当向高中生进行灌输渗透。

二、内容定位

实用化、时尚化、生活化的 IT 职业生涯指导刊物。

三、办刊理念:杂志创造读者价值

树立"内容为王、服务为王"的办刊思路,以"实用化、时尚化、生活化"的思想来实现"贴近读者、贴近生活"的市场化道路。

四、板块逻辑顺序

从单一个体的学生为出发点铺开,连接学习、求职、追寻、生活、环境、轻松各部分。前有特稿,后有必备。

五、具体设置

(一)特稿

1. 简介:以某一 IT 事件或者某一阶段的社会热点为由头,通过新闻的视角进行全面、具体、透彻、公正的深度报道,以描写为主要表现手段,截取事实中某个最能反映其特点或本质的"片断"、"剖面"或者细节,形象化地展示新闻事实。挖掘表层下的真实,直达真相背后的真相。本栏重在从事件出发,多角度,全方位地探寻。既有写真白描,又有相关链接以及有关背景资料的介绍。

2. 目的:通过事件的报道体现杂志的新闻敏感性,并吸引读者的阅读兴趣。

(二)学习

1. 简介:扫描 IT 校园的教学理念、学习氛围;报道最新 IT 培训信息;跟踪 IT 前沿技术和学术观点。

2. 目的:立足 IT 校园,吸引学生读者。对外塑造学院形象,对内传承校园文化;确保期刊应有的权威度,洞察 IT 前沿,传播 IT 知识,吸引更广大受众。

3. 细分

(1)培训:最新的 IT 培训动态,对于市场上的很多 IT 培训与考证给予理性的分析,对读者起到一个很好的指导作用。

(2)专栏:发表个人观点或者是经验之谈的文章。包括 IT 与管理(介绍 IT 业的管理前沿,包括 IT 与项目管理、IT 与知识管理等)、IT 与法(介绍 IT 与法。包括就业学生签约、就职的相关法律问题,业内行业法规,知识产权保护等)等。

(3)技术:介绍最新的技术,评价或者展望 IT 技术的最前沿动态。

(4)争鸣:关于 IT 有关的前沿观点、学术动态等焦点的争鸣。

备注:注重统一不同观点的发表。

（三）求职

1. 简介：此为办刊重点，多方面、多角度解析职场，大到学生职业生涯指引、就业前景分析，小到信息公布、求职细节提醒方方面面。注重指导性。

2. 目的：有效服务受众、贴近受众。为学生进行求职前教育，提供求职帮助，拉近学生和用人单位的距离。体现了"实用化"的办刊思想和"IT职业生涯指导刊物"的内容定位。这也是期刊吸引读者的一大重点。

3. 细分

（1）访谈

内容：以一问一答的访谈形式采访某一企业人力资源部门主管，从而了解企业选人条件、人才需求现状，为受众提供正确导向。

备注：如本编辑部直接采访，可提前刊登采访对象，向读者征集问题，使杂志真正做到"实用化"、做到"问读者之所问"。

（2）顾问

内容：对IT院校的学生或者相关专业的学生进行职业指导规划，从宏观上分析就业前景、IT人才缺口、发展趋势、薪酬走势以及职场环境等，或分析当前就业市场存在的某一现象或问题，如求职时的性别、地域等限制。

备注：与访谈相区分。二者在形式内容均不同，顾问从求职者的角度出发，重在评论分析，提供建议和解决办法；访谈从用人单位的角度出发，采取一问一答形式，客观讲述。

（3）创业

内容：请资深职业顾问通过详尽的来自大学生实际创业中遇到的难题作个案分析。或素描某一真实创业过程。

备注：有助于培养学生创业精神，提升学生的创业能力，为使大学生尽早地认识企业文化，实现同IT产业所需人才的无缝对接。有利于吸引目标受众。

（4）麦城

内容：以第一人称陈述自己失败的求职经历（包括毕业求职和上学时的兼职），使读者以此为鉴，并加"编者按"。

（5）心理

内容：就求职过程中遇到的某一心理问题进行分析与解答，对具有代表性的个案进行详解。可附加心理测试和心理调查。做成专栏形式。

（6）贴士

内容：求职或刚刚工作时应注意的一些细小的问题，例如着装、面试应注意的问题，职场新人的工作方法等。

备注：与读者心灵相通，体现生活化、实用化。于细微点滴之处关怀读者。

（7）速递

内容：刊登各公司的用人信息，人才的简历的发布和求职信息。并且不定期设置现场实时招聘报道。

备注：符合杂志内容定位，为求职人员和用人单位架起沟通的桥梁，并增进杂志、读者、公司三者之间的互动。

(8) 释疑

内容:对求职过程中及步入新的工作时提出的一些困惑和疑问,进行解答。采用一问一答的形式,作为杂志与读者之间的一个互动桥梁。

备注:增加杂志与读者之间的互动,拉近两者的距离,扩大杂志的影响范围。

(四) 追寻

1. 与成功有约

内容:人物访谈。介绍成功IT人士的成长经历,追寻他们的脚步,走入他们的生活,提炼他们的成功经验。

2. 在你身边

内容:介绍IT校内优秀学生。包括IT知识含量高、技术过硬的人,也包括在某方面有突出表现的人。介绍他们的成长经历,心路历程,让在校生有自己心目中的校园明星,从而树立了学习的榜样,认清自己未来的道路。

(五) 生活

1. 简介:IT院校学生日常生活、课余活动的扫描。

2. 目的:注重"生活化"。

3. 细分:

(1) e 酷校园

内容:展示多姿多彩的校园文化、校园特色活动。

(2) 书屋

内容:介绍IT新书。

(3) 词典

内容:介绍IT行业的新词汇,增加读者对IT的了解。

(4) 西风(他山之石)

内容:介绍国外的IT学院,开阔视野。原创英文翻译板块,以浅显易懂的句子和单词介绍外国的文化、外国的IT行业状况等。

(5) 青春日记

内容:形式、内容随意,表现IT学子在生活中的点点滴滴。

(六) 环境

1. 软件城

内容:国内各个IT企业、公司的介绍。了解他们的创业过程和生存状态。

2. 行业风

内容:描述IT行业的风云变化。

(七) 轻松

1. 简介:文字轻松自由,内容舒散广泛。抓住时尚元素,小板块介绍IT历史、游戏等。

2. 目的:此栏重在轻松心绪,体现"时尚性",导引读者的IT兴趣,引导IT时代的流行。并且可以吸引高中生读者,培养学院的潜在生源。

3. 细分

（1）春秋

内容：介绍 IT 发展史上一些知识性、趣味性很强的故事。

（2）时尚

内容：比如介绍一些数码相机、DV、MP3 等时尚数码用品以及其他有关 IT 信息类的时尚，以轻松娱乐为主，增加学习工作的生活选择，丰富日常情怀。

（3）黑客

内容：捕获缺陷并予以公开发表的传统，遵守不破坏网络的原则，寻找漏洞、维护网络安全以及有关黑客幕后的故事。

（4）游戏

内容：最新网络游戏资讯的介绍，经典游戏的回顾，编辑游戏的技巧；游戏产业的商业运作和管理模式。可分为"游戏与人生"、"IT 领袖谈游戏"、"游戏与自我克制"等。

（5）排行

内容：包括薪资排行榜，职位发展排行榜……

（八）必备

第三节 期刊的装帧设计

一、期刊封面设计

期刊的封面有广义和狭义之分。广义，指整个期刊最外一层包装，经装订共有 2 页 4 面。期刊最前面的一页，正面称封一（封面），反面称封二（封里）；期刊最后面的一页，与内页最后一页相对的称为封三（封底里），背面称封四（封底）。平订的期刊还包括书脊。狭义，指封一。

俗话说，"读报先读题，看刊先看皮。"一本期刊首先与读者见面的是封面。期刊封面是期刊的门面，是留给读者的第一印象。每一本期刊的封面都是编辑工作的延续，是设计者艺术构思的结晶，也是期刊内容的外在体现。因此，封面设计一向受到期刊编辑部和编辑的重视。各家期刊在争夺读者的激烈市场竞争中，期刊的封面成为生死攸关的寸金之地。

（一）封面的作用

1. 标志作用

期刊的封面是刊头的衍变、扩大，它继承、保留了刊头的作用，揭示期刊的名称、卷期等，让人一看封面，就知道这是哪本期刊、是哪一期的。

2. 保护作用

它保护期刊内页，使内页文字不受磨损和灰尘的干扰。早期的期刊只有刊头没有封面，最前一页很容易破损或弄脏,对于那些刊期较长、篇幅较多的期刊尤其如此。于是期刊前后另加坚固耐磨的纸张印刷封面,正是起到对整本期刊的保护作用。

3. 提示作用

封面上的文字和图像,乃至色彩的运用等,从立意到艺术表现形式,都能含蓄地提示期刊的内容,以吸引读者阅读。现在,不少期刊在封面上都印有本期要目之类的内容,即将每期所刊登的重点文章及吸引力较强的文章标题整理出来,在封面上予以特别介绍,读者不用翻内页,通过封面就大致了解到本期刊登的主要内容。这种做法,既方便了读者,又起到吸引读者的作用,还能使封面显得活泼和充实。

4. 美化作用

读者接触期刊首先看到的是封面。在当今琳琅满目的书刊海洋里,封面能否"抢眼",在很大程度上影响着读者的购买和阅读兴趣。现代期刊的封面,已从原始的单色印刷变为多色印刷,用各种图片或图案,以鲜艳的色彩来精心印刷。而且,也从仅仅设计封一扩展到封面设计封一、封二、封三、封四了。

(二)封面的构成

现代期刊的封面由文字、图像和色彩构成。

1. 文字设计

封面上的文字是封面构成中最重要的元素。封面早期只有文字,如刊名、卷期等,后来有了图和色彩,并由简单趋于复杂。虽然图在封面上的分量越来越重,但是,文字设计仍然是封面设计的重点。没有刊名、卷期等文字就不是封面而只是画,而没有画只有刊名、卷期等文字仍然是封面。

封面的文字,包括刊名、刊期、宗旨、要目、刊号、发行代号、出版单位等,可多可少,但刊名和刊期不可缺少。封面上的文字,所用的字体从大处上分可有两类:一类是美术字,一类是书法。不同的字体,风格各不相同,但无论选用哪种字体,都要体现期刊的风格特色。至于选用哪种字体作为刊名的标准字,更应根据期刊的性质、风格、读者对象等。在进行期刊封面文字设计时,还应根据期刊的特色选用相应的字号。刊名长的,字号大小可以不一致,可以将需要特别强调的部分用大字号,其余用小字号。封面上其他文字,如要目、出版者、出版日期、刊号、发行代号等,根据其重要程度,选择比刊名小的字号。

在设计封面时,首先应该注意突出封面的刊名,因为刊名是期刊本身的自我介绍,同时,刊名位置也是人们视觉识别符号的重中之重,合理的美化和排列,能强化读者对期刊的印象,增进亲近感。从设计角度讲,期刊的刊名必须居于十分显要的位置,而且应当醒目、大气并富有个性。中国汉字具有很强的图案功能,能给设计者以较大的创意空间。《青年文摘》刊名,讲究形体艺术变化,刊名与拼音的精美组合不仅体现构成的形式美,而且还融入了形体符号的识别理念,是形体特色与构成元素排列组合特色的典例,见图7-5。又如《少男少女》,刊名的艺术变形极富创意,新颖别致,不仅体现美的韵律,而且视觉冲击感强,已经形成了自身独特的形体识别码,易识易记,见图7-6。

图7-5　2011年第24期《青年文摘》封面　　图7-6　2013年第5期的《少男少女》封面

　　一些期刊的封面设计把刊名放在不十分显眼的位置(左下角或右下角,或整个版面的下方),这样做往往不能引起读者的注意力,期刊放在报刊架上,有时刊名会被架板或其他刊物挡住。有些刊名的字号太小,封面上还印了不少主要文章的标题,使读者感到视觉混乱,这是对封面文字设计重要性,特别是刊名重要性缺乏认识的不智之举。

　　一般来说,期刊的刊名一经选定,将长期使用,不宜中途变更,封面上刊名的字体也不宜中途变换。对一份成功的期刊来说,刊名和所用刊名的标准字,对期刊起标志作用,是一种无形的资产。国外的期刊很注意这点。英国《Punch》刊名,字体百年始终未变;美国的《TIME》(时代)刊名字体也始终未变。它们都已成为《Punch》、《TIME》的标志,深深地印在人们的心中。刊名的标准字如果保持不变,即使期期换封面,封面上有每期不变的刊名在,仍能保持一定的稳定感。忽视刊名字体这种标志或商标的作用,随意将刊名字体变来变去,实在是自弃其资产的不智之举。①

2. 图像设计

　　图片是一种世界语言,因为它超越了国家、地域的界限,容易被不同的民族和人种所接受,它的表达能力比文字更形象、更直观,并且图片在一瞬间对人们视觉的吸引力是永远大于文字的,这就决定了几乎所有的期刊封面设计者都要绞尽脑汁地挑选最富有冲击力、最为精美的图片。选择封面图片不仅被看作一种艺术,也被看作一种科学。② 封面上的图像,从大处分有两类:一类是图案,一类是图画。图画又可有照片、绘画等之分。

　　选择什么样的图像上封面,不同的期刊各有自己不同的标准,但都应力争把期刊的内容

---

① 徐柏容:《期刊编辑学概论》,辽海出版社2001年版,第362页。
② 苏米、方李:《关于杂志封面设计的几点思考》,《装饰》2005年3月。

特色反映出来，突出期刊的个性。所选图像应该具有吸引力，同时还要注意图像内容的健康，有利于引导读者树立健康的审美情趣，不能为了追求形式美而损害了内容的科学性。《中国收藏》的封面选择了一些能充分体现民族特色的事物的图片作为核心的构成元素，并作了留白处理，较之那些构图过满的封面设计，更显得朴素、大方、如同一股清泉流入读者的心田。如2013年第6期用了近代寒汀石瓢壶图片，显得凝重、质朴，文化韵味很浓，见图7-7。

封面图像的设计，既要考虑到图像和封面文字的结构，又要考虑到封一、封四的配合，同时还要考虑是周期长的固定形式的封面，还是每期更换形式的周期短的封面。封面使用周期短，可以经常以崭新的面目呈现给读者，给读者以新鲜感。但是，由于经常变化往往难以给人

图7-7 2013年第6期《中国收藏》的封面

留下深刻印象，影响读者对期刊的认同感。此外，还会增加封面设计的工作量和期刊的成本，不容易保证每期质量都很高。而真有一个精品封面时，用一次就作废又很可惜。封面使用周期长，会给读者先入为主的认同感、信任感，但同时也有其缺点，让人感到老一套而缺乏新鲜感，甚至会使人由此而以为刊物保守。当然，这也并非绝对。一般说来，使用周期长的封面，采用图案的较多，因为图案概括性较强、适应性较广，适合长期使用。而使用周期短的封面（或整体模式构图不变、只局部换图，或每期变换构图），则采取图画的较多，以其具象性强，更能反映现实。

封面使用周期长短，都各有利弊，要根据期刊具体情况而定，要从期刊的性质、风格、读者对象相适应来考虑。政治性、学术性期刊重视稳定性，封面不妨使用周期较长；文艺性、娱乐性期刊重视新鲜感，封面不妨使用周期较短。面向青少年的期刊较之面向老年人的期刊，不妨使用封面周期较短些的。当然，这并不是绝对的，还要具体情况具体分析。

3. 色彩运用

期刊封面除了用纸及文字和图像的设计外，还离不开色彩的运用。现代期刊的封面大多是彩色印刷的。色彩运用得当，可以增加期刊的美感，抓住读者的视线；反之，则可能画虎不成反类犬，给人粗俗之感，让读者厌恶。

色彩有三个要素，即色相、明度、纯度。人们用色相区分各种色彩，也就是人们所见的颜色如赤、橙、黄、绿、青、蓝、紫等，这些颜色与颜色相配又可以构成成百上千种色相。明度，指色彩由明到暗的各种变化程度。一种颜色因有深有浅而有明度的多层次的不同，而不同颜色本身的明暗程度也不同。纯度就是颜色的饱和度，指的是颜色的纯粹程度。纯度不同也会产生明色和暗色，明色可给人以轻快感、扩张感，而暗色则给人以沉重感、收敛感。在封面

色彩运用时,应注意这种视觉效果的差异。在设计封面时,利用不同色彩的色相,可以使画面主次分明,主题突出。

各种颜色的视觉效果还带有感情色彩。颜色本身是没有感情成分的,但通过视觉效果却能使人们在心理上产生某种感情色彩。这种感情色彩大至可与民族文化传统有关,小至可与个人心理情绪有关。虽然这种感情色彩往往是不稳定、不确定的,但一定时代、一定地区还是有一种类似约定俗成的可把握之处。人们一般承认颜色有象征作用,例如,红色象征革命、热烈、牺牲、豪迈;绿色象征和蔼、悠闲、和平、娴雅;黄色象征温暖、高贵、显赫、豪华;蓝色象征和平、温良、冷静、深沉;白色象征轻快、纯洁、真挚;黑色象征沉重、悲哀、神秘。

设计封面时,首先要选定一个基调,即封面的主色调感。基调色是封面色彩的支配色,在构图面上往往也就是用得最多的色调。从基调的色性上说,以红、橙、黄为基调的称暖色调,以绿、蓝为基调的称冷色调。从基调的色度讲,浅色的称亮调,深色的称暗调。封面色彩的基调是起统帅作用的色调,有基调才能使各种颜色协调而不至于各自为政。其次,要安排好色彩的搭配组合。要使封面色彩不致斑驳陆离的话,除了应有基调外,重要的还有赖于色彩搭配组合的协调。

用同类色组合:同类色,指的是将同一色相、深浅明暗有异的颜色组合使用。如在浅绿基调上,搭配以深绿、淡绿色,使色彩富有变化又有协调感。

用类似色组合:类似色,指的是色环上相邻近的一些颜色。它们的色相虽不同但却相近,相差不远,组合起来也易获得协调感。例如红基调搭配以黄色,蓝基调搭配以绿色等。

用对比色组合:对比指的是色环上以150°左右相对排位的颜色。色环上以180°相对排位的两色称互补色。互补色是最强烈的对比色。对比色、互补色都是完全不同的两种颜色,以其中之一为基调而搭配组合上另一色,就会产生强烈的对比感,令人感到明快而富于刺激性。但是,要注意掌握对比色的使用,对比色如果使用不当,会让人感到过于刺激而失去美感。①

在封面设计时,要掌握色彩的这些特点和规律,运用上做到主次分明,利用对比反差等使刊名和要目等突出醒目,同时,注意使各种色彩组合起来有协调感。

图7-8 2013年第5期的《少年科学画报》封面

还要注意根据期刊的内容、性质、特色和读者的对象来确定色彩的运用,突出期刊的个性特征。例如《少年科学画报》面向少年儿童,为突出活泼的特点,封面色彩斑斓,以明亮的蓝色作为底色,配上小动物可爱的照片,整个封面有蓝、红、黄、绿、灰等颜色,颜色虽多却不显得杂乱,色彩搭配恰到好处,既明快又可爱,可以很好地吸引小朋友的注意力,见图7-8。

---

① 徐柏容:《期刊编辑学概论》,辽海出版社2001年版。

(三)封面设计要求

1. 形式与内容的统一

对于一本期刊来说,封面是它外在的表现形式。形式要服从内容,因此,采用什么样的封面,要由期刊的内容决定,要根据期刊的内容、特色、风格、性质类别和读者对象来决定,要服从期刊总体的编辑构思,做到形式与内容的统一。封面设计强调文字编辑和美术编辑要默契配合,因为文字编辑比美术编辑更了解期刊的整体构思,可以向美术编辑提出必要的意见和提示,为美术编辑的创作设计给予有益的帮助。形式与内容的统一,既是风格的统一,更是思想性的统一。老牌大型文学期刊《收获》,其刊名所采用的是繁体的"收获"二字,饱满壮硕的字形隐含着成熟、丰收,蕴含着刊物深厚的内涵和高雅的气度。现在这两个字又向读者透露这编者执著、守望的心理,而读者则能感受到一如既往的信赖和希冀。值得注意的是有些新版的或创办年代不长的期刊为了形式上的美观而选用繁体字或异体字,这就不值得提倡了,见图7-9。

图7-9 《收获》2013年第1期

任何期刊的封面设计,都要有时代性。期刊封面设计的时代性,体现着时代的政治、经济、文化等诸方面因素的痕迹,这些因素同样也决定着读者的欣赏趣味。期刊封面在设计时,当然要考虑时代的特点,做到与时俱进。

2. 封面整体的统一

期刊的封面原本是一张纸的两个面,所以封面包括封一、封二、封三、封四,这是一个整体,因此设计封面的时候,应该将封一、封二、封三、封四视为正反两面组成的一个整体。特别是封一和封四,是期刊的外封面,具有橱窗的意义,更应追求整体的统一美。

3. 构图与立意的统一

封面的整体统一,还包括构图与立意的统一。封面设计是一种平面造型艺术,它通过构图来表现。构图必先立意,立意又通过构图来体现。只有通过构图与立意的统一,才能获得美的封面设计。封面的立意,要在期刊总体策划的基础上,进行艺术构思。期刊的封面构图,必须要考虑到它是封面,而不是一幅画。即使采用一幅画作为期刊封面,由于封面还必须印上刊名、卷期等,画幅与封面的这些文字之间,仍存在一种图案组成或近似于图案组成的意味。只有共同体现封面构图的立意,才能达到封面的整体统一。《读者》封面是相对对称的整体构图,典雅、清新的格调,给人以安静平和的端庄美,充分体现了其知识层次品位;

细线框加上出格不就位的图片布局，在产生动感与变异方面设计者作了精心的策划，看似简单的形体错位，却不感觉单调、呆板，与"小蜜蜂"、"DUZHE"、"读者"以及要目、期号等，综合形成了《读者》封面有别于其他期刊的视觉形象识别体系，见图7-10。

4. 坚持变与不变的统一

随着时代的变迁，人们物质文明、精神文明的不断提高，期刊从内容到形式，也必然跟随时代的步伐，作新的调整与创意，期刊封面也自然而然地需做些改动。但是，期刊是连续出版物，为了便于识记，封面设计应保持相对的稳定性，如果没有特殊情况，封面原有的主要形象识别点、形式构成、特色纹样与色块应少变或不变，其中刊名的形体变化更应谨慎，应该给读者保留一种延续亲近感，因为已在读者中形成的期刊封面特色的形体、符号、色调、底纹、构成等，其实际意义已超越了它本身的文字语言、色彩语言、形体语言的表达，它们早

图7-10 2013年第12期《读者》封面

已身兼期刊标志的内涵，读者只需感知其形体格式就能识别期刊。也就是说，封面的设计模式间接地凝固了期刊的品位与内涵，这是一种业已形成的无形资产的体现，是一种财富，要珍惜它。① 例如美国的《时代》周刊，"时代"的字母大小形状，甚至在封面上的位置都没有大变动，封面上每期刊登人物图片的方针也没变，但创刊时的封面左右柱形花框，已经变成了现在的红色大方框。这个封面设计已经成为《时代》的品牌资源了，见图7-11、图7-12。

图7-11 1954年3月《时代》周刊封面

图7-12 2008年《时代》周刊封面

---

① 陈俊鸿：《期刊封面的视觉形象识别》，《编辑之友》2001年第4期。

二、目录页的设计

(一)目录页的作用

在期刊上,目录页一般只有一页到两页,它是刊载期刊篇目名称的。越来越多的期刊摆在零售摊上,封面和目录设计的好坏,成了期刊能否卖出去的关键因素。封面吸引读者拿起期刊,目录则引导读者看到自己喜爱的内容而决定购买。

首先,目录起索引的作用。读者要读哪篇文章,不用逐页翻检,一查目录,就知道它在哪里了。

其次,目录是期刊内容的缩影。文章的标题具有揭示文章内容的作用,期刊的目录近于文章的标题,具有揭示期刊内容的作用。目录也就是一本期刊内容的缩影,读者读目录页,就能了解期刊的内容概貌,从而断定这本期刊是否是他所需要的。因此,大多数读者往往是看了目录页之后,就作出是否购买的决定。

再次,目录页还起导读作用。许多期刊的目录页上,各篇文章题目的地位并不完全相同。有排列前后之分,有字体、字号之分,还有一行题、数行题之分,甚至还有色彩之分等不同的排法。目录页上对不同文章题目的不同排法,是为了对读者起导读作用,表明哪些文章是重要的,引导读者去读它。

最后,目录页还体现着期刊的整体编辑思想,体现了期刊的系统结构情况。一期期刊,是一个系统,在目录页上,把揭示各篇文章内容的题目浓缩在一起,具有宏观考察的作用,可以让读者更清楚地了解整本期刊的整体编辑思想,便于了解期刊系统结构的情况。这对于想了解整本期刊,或者想向期刊投稿的作者来讲,是非常重要的。作者分析目录页后,可以了解什么内容的文章,适合这家期刊刊用,包括什么内容应着重从什么角度来写,以及文章长度多少为宜。作者通过考察一个时期以来期刊的目录页,便可以得到明确的启发。[①]

上述目录页的作用,也正是对目录页编辑、设计的要求。总之,目录是读者最先接触期刊内文的地方,它的重要性随着时代的发展、市场的竞争日益突显出来。

(二)目录页的编排

目录页的编排,要考虑各项内容之间的排列组合,要做到新颖醒目,还要使整个版面不失去平衡。版面上照片、线条、装饰等孰"黑"孰"重",文字和空白的地方,孰"白"孰"轻",编排时,要注意黑白均匀,轻重平衡。

目录页有以下几种排法:

1. 目录顺序排列法

早期的期刊目录页,大多是采取目录顺序排列法,就是按照各篇文章编排先后顺序列目。这种排法,简便易行。它与内文排序相同,便于检索。现在仍然有期刊采用这种排法。

[①] 许清茂:《杂志学》,厦门大学出版社 2002 年版,第 296 页。

这种排法适用于文章不多,标题也少的期刊。但是,现在多数期刊,长文章少,篇幅多,文章标题多,如果采用这种排法,既不方便读者检索,也不易发挥导读的作用,更难充分反映期刊的系统结构思想。

2. 按类排目法

对于那些篇幅多,文章多,标题也多的期刊,多数采取了按类排目法。按类排目法从文章内容着眼,先将期刊的文章分成若干类,先排类的次序,再排类内文章次序,使之成为一个完整的系统结构图。如果期刊设有不同栏目,则栏目就等于已做好分类。这种排目的思想,主要是从体现期刊系统结构着眼,同时有检索、内容缩影等作用。

为了更好地发挥目录页的导读作用,在按类编排基础上,用变化字体、字号等方法,使目录页上的文章题目更突出。这种排法强化了编辑的意图,是按类编排法的强化,也是很可取的。

3. 栏目顺序排目法

也有一些期刊,为了能发挥导读的作用,不考虑文章在版面上刊载的顺序,完全按栏目顺序编排,经常栏目所列文章在页码上并不相连。这种编排,主要是在栏目内按文章重要程度安排先后的。在各栏目内排在前面的文章,显得比较突出,也就是比较重要的,这样可以起导读的作用。读者看这种目录,不必全部读完,可先看自己喜欢的栏目,然后便可迅速找到所要读的文章。

还有的期刊在目录页前加要目页,要目页只登少数几篇重要文章的题目,题目下附以内容简介,使读者对重点文章的内容,先有个大致了解。也有一些期刊在目录页辟出一块版面介绍重要文章的篇名和主要内容,这也是为了加强导读安排的。

值得注意的是,目录页加强导读作用,如果做的不合适会产生适得其反的效果。因为强调几篇文章重要,无意之中也是在暗示读者,这本期刊中的文章并非都精彩,有好有坏,无形中就对期刊的内容打了一个大折扣。所以,不少学术性期刊,目录页中文章题目的字体、字号并无变化,其实这也是一种导读,就是告诉读者,这些文章之间重要性的大小难分伯仲。

总之,目录页的编排是大有学问的,应该从实践中去努力探索更好地发挥目录页作用的编排方法。

目录包括类别(栏目)、题目、作者、页码等项目。在编排上,要讲究版面的美化。目录页的版面编排,应该精心设计,尽量使目录页编排得新颖醒目、美观实用,而且还应该与版式整体风格和谐统一。

三、版式设计

版式设计是按照特定表达内容的需要和形式美的规律,将版面的各种视觉要素如照片、绘画、图形、文字、符号、线条、色彩、底纹、标题以及空白等加以组合、编排和进行表现的一种视觉传达设计方法。期刊版式是期刊版面编排的样式,是期刊内页正文的编排设计。这种设计是艺术的,又是科学的,通过画出排版样式,使期刊达到内容与装帧设计形式的协调统一。

(一)版式设计的作用

期刊的版式设计是随着期刊的发展而逐步发展的。它经历了由简单到复杂、由粗至精的历程。如今的期刊版式设计不仅复杂多样,而且能传递给读者的信息也是十分丰富的。

1. 美化版面,增加读者的阅读兴趣

美的版式设计不仅使人赏心悦目,而且能够增加读者的阅读兴趣。早期期刊的版式都是十分简单而呆板的。它和早期的报纸一样,大都是一篇接着一篇,一种形式排下去,标题也缺少变化。随着期刊的发展,版式设计有了很大的变化。期刊为了吸引更多的读者,就要千方百计把期刊办得引人入胜,一方面要靠提高水平,刊载适合读者需要的内容,另一方面就要靠赏心悦目的版式设计。版式设计丰富多彩,新颖活泼,才能增加读者的阅读兴趣。

2. 准确生动地表现期刊内容,体现编辑意图,发挥导读作用

期刊的版式设计,要对期刊稿件内容进行评价,然后通过版式语言准确、生动地表现期刊的内容,从而体现编辑意图,这是版式设计更重要的意义和功能。首先,从排列次序来看,哪篇文章排在前面,哪篇文章排在后面,就体现了期刊的倾向、评价。一般来说,编辑认为重要的文章,往往要排在期刊或者栏目的前面。其次,从字体、字号来看,对于标题来说,重要的文章,标题字号往往较大,许多重要文章的标题,所用字体强调庄重大方,往往使用黑体或宋体。标题周围空白较多,容易形成鲜明的反差,引起读者的注意。再次,对于正文来说,一般文章的正文用宋体,重要文章的正文可用楷体或字号稍大点的字。从版面上的位置来说,如果一个版面上刊载两篇或以上的文章,重要的文章会排在上面或左边。最后,从题头、文尾的装饰来看,重要的文章要加强装饰,如花边、套色、底纹的运用等,以突出重点。

总之,运用版式语言,可以准确、生动地表现整本期刊的内容,体现编辑意图,突出重要的文章,还可以使文章之间的逻辑关系凸显出来,引导读者阅读。

3. 展示期刊的风格和个性

一本期刊,只有具有自己鲜明、独特的风格,才会给读者留下难忘的印象,产生深远的社会影响。版式风格是期刊内在特性的外在表现,是由期刊内容的特色、特性决定的,但反过来又促进期刊风格的形成和强化。因此,期刊风格是编辑人员和版式设计人员共同进行长期创造性劳动的结晶。

(二)版式设计的内容

期刊的版式设计,也可以说是对期刊各个版面的造型,包括版面上标题、文字、图片等的安排,点、线、面的组合。

1. 版心和边白

版心(也叫版口),指的是版面上着墨的部分,它是构成版面的基本形态。边白(也叫版边),是版心以外四边的空白部分,即所定天头、地脚、切口、订口。进行版式设计,首先,要确定版心的大小。

版心的大小,从大处说取决于期刊开本的大小。但同样大小的开本,版心的大小仍然可有小的出入。从小处说,又取决于字号、行数、每行字数及行间空的大小等。而开本、字号、行数、每行字数、行间空等,又要根据期刊的性质、内容、风格等而定。一般来说,期刊的版心在整个页面面积中,约占百分之六七十,而边白约占百分之三四十。

版心四周边白,上称天头,下称地脚,装订处称订口,翻阅处称切口。四周之所以要留白,既为美观,更为实用。如果不留边白,订口装订稍偏就会订在文字上,前一页文字接后一页文字,难以分段;其余三边在切边时则可能将文字切掉。四周不留边白不仅不美观,而且印制、阅读也都极为不便。但是四周边白留多了,版心就小了。所以,要根据期刊的具体情况综合考虑,来确定版心的大小。

一般来说,我国的传统习惯是天头大于地脚。至于切口和订口的大小,依装订方法而定。平订,需占用订口的地方,所以订口稍大,骑马钉则订口比切口小些,这样翻开来左右两版向中心靠拢,有整体紧凑感。现今期刊一般多是订口最窄,地脚其次,天头较宽,切口最宽。当然,也有些期刊学习外国的形式,地脚大于天头,也有不少期刊的切口小于天头或等同于天头。一本期刊的版心和边白一旦确定就要保持其连续性和一致性,每版都得一样,每期都得一样。

有时期刊会出现出血版面,即将一张图片或插图占满全版,四周不留空白边,或占有部分边白位置的版面。采用出血版面是出于这么两种情况:一是版面空位不足容纳文图,可将图片的一部分占用边白;一是为了美术设计上的理由,将图片出血来获取读者的注意或产生美感。

2. 页眉、页码和注文

页眉(又称书眉、天眉、刊眉),是期刊横排刊在正文的上部或下部的一排小字。包括刊名、专栏名、题目、卷、期、年、月、日和页码。根据期刊性质的不同,页眉所包括的项目,多少会有不同。加印页眉可以方便检索,读者需剪存、复印某篇文章时,也不必另外记载刊名、卷期等。页眉上的项目,除每页均排外,其他项目有单双页交替分别排印一部分,或上下各排一部分的,也有逐页全部排印。也有将专栏名用竖排印在与切口交界处的中央。当页眉属于版心的一部分,排在版心上端时,会加大天头的空白,排在下端时会加大地脚的空白。这也是设计边白时应当考虑在内的因素。①

页码,有明码和暗码之分。直接标出序号的称为明码,不标出序号的称为暗码,但仍算在页码的序列之中。有的期刊图片多,因此明码、暗码同时使用,但暗码不宜多也不宜集中。页码在版面上的地位很低,但又十分重要。如果没有页码,要找某篇文章只有逐页翻寻。有些图片较多的期刊,连续几页被图片挤掉页码后,读起来感到很不方便,这种情况应在设计时避免。页码设计既要醒目,又不宜在版面上突出。一般多用与正文同号或小一号的字码而不令其突出,同时又独立安排固定位置,令其醒目。

注文的设计,包括注文的位置、字体、字号、注码的设计等。注文的位置有文尾注、文中

---

① 许清茂:《杂志学》,厦门大学出版社2002年版,第303页。

注、当页脚注、当栏脚注等几种。刊登短文的期刊多用文尾注,以保证版面的完整、美观。刊登长文的期刊,则可采用任何一种位置。一般注文字体、字号与正文不同,特别是字号都比正文的字小,注码设计等,也是不宜太突出,但又要方便读者查找使用。

页眉、页码、注文的设计,确定后即可作为长期或一定时期的定式。

3. 字符、线条、网纹

(1) 字符

字符是版面构成的重要部分,是承载期刊内容的主体。

汉字印刷体最常用的有宋体、仿宋体、长仿体、楷体、黑体五种。照相排版时,还可将各种字体拉长、压扁、倾斜等以得到更多的变形字体。期刊所用的字体较多,除了上述五种字体外,还有牟体、姚体、魏碑、隶书等,也多用来排标作者姓名之类。现有一种圆头体,是在改良的宋体基础上创制的,其特点是横平竖直,横竖一样粗细,起笔与落笔处均呈圆润状,分为细圆、准圆和粗圆。细圆用于排正文,其他两种适用于标题。

字符的大小,即为字号,以一个字的字面面积大小来衡量。版面上字符变化除了上述字体的变化外,另一个因素就是字号的变化。早先我国铅活字分为7号,1号最大,以下依次递减,至7号为最小。随着排版技术的发展,相继增加了1号以上大字号的等级,如小初号、初号、小特号、特大号等。同时在1号到7号中再加以细分,增添了小于4号大于5号的新4号字,小于5号大于6号的新5号字,以及新1号。因此这里的"新"字也称为"小",如"新5号"也称为"小5号"。这就是所谓的号数制。

(2) 线条

版面上的线,可分为组合线、无形线和有形线三种。

组合线本身并不是线,但在视觉上却是可感觉到的线。打开任何一本期刊,一行行由字组成的行,在视觉上都成为一条条线。这种组合线,由于所用字体、字号的不同,形成视觉上线的粗细、轻重的不同。一般说来,大字号组合线比小字号组合线更有粗、重的感觉,而细笔画字体(如仿宋)组合线比粗笔画字体(如黑体)组合线更有细、轻之感。不同字号、字体组合线所构成的版面也因此有粗细、轻重不同之感。

无形线是一种实际并不存在,但给视觉留下线的感觉的东西。在版面组成上,就是行间空(即行与行之间相隔的空白)、栏间空(即分栏排时栏与栏之间相隔的空白)、横断空(即段与段之间形成的空白)。这种空白或夹在两行组合线之间,或两栏之间、两横切段之间,它既是形成组合线、栏、段所必不可少的,在版面上它自己又是视觉上的线。这些空白与上述的字行形成视觉线,在版面上占主要地位。这些空白大,形成的无形视觉线就粗、重,反之则细、轻。粗、重则整个版面易显得从容疏朗;细、轻则版面易显得丰满充实。在设计时应掌握适度,无形线的粗细轻重,应与天头、地脚、订口、切口的大小成正比。

有形线即指版面上实际存在的可见的线条。常用于期刊设计中的线,有水线、花线两大类。常用的水线又有正线、反线、正反线、双正线、曲线、点线、导线等。这种线既用于版面的组合,也用于版面的分割。

正线为一条细细直线,具有明快、淡雅、纤细、轻柔的视觉特征。反线为一条粗的直线,具有粗犷、深沉、庄重、稳重的视觉特征。正反线为一条细线和一条粗线合成，也称文武线，显得庄严、典雅、古朴。双正线为双行细线，显得淡雅、平稳。双反线为双行粗线，显得厚重、突出。曲线为波纹形的线，也称波纹线，显得丰满、优雅、柔软、欢快。点线为点所连接成的直线，显得轻松、淡雅。导线为极短的线段所连接成的直线，显得断续、闪进、轻松。

花线是由多种多样变化的花纹组成的线，又称花边。正如水线显得平正规律，水线的正线纤细轻柔、反线粗犷庄重一样，花线显得多姿多彩、富于变化。同水线一样，花线也是带有不同感情色彩、不同风格的。所以用水线还是用花线，用哪种水线或哪种花线，要根据文章内容和版面风格作不同的选择。

线在版式设计中，是个极富变化性的因素，可以运用线的变化，对版面起多方面的作用。除了为人熟知的分割手段外，还有进行组合的手段。组合线的变化余地是很小的。组合线的变化，主要是字体、字号的变化。有形线的运用以分割版面的变化，在版式设计中具有强化作用和组合作用。同一版面上要安排一篇较长、一篇较短的文章，希望短文章能引起读者注意，版式设计方案之一，就是将这篇短文章用花线四周框起来，或者仅在上下加花线，即使此文排在视觉钝点的版面右下部位，它依然会有使读者注意的吸引力。花线就有这样一种强化作用。有无花线，花线使用法的变化，就使文章在版面上的地位也随之变化而不同。花线不仅在一块版面上将一篇文章组合，而与其他文章分割开来，还可以运用到几个版把多篇文章或一个栏目组合起来。

（3）网纹

网纹是版式构成的组成部分之一。按构成划分，网纹有线网和花网两种。线网即由直线或点线构成的网纹，花网是由花纹构成的网纹。铅排时，前者称为网地，后者称为花地。前者显得朴实，后者显得活泼。网纹可以有各种形状，如正方形、矩形、圆形、三角形、任意形等，矩形应用较广。由于颜色浓淡的不同，每一种网纹都可分为几个等级。网纹可配合其他文字使用，也可单独使用，配合使用，多为文字作衬底，如标题、作者名、栏名、刊名，也可衬正文，有时还可作为文字的阴影，使文字呈现立体化。一种网纹在同一期期刊反复出现，表示彼此之间的一致性。

网纹形状多种，色彩深浅不一，花网又有美丽的图案，所以网纹的运用是美化版面的重要手段。有时版面某一局部色彩较淡，整个版面不太协调，加上网纹便可使版面平衡。加上网纹的不同形状又可表达不同寓意，不同的网纹又可具有表意的作用。

由于用网纹的地方比没有网纹的地方醒目，网纹深的比网纹浅的地方更醒目，面积大的网纹比面积小的网纹更醒目，所以网纹的使用要注意其造成的不同的强势，不能只考虑版面的美化和平衡，更要考虑表意、导读作用。

4. 分栏、转文与标题

（1）分栏

分栏是对期刊内页版心部分的分割。横排期刊分栏是对版心的纵向分割，把版心纵向分割为几部分，也就是分为几栏。各部分之间以狭长的一条空白相隔，这条空白的宽度称为栏距。有的也在栏与栏之间加上有形的水线分割。

版面不分栏，读者双眼从左到右活动距离过大，阅读不便，眼睛容易疲劳，还容易错行。一般 20 字左右的字行长度，较为适宜阅读。版面分栏，富于变化，便于安排，使版面灵活，不显得呆板，还利于图片和标题的配置。因此，分栏不仅有实用价值，也有美化版面的价值，可使版面便于设计得更多样、富有变化，显得更美观。

版面的分栏，多采用等分的方法，即将版面纵向分割成几部分，每部分也就是每栏的字数相等，所以也叫等栏。这种分栏，由于每栏的字数相等，通常是对称的、均衡的，使版面具有稳定感，看起来比较舒适。

有时候也可采用不等分的方法，这种方法分割成的栏称为不等栏。这种不等分的分割方法，往往分为两栏，左宽右窄，或右宽左窄。这种分栏适合安排长文，使版面有变化，又便于安排题图。但不宜安排文包题、上中心竖题这样的排列形式。这种分栏版面看起来不均衡，但是，如果利用打开的连页，排以相反的两个不等栏，就能同样给人以均衡感。

除了纵向的分割方法外，也可有横向的分割，就是把版面横向分割为几部分，每部分又成为段，用水线或留白相隔。横向分割，由于人的视觉是左右对称而不是上下对称的，所以要避免对称和均衡。横向分割时，人的视觉中心并非在上下之间的正中线上，而是稍稍偏上一些，如果上下对称，看起来反而不舒适，只会觉得呆板。

有时，同一个版面上，即同一页码上，如果排的是不止一篇文章，就可以采用纵向分割和横向分割相结合的综合分割方法，使版面富有变化，给读者以意外的新鲜感。

(2) 转文

排版时，有时遇到一篇文章有余下部分需转至另一版上才能登完。这种叫转文或转版，如果由上页直接转至下页无需注明，若转至后面的某一页，则需注明。如果多出的字数比较少，最好的办法是努力删掉可有可无的字、句、段，或者压缩文章大标题所占位置，使文章正好不必转版，保持版面的完整美观。实在没有其他办法时，可以考虑改变正文字号或将行距略微缩短。但这只能偶尔为之，不可多用。因为这容易使版面疏密不同，失去均衡感，不利于版面的美化。如果文章余下的部分较长，上述办法解决不了也就只好转文。转文时，一定要分别注明下转和上接第几页的字样。

转文时稿件的分栏方式应保持一致，另外应注意两者装饰的一致性。转文的部分所放的位置，一般依篇幅大小而定。若转文部分不够半版，则置于下半页，超过半版可置于上半页。如果稿件在上页是排三栏，转文部分也占三分之一版，也可将其置于下页左部第一栏的位置上。在一个双版中，稿件若从左版的下半部排起，转至下页时也占下半版，那么两者的字行高度最好一致，以便读者识别。

(3) 标题

现代期刊越来越讲究标题的制作，讲究标题的设计和排列。因为文章标题概括、提示了文章的内容，多数读者总是喜欢根据文章的标题来选择读哪篇文章，不读哪篇文章，先读哪篇，后读哪篇。标题的字体、字号的变化，标题的排列形式的变化，标题区的形状类型变化，标题装饰形式的变化，标题与标题之间在版面上的布局和组合的变化等，受到普遍的重视。标题的精心设计，成了版式设计的重要环节。

标题制作既要准确、鲜明、生动，又要简练、明了。期刊的读者不同，标题制作也就不同；

一本期刊中,不同文章,它的主要读者层次又有所不同,标题制作也就有所区别。一本期刊中的文章,文体不一样,其标题也就各有自己的特点。文艺作品与学术文章的标题制作各有不同;同是新闻作品,消息和通讯的标题制作又各有自己的特点。

一个好的标题制作出来后,还必须有好的设计才能使之充分发挥作用。首先要考虑标题的字体、字号大小和所占版面的大小。每篇稿件的标题用什么字体、字号,需要根据文章的重要性、标题要突出的内容、标题字数等方面来考虑。一般说来,重要的文章标题字号要大些;主标题的字数多,文章又很重要,可以考虑用粗体字、扁体字(竖题)或长体字(横题);引题或副题的字号要比主标题小,字体也要有区别;同一个标题的字体、字号为突出某一方面也可以不一样。标题所占版面除字符的位置外,还应注意留较多的空白,使版式赏心悦目。

其次,要注意标题排列形式的变化。单行平列式、多行均列式、单行多行直列式、叠字式、直角式、工字式、Z字式、丁字式、波浪式、半圆式、渐进式、突进式以及一些外国常用的右齐式、左齐式、刀把式、倒塔式等也为许多期刊所采用。运用不同标题排列形式,可以使期刊版面显得活泼多变,美观而又富有生气。

第三,注意标题的装饰。许多期刊常使用题图,或标题用上彩色。这些做法,既活跃了版面,又凸显标题,引发人们的阅读兴趣,增加了读者对标题的印象,很好地发挥了导读的作用。

第四,注意题文的配合。盖文题、串文题、眉心题、碑式题、上左题、上右题、文包题、文夹题、对角题等,在标题能统领正文的前提下,根据具体情况可以灵活运用,使版面设计富于变化,给人以新鲜感。但总的原则是题不能离文,要便于阅读。

第五是越来越多的期刊注意两版连排,即在翻开的左右两版中,是需要占用两版的同一篇文章连排在一起,形成一个有机的整体,然后在版式的上部、下部或中部排上通栏大标题,使整个版式气势恢宏。有的两版虽不是同一篇文章,但作为一个统一的版面来编排,左右对称,通过两版上标题排列或题图、插图尾花装饰的相互对应,从视觉上把版面扩大了一倍,给人以舒适的感觉。①

5. 图像和色彩

在谈封面设计时,我们简单讲了图像和色彩。由于现代期刊越来越重视图像和色彩的运用,下面我们再作进一步阐述。

(1)图像

图像包括照片、绘画、图表以及用了装饰的版花等。图像将事物形象、直接地展示在读者面前,它给平面的字页以立体感和深度。图像也是符号的一种,它对观念的有效传递能起到很大的作用,是十分生动而又对视觉有极强吸引力的符号。同正文相比,图像色彩较浓且周围留有空白,具有视觉强势。特别是照片和某些绘画,其强势不仅强于正文,有时也强于标题,形成版面中强烈的视觉冲击。

---

① 许清茂:《杂志学》,厦门大学出版社2002年版,第320页。

图像的作用可以概括为以下几点：

首先，图像可以作为文字的补充。文字只能间接传递事物的形象，而图像却能够直接传递。有时仅用文字难以说清的内容，配以图像，寥寥数字就能让人一看就懂。期刊也可以用图像来烘托文字所写场面的气氛，调节期刊的情调和趣味。

其次，图像具有实证作用。图像特别是照片，是现实的复制品，具有真实性，因此也就具有实证作用。

最后，图像还可以起到美化版面的作用。在一大堆文字当中，配以生动的图像，可以让人感到赏心悦目。文字为主的期刊配上图像，会使整个版面产生一种均衡的美，可以使读者的视觉感受得到变化调节，获得眼睛移动的间歇，不仅可以增加阅读的兴趣，还可以增加阅读的耐力。

要恰当地发挥图像的这些作用，就要善于选择和处理图像。

图像的选择要考虑图像内容是否适当，图文是否相符。配发图像的文章，图像要能提示或图解文章的内容重点。题头画、栏目画属于装饰性的，多着眼于活跃版面，但也应该与文章和栏目内容有联系，至少题头画、栏目图的繁简、风格应与文章和栏目的内容、风格协调一致，表现出同内容有一定的联系。装饰图多起强调、装饰作用，不要求与文章内容有关，但也应有所选择，至少气质、风格应与文章协调。

图像的选择要注意图像的艺术性。期刊图像要配合文稿，符合期刊总体编辑构思，但图像本身又是具有不同程度独立性的艺术品，应有艺术美的感染力。要求图文相符是要求在服从文章内容的前提下去进行艺术的再创造，并不妨碍图片的构图、角度、形象、层次等许多方面的艺术创造。图片拍摄要选择最能表现的角度，选取最具感染力的场景，将主题通过画面传达给读者。

在图片的处理中，要注意写好图片的说明或标题，因为精彩的图片说明能够增加图片的价值，也能增加文章和整本期刊的价值。还要对图片进行一些必要的加工修改，突出画面上想突出的人或物。在版面上，还要注意图在版面上的排法，可以有图形的变化、图版的变化、图位的变化等。

(2) 色彩

随着社会的发展和印刷技术的日新月异，现代期刊使用色彩的比重日益增加，许多期刊除了封面用彩印外，内页中某些标题、正文或画页也使用彩色。由于彩印技术为我们提供了无尽的色彩，使期刊版面变得鲜艳生动、富有活力。使用色彩并不是简单地出于美感的需要，而是为了帮助读者便捷而有效地获取它所需要的信息。同一个版面色相众多，会令人眼花缭乱。色彩过多使用的结果，就和框、线在不必要的地方出现一样，只会认为地增加阅读的障碍。对于色彩的具体运用，前面关于封面的讲述中已经提及，就不在此赘言了。

(三) 版式设计的步骤

1. 熟悉稿件内容

研究稿件，熟悉稿件的内容，这是版面设计的第一个步骤。好的期刊版式，都是形式和内容的完美统一。版式设计人员必须熟悉稿件内容,针对不同的内容去设计出不同的版式。版式设计如果只由美术编辑负责完成,由于工作量太大,往往难于熟悉稿件内容,因此最好由稿件编辑和美术编辑联合完成。

2. 安排稿件次序

期刊一般有相对固定的栏目,什么文章该放在什么栏目,一个栏目里的文章,哪篇在前哪篇在后,也得有个分析判断,事先作出安排。有些没有固定栏目的期刊,还要考虑哪类文章要归在一起,哪类文章要适当错开。所以必须通读全部稿件后,才能作出正确的判断。

3. 计算稿件的字数

准确计算字数,是搞好版式设计的基础。否则,不是字多排不下,就是字少空出一截。期刊一般不排小样,计算起来比较困难。因此,要一行一行数,不能做大概的"估计",这是一项十分具体的工作。

4. 具体进行设计

首先要考虑分栏,然后再确定标题的高度和宽度,图片的宽度和高度,以及正文字行长度和转文等。接下来要把版式的大体设想画在版样纸上,最好将大体设想输入到组版终端,然后直接在上面画版,这样改动起来就很方便。最后应标明标题、正文、落款的字体、字号。

第四节 我国各类期刊编辑特点

一、新闻类期刊的编辑

(一)我国新闻类期刊发展的历史和现状

从宽泛意义上讲,揭开我国新闻周刊发展序幕的是陈独秀于1918年创办于新文化运动时期的《每周评论》。此后,内战不断,国难当头,知识界为拯救国运,纷纷主办刊物救国,新闻周刊也得到了充分的发展;1922年蔡和森主编的《向导》周刊及1925年邹韬奋创办的《生活》周刊是当时名动一时的著名刊物,影响深广。

邹韬奋在1926年出任《生活》主编后,注重短小精悍的评论和有趣味、有价值的材料,并在信箱一栏中讨论读者所提出的种种问题。对于编排方法的新颖和相片插图的运用,也很注意。邹韬奋以讨论社会问题为主——这实际上已经完成了国内纯文学、纯学术性旧期刊模式的突破,一本符合现代主题化"新闻周刊"雏形已现。

抗日战争时期,随着战火的延伸、战地记者的活跃及战争新闻的阅读需求,使得新闻期刊迅速增多,如《新闻战线》、《新闻记者月刊》、《战地记者》等富有战斗性的新闻期刊投身于对敌作战的宣传上。但新中国成立前的这些期刊,都是以刊登意见、争论为主,新闻没有占到很大的比例,而且还有相当一部分是政党刊物。

新中国成立后,由于党在宣传上作的调整和高度计划的影响,新闻期刊一度消失在传媒阵营内。直到改革开放后的1980年,定位于"时事政策顾问,学习生活益友"的《半月谈》在北京出版,终于结束了新闻期刊刊30年断代的尴尬。

随后在1984年,新华社主办的《瞭望》以"中国最早详尽报道中国高层决策信息的新闻刊物"形象面世。这两本带"官方"色彩的期刊给这个时代的新闻类期刊抹上了浓重的政治墨迹。

踏入文化全球互通与经济效益杠杆结合的时代,20世纪90年代,中国传媒业开始觉醒,新闻期刊的觉醒速度尤其快。短短几年间,北京的《三联生活周刊》、广州的《新周刊》、深圳的《深圳风采周刊》(后更名为《深圳周刊》)先后创刊,以其现代期刊理念超越了传统新闻期刊的旧模式,初露锋芒,展开了新生代新闻周刊的新篇章。

世纪之交,国内新闻期刊方兴未艾,1999年上海有了文汇新民报业集团主办的《新民周刊》;同年中国新闻社主办的《中国新闻周刊》于2000年1月正式创刊;2003年11月18日国内最为权威的官方通讯社新华社以《瞭望》为依托,在上海创办了《瞭望东方周刊》,该期刊以公司化运营为载体,采取与国际接轨的新闻采写、版面设计,期望创造出不同于"新华文化"的新兴媒体。而2004年10月11日中国(海南)改革发展研究院主办的《新世纪周刊》的改版成功,2.5元的价格也昭示着"薄型"政经周刊的诞生,该杂志倡导"综合新闻期刊不是奢侈品"的理念,确实给目前新闻期刊价格偏高的局面注入了新鲜空气。

另外由凤凰卫视主办的《凤凰周刊》、广州日报集团的《南风窗》、南方日报集团的《南方人物周刊》在整个新闻行业中也有比较高的影响力和辐射力。

(二)新闻类期刊的特征

1. 紧跟形势,反应迅速

同报纸、广播、电视比,期刊的传播速度最慢,然而在期刊世界中,传播速度最快,反应形势最及时的,还是要数新闻类期刊。新闻类期刊的刊期,在期刊家族中是最短的。新闻类期刊,一般多为周刊,次为半月刊,少为月刊,几乎没有双月刊或季刊,这是由期刊的性质——新闻性决定的。

所谓新闻性,即新闻期刊报道、介绍、评论的是国内外新近发生的事物、新近涌现的人物、新近冒出的事物的苗头,新近取得的成就,新近获得的经验,新的生活观念,新的生活方式等。也就是说,它关注的是新闻,不是旧闻,这是新闻期刊最根本的特性,是新闻期刊存在的唯一合理的理由,也是新闻期刊与其他期刊的根本区别。

2. 信息容量大,报道问题深

新闻期刊上的新闻不像报纸等其他媒介上的动态新闻那么零碎,而是加强了新闻的综合与分析,给人以较完整的认识。它不是一般的消息,它通过对报道主体进行综合的、立体的和多维的深度报道,揭示运动着的事物的内在矛盾,开掘事物的深层次的内涵。能够帮助读者更多地了解事件的详细情况,了解事件的背景、影响及其发展趋势等。换句话说,就是新闻期刊上的新闻有一个理性沉淀的过程,是对新闻事实的再评述。这是和新闻性紧密相连不可分割的一个特性,也是新闻期刊和报纸、广播、电视等媒介相区别、相竞争的一个最重要的特性。

3. 图文配合,深化主题,传达时尚特色

期刊报道的手段主要有两种,一种是文字,一种是图片。摄影科学和印刷技术的现代化,为新闻图片这种报道手段的发展提供了便利的条件。图片以其瞬间定格的优势,承载着许多重大的历史和现实的信息。作为一种有效的信息载体,图片的记录和直观传递某种信息的功能,常常是文字无法取代的。它有较强的视觉冲击力,内容与文章主题有较强的关联性,能够切中文章的要点,对读者阅读起到"画龙点睛"的作用,在一定程度上起到深化文章主题的功能。

此外,期刊的质量和品位是由多种元素构成的,图片以其生动直观、装饰意味浓郁的特色已经成为其美化版面、传达时尚特色的重要方式。虽然报纸和期刊都越来越注意发挥图片在新闻报道中的纪实作用和形象优势,但是,由于期刊的纸张和印刷条件都比报纸要好,加上大多采用彩色印刷,其效果非报纸可比。

(三)新闻类期刊的编辑要求

1. 编辑方针明确

一家新闻性期刊能不能办出特色、办出水平来,关键在于其编辑方针是否符合实际需要、是否富有个性、是否顺应社会发展趋势和读者对象的要求。编辑方针一般在刊物创办之前就酝酿好,并在创刊号上用"发刊词"、"致读者"、"编辑的话"等形式予以公布,以求社会和读者的了解和合作。

2. 要有一两个名牌专栏

名牌期刊几乎总是和名牌专栏结伴而行的。期刊的专栏和报纸的专栏有同也有异。相同之处是都有固定的栏名,专栏中的稿件均有某一方面的共同性,专栏有相对的独立性。不同之处是,从组成上说,报纸的专栏一般都是由若干篇稿件组成,期刊的专栏往往可以只发一篇文章;从版面上说,报纸的专栏只是报纸版面的局部,若是整个版面,就叫专版或专页,而不叫专栏,期刊的专栏一般都要占几个整页。

期刊的专栏,按内容分有时事性专栏,有言论性专栏,有专题性专栏,有知识性专栏等。期刊上的一些有特色,有力度的专栏,是读者急于阅读或重点阅读的对象。名牌专栏、知名专栏作家,是编者和读者的共同需求。

3. 要做到指导性和可读性的统一

新闻类期刊和报纸、广播、电视一样,担负着传播党和政府的决策号令,记录时代变化的任务,具有指导性作用。然而,报纸、期刊光讲指导性是不够的,还必须讲可读性,要做到指导性与可读性的统一。文章只有写得生动有趣,给人可亲、可信、可读之感,指导性才能得以实现。

二、科技期刊的编辑

我们这里讨论的科技期刊,是指自然科学范畴的期刊。

(一)我国科技期刊的发展

科技期刊是个大家族,国家新闻出版署1987年登记在案的5500种期刊中,科技期刊有2200种,占五分之二强,为解放初期87种的25.3倍。截至2012年,我国目前出版发行的科技期刊约为5000种,约占全国现有期刊总数的50%,数量仅次于美国。[1] 我国科技期刊发展所取得的成绩令人鼓舞,但是,我国的科技期刊与发达国家包括一部分发展中国家相比,仍然有明显的差距。

我国最早的科技期刊是1887年出版的《博医会报》(有的资料认为创刊于1897年8月的《农学报》为我国科技期刊之始)。1915年,中国科学会创办了《科学》杂志,同年11月,成立才九个月的中华医学会用中、英文出版了《中华医学》期刊,中国工程师学会出版了《工程》期刊。1919年,《北京大学月刊》问世,1922年,中国地质学会创办的《中国地质学会志》出版。

在旧中国,政治腐败,科学落后,科技期刊发展缓慢,除了大学学报以外,不过三十余种,且大多经费拮据,销售寥寥,影响很小。

新中国诞生后,科技期刊经历了一条"高—低—高"的发展道路。在"文革"十年内乱时期,数百种科技期刊惨遭摧残,几亿人读一种期刊。党的十一届三中全会以后,科技期刊的发展呈现出空前的繁荣景象。

(二)科技期刊的作用

人类的科学发现、发明正以惊人的速度上升。与科学技术的飞速发展相适应,全世界公开发表的科学论文越来越多。这些科技文献,65%是由各种科技期刊发表的。世界上各个科技学会、科技组织及著名学府,都以办好学术期刊为其崇高职责,各主要学科都有自己的核心刊物。在科技期刊这个大家庭中,除了高、中级学术性刊物外,还有大量的科普期刊。科技期刊的作用主要表现在以下几方面:

1. 促进生产力的发展

科学技术是生产力,而且是生产力中最活跃的因素。科学技术的生产力属性是确定的,科学技术促进生产力发展的作用是不容置疑的。科技信息的传播,自从科技期刊出现以后大多是通过科技期刊来实现的。科技期刊是科技人员最重要的情报源。科技期刊所传播的科学新发现、新发明、新成果的信息,在促进生产力的发展中,起着越来越重要的作用。

2. 指导科研与生产

现代科学技术对于科研与生产所起的作用,不仅体现在要将一项项具体的科学发现与技术发明应用于个别的科研课题或某一商品的生产上;而且还体现在对国家的经济决策,发展战略进行科学指导,如对整个社会情况的精确评估、经济建设目标的精当确定、社会生产力的合理布局、资源和能源的最佳利用安排等等。

---

[1] 杨林:《中国科技期刊总数5000居世界第二,整体质量不足》,《人民日报》2012年10月30日。

3. 记录科技发展的进程

科技期刊几乎是全方位地记录了科技发展的进程，具有珍贵的史料价值。人们只要打开一本历史悠久的科技期刊，就可以发现这个期刊所反映的该科技领域的历史轨迹，发现在不同时期、不同阶段人们所关注的内容及研究成果。通过它，人们可以厘清其发展脉络，总结出这一领域的科技发展规律，进而探求其今后的发展趋势。

4. 培养人才

读者通过科技期刊，可以增加知识积累，促进知识更新，完善知识结构。众多科技期刊为广大科技工作者送去新信息、新理论、新知识、新技术，能够培养相关的专业人才。

5. 开展学术交流

自然科学的真理性永远在于它反映自然界的真实程度如何，而与阶级利益、集团利益无关。自然科学本身是没有阶级性的，也是没有国界的。当今世界，学术交流日益成为世界各国加速发展生产力的重要途径。作为科学信息载体的科技期刊的交流，是国际学术交流的最普遍、最重要、最简便的手段。利用科技期刊进行学术交流，时空限制小，具有连续性、广泛性和经济性等特点。①

（三）科技期刊编辑的要求

1. 首先要掌握坚实的专业知识

科技期刊编辑要有坚实的理论基础。要了解本专业过去的、现在的和未来一段时间的发展情况，了解本领域的一般研究方法。不仅在某个学科上有精深的专业知识，而且要熟悉相邻学科的情况，经常注意边缘学科的信息，应随时掌握科技发展动向，不断更新知识。紧密追踪当前的难点与热点，捕捉最新的学术科研成果，把刊物的首次报道工作落到实处。

2. 熟悉编辑规范

一篇科技论文如果失去了规范性和可读性，将严重降低它的价值，有时甚至会使读者怀疑它报道的研究成果是否可靠。学术期刊是贮存新的科技信息的数据库，是交流和传播科技的媒介。学术编辑的任务就是把最新的科研成果以简洁明了的方式表达出来，让读者了解并裨益其科研工作。编辑应加强编辑规范学习，认真研究图表、文摘、参考文献的处理，努力提高刊物的编辑质量，规范出版物体例等等。编辑工程包括了期刊的总体设计和编辑出版流程、选题、组稿、审稿、编辑加工、数据处理、插图、表格、语病分析、装帧设计、校对工作和印刷等，它包含了期刊出版中的每一个步骤，编辑必须认真研究，把作者提供的素材以规范的格式表达出来，提高论文的可读性。

3. 要有市场意识

科技期刊是一种特殊的商品，它也需要市场，需要消费者。在市场经济中，要想使刊物求得生存和发展，作为科技期刊编辑必须具有市场意识，要学会研究科技、信息市场，掌握科

---

① 许清茂：《杂志学》，厦门大学出版社2002年版，第359页。

技市场动向和科技期刊读者群的状况,以保证刊物的持续发展。

三、生活消费类期刊

我国生活消费类期刊的创办,绝大部分是在改革开放以后,特别是80年代中期开始的,消费的"禁区"被冲破,人们生活状况日益改善,消费水平不断提高,重视消费逐渐成了一种社会趋势,生活消费类型的期刊便应运而生了。通过对我国消费类期刊的统计分类,发现我国共有消费类期刊1276种,占我国全部期刊总数的13.04%。[①] 消费类期刊的发展,既具有自身内在的规律性,但更主要地与国民经济和社会发展程度密切相关。随着我国经济社会和国民生活消费发展,读者对消费类期刊的需求也在不断地增加。我国生活消费类期刊大致可以分为大众文化类、娱乐休闲类、财经类和生活服务类。

(一)大众文化类期刊

20世纪80年初到90年代初,大众文化期刊崛起,涌现了《读者》、《知音》、《家庭》等这样一批大众品牌期刊。大众品牌期刊的读者对象是大众。发行量大是这类品牌的共性,三大品牌的发行量都在几百万份,其中发行量最大的《读者》曾达到600万。大众品牌期刊长期以来以发行收入为主,广告收入所占比例很小。自90年代后期,大众品牌期刊的广告增长加快,广告收入在总收入中的比例也明显提高。近年来,大众品牌期刊为了迎接市场挑战纷纷开始创办子刊。目前三大大众品牌期刊都已拥有刊群。刊群最大的是《知音》,共拥有8本期刊。三大大众品牌在创办刊群的同时也开始了多元化经营,加快集团化发展。《家庭》已成为国家主管部门批准的中国第一家期刊集团。

而另外一些如电影期刊、文学期刊等,由于时代的变迁,读者的关注点发生变化,而使这些期刊出现了一个从鼎盛到衰落的过程。这一阶段消费类期刊的主要特征是畅销期刊均以大众文化、知识和情感消费为主要内容,经营模式是以发行收入为主要收入来源。[②]

(二)娱乐休闲类期刊

20世纪90年代中期,随着我国国民经济的腾飞和国民收入的提高,国民日渐关注生活质量的提高,娱乐休闲类期刊中的时尚类期刊开始从无到有,迅速发展起来,涌现了《时尚》、《瑞丽》、《世界服装之苑》、《追求》、《世界都市》等一批时尚品牌期刊。经过十年左右的培育和发展期,以美容、服饰等为代表的时尚类娱乐休闲期刊已成为目前期刊界最耀眼的期刊门类。

时尚品牌期刊的读者对象主要是年轻女性。其广告市场目标主要是服装和化妆品。这一阶段,全彩期刊开始逐步增多,并成为新创市场化期刊的主体。这也是时尚类期刊新创期刊的基本要求,与之相应,广告收入成为期刊利润的主要来源,发行收入仅能保本甚至亏本。时尚品牌期刊的发行量一般不大,在几万到十万之间(百万大刊只有一本),但广告收入丰

---

① 徐升国:《消费类期刊:发展趋势与投资机会》,《传媒》2005年第9期。
② 徐升国:《消费类期刊:发展趋势与投资机会》,《传媒》2005年第9期。

厚,是典型的以广告收入为主的期刊。在全国期刊发行市场上,时尚期刊所占份额很小,在全国期刊广告市场上,时尚期刊占了将近三分之一的份额。《时尚》、《瑞丽》、《世界服装之苑》三大时尚品牌年收入都已过亿。

时尚期刊虽然只有短短十年的历史,但发展迅猛。时尚品牌已出现集团化,《时尚》和《瑞丽》都已拥有刊群。其中《时尚》杂志的子刊已有12本,是国内最大的期刊刊群。时尚期刊的市场细分在向纵深发展。出现了时尚健康、时尚家居、时尚美容、时尚先生等一系列细分杂志。最近几年时尚期刊更是蜂拥而上。目前期刊市场上的时尚杂志已有几十本,时尚品牌期刊也有十余本。市场基本饱和,进入门槛越来越高。

此外,由于时尚生活方面内容国内原创性有限,同时国内期刊界对此类期刊的运作经验缺乏,因此时尚类期刊的代表性期刊均通过中外合作引进国外内容和运作模式方式进行运行,期刊业的国际化趋势开始显现。

从未来发展看,包括美容、服饰等在内的时尚类期刊仍将保持旺盛的发展势头,其在期刊市场中的中坚地位将进一步巩固。此外,其他休闲娱乐类期刊如男性类、休闲玩乐类、青少年类等也是期刊业发展的热门类别,这些期刊将一直是期刊业竞争的主战场。

(三)财经类期刊

20世纪90年代末和21世纪初,随着金融证券业的发展和国有企业体制改革的深入,财经期刊崛起,涌现了《财经》、《新财富》、《理财》、《中国企业家》等一批财经品牌期刊,成为消费类期刊的热门投资领域。

财经品牌期刊的目标读者是商界白领,其发行量一般在几万份左右。虽然财经期刊的定价都在10元左右,但发行基本不赚钱,与时尚期刊一样是靠广告为生。财经期刊在全国期刊广告市场上所占份额接近20%,仅次于时尚期刊位居第二。财经品牌期刊的年收入也已达到几千万元。

从期刊的总体质量上来看,我国时尚期刊质量与国际同类期刊的质量已相差不多,但国内财经期刊的质量与国际财经大刊比相距甚远。究其原因一是国内财经期刊市场发育不成熟,二是资本与人才严重匮乏。运作财经期刊无疑需要大量资本和专业人才,而这两样在大多数国内财经期刊中都没有。

国内羽翼未丰的财经期刊还面临着海外财经大刊的强烈冲击。国际财经名刊登陆中国主要有两种途径:一是出中文版通过"中图"进来,如美国的《财富》;一是搞版权合作,如美国的《商业周刊》。目前一些国际财经大刊正试图寻找新途径更深地介入财经期刊市场。事实上通过第一条途径进入中国的外刊只能进入饭店宾馆,是不能在全国公开发行的;但即使是这样,一本《财富》中文版占据了中国财经期刊广告收入的榜首。

(四)生活服务类期刊

近几年,伴随着人们的生活品质进一步提高,生活更加精细化,汽车类、家居类、宠物类、健美类、饮食厨房类、购物指南类等生活服务类期刊开始成为期刊投资的新亮点,发展比较迅速。

城市生活类期刊目前正处于新生成长时期,在目前的期刊市场格局中与其他期刊类别和城市媒介形态处于相互磨合发展的阶段,相对于时尚、财经类期刊而言,这类期刊还尚未形成稳定的期刊群和竞争主力,其数量还比较少。总的来看,城市生活类期刊的背景各不相同,既有老牌转型后的新面孔,如立足广州的《城市画报》、北京老牌期刊《生活资讯》;也有新近创刊打造城市时尚指南的期刊,如国外著名城市期刊《WALK》在国内大城市所策划的"漫步"系列期刊,及提出要做中国《纽约客》的《名牌世界·乐》和中国出版集团的"动感"城市系列;还有一类虽采用报纸形态但实际按照期刊操作手段运作的城市生活周报,如《周末画报》、《上海壹周》。

从目前的发展态势来看,生活服务类期刊主要可分为两类:一类以都市的生活方式和消费时尚话题为主,《城市画报》最具代表性。该杂志将目标读者锁定在国内大中城市 25—35 岁的年轻读者,在内容策划上通过五个板块栏目的设置(城市报道、生活、文化、专栏和消费)将资讯、时尚、新闻与娱乐结合,行文注重"私人感受的发掘与镂刻",全方位地展现城市话题,捕捉城市青年的生活状态以及生活方式的趋向,建立属于他们的新的生活意识形态。

另一类则是以《纽约客》和《TIME OUT》的杂交身份登场的《名牌世界·乐》为代表,该期刊试图将文化品质与实用消费指导相结合,将目标群体锁定于城市新兴中产阶层,通过专栏作家的专业评论水准把玩城市的饮食、休闲、时尚、夜生活、音乐、电影等流行文化,关注城市人群的趣味消费,充当城市生活的风向标。这类杂志希望借鉴国外成熟的生活资讯杂志的办刊理念,按照城市消费指南(city guide)模式运作,在信息内容的采集上将大城市作为首选地区,以时尚引导的密集信息量和实用的消费评论作为首要特色,极力打造都市有闲阶级的玩乐地图。①

中国的生活消费类期刊在成长之初就出现了几个问题,一是核心理念和目标定位不明晰,二是单一消费资讯的提供和过分商业化渲染,三是选题内容和运作模式上与时尚类期刊的近似或雷同。这些问题在以后办刊中应该仔细琢磨。

虽然目前缺乏成熟规模的读者群体和阅读习惯,但随着城市经济发展和消费水平提高,那些具有知识优势和专业才能,能够参与社会财富、社会资源分配的精英群体,生活中关注和审视自己的生存状态,讲求生活品质的消费群体以及需要参考城市期刊中消费时尚和生活理念的新型群体,都是生活服务类期刊需要捕捉和培养的目标读者。生活服务类期刊涵盖面广,可细分化空间大,目前的发展仅仅是初露端倪,未来还有广阔的发展空间。

---

① 杨宁:《城市生活类杂志:想说爱你不容易》,http://av.ewen.cc/music/bkview.asp? bkid = 99775&cid = 274823

参考文献

著作：

方汉奇、李矗：《中国新闻学之最》，新华出版社2005年版。
蔡雯：《新闻编辑学》（第二版），中国人民大学出版社2010年版。
范敬宜：《总编辑手记》，人民日报出版社2010年版。
方汉奇：《中国新闻事业简史》（第二版），中国人民大学出版社1995年版。
刘行芳：《实用新闻编辑学教程》，西南师范大学出版社2006年版。
甘惜分：《新闻学大辞典》，河南人民出版社1993年版。
郑兴东、陈仁风：《中外报纸编辑参考资料》，中国人民大学出版社1989年版。
余家宏、宁树藩、徐培汀、谭启泰：《新闻学简明词典》，浙江人民出版社1984年版。
赵鼎生：《西方报纸编辑学》，中国人民大学出版社2002年版。
[美]达里尔·莫恩：《美国报纸组版和设计》，上海外语教育出版社1989年版。
沈兴耕：《报纸编辑实务》，中国广播电视出版社2000年版。
吴飞：《新闻编辑学》，浙江大学出版社2003年版。
郑兴东、陈仁风、蔡雯等：《报纸编辑学教程》，中国人民大学出版社2005年版。
[斯洛文尼亚]阿莱斯·艾尔雅维茨著，胡菊兰、张云鹏译：《图像时代》，吉林人民出版社2003年版。
盛希贵、周邓燕：《新闻摄影实务》，北京大学出版社2010年版。
何燕龙：《北大方正飞腾4.1实用手册》，人民交通出版社2004年版。
高萍：《方正飞腾4.0实用基础教程》，北京希望电子出版社2002年版。
张胜涛、王忆波：《方正飞腾4.0实用培训教程——实用培训教程系列》，清华大学出版社2005年版。
吴岚：《方正飞腾排版应用教程》，印刷工业出版社2006年版。
徐柏容：《期刊编辑学概论》，辽海出版社2001年版。
宋应离主编：《中国期刊发展史》，河南大学出版社2004年版。
张天定、郭奇主编：《编辑出版学》，河南大学出版社2003年版。
中国期刊协会、期刊研究所主编：《中国期刊产业发展报告》，社会科学文献出版社2005年版。
邹韬奋：《韬奋文集（第三卷）》，三联书店1978年版。
许清茂：《杂志学》，厦门大学出版社2002年版。

［美］伦纳德·孟格尔著，朱启文、崔人元译：《期刊经营》（第四版），河北教育出版社2004年版。

方毅华、郝丽丽：《编辑学概论》，中国广播电视出版社2007年版。

姚福申：《中国编辑史》，复旦大学出版社2004年版。

多萝西·A·鲍尔斯、黛安·L·博登著，李矗、陈阳、冼汉瑞译：《现代媒体编辑技巧》，新华出版社1999年1月版。

艾丰：《新闻写作方法论》，人民日报社1996年7月版。

艾丰：《新闻采访方法论》，人民日报社2004年版。

吴飞：《编辑学理论研究》，浙江大学出版社2001年版。

谢新洲：《网络传播理论与实践》，北京大学出版社2004年版。

张国良主编：《传播学原理》，复旦大学出版社2002年版。

郑兴东主编：《报纸编辑》，武汉大学出版社2000年版。

郑兴东、沈史明、陈仁风、包慧：《报纸编辑学》，中国人民大学出版社1988年版。

蔡雯：《新闻传播的策划与组织》，新华出版社2001年版。

赵振宇：《新闻策划》，武汉出版社2002年版。

王晓宁：《现代新闻编辑学》，郑州大学出版社2004年版。

何梓华主编：《新闻理论教程》，高等教育出版社1999年版。

许正林：《新闻编辑》，上海大学出版社2004年6月版。

王振亚：《报刊广播电视编辑学》，陕西人民教育出版社1990年9月版。

韩松、黄燕：《当代报刊编辑艺术》，复旦大学出版社2006年12月版。

李仁民：《报纸版面编排技艺》，辽宁大学出版社1991年4月版。

罗小萍：《新编新闻编辑学》，法律出版社2004年8月版。

张子让：《标题制作与版面设计》，复旦大学出版社1996年5月版。

红旗杂志社总编室：《怎样做好编辑工作》，红旗出版社1986年5月版。

林永仁、杨尚聘、熊庆文：《小型报纸实用编辑学》，新华出版社1992年7月版。

桑金兰：《报纸版面创意艺术与电脑编辑》，复旦大学出版社1999年版。

王永赋：《报纸版面学》，人民日报出版社2001年版。

杨明森：《报纸的美学魅力》，中国劳动出版社1992年版。

孔繁根：《摄影采访与图片编辑教程》，中国人民大学出版社1990年版。

杨树增：《新闻编辑艺术》，河南大学出版社1998年版。

吴建：《新闻摄影学》，四川大学出版社2005年1月版。

罗贤梁：《报纸副刊学》，百花洲文艺出版社1991年2月版。

张默：《新闻采访写作》，武汉大学出版社2000年版。

穆青：《新闻工作散论》，新华出版社1983年版。

喻国明：《解析传媒变局》，南方日报出版社2002年版。

王灿发：《现代报纸副刊专刊透视》，远方出版社2005年版。

王国庆:《中国报业年度发展报告(2005)》,2005年8月5日在第二届报业竞争力年会的讲话。

吴飞、顾杨丽、王淑华:《新闻编辑》,中南大学出版社2006年版。

席文举:《报纸策划艺术》,中国社会科学出版社2000年版。

王武录主编:《十四大以来〈人民日报〉版面研究》,中国传媒大学出版社2006年版。

冯并:《中国文艺副刊史》,华文出版社2001年版。

文章:

赵晓梦:《一条微博引发纸媒变革的四点思考》,《中国记者》2010年第10期。

曾祥惠:《瞄准一流 激情跨越——湖北日报全新改扩版介绍》,http://media.cnhubei.com/2012-03/14/cms1056598article.shtml

蔡雯:《媒介背后的"智多星"与"智囊团"——策划主题研究之一》,《当代传播》2000年第1期。

张宏荣、吴显峰:《从全程策划中提升党报新闻报道影响力——兼析〈合川日报〉做精做强重大主题报道的三种策划模式》,《新闻研究导刊》2013年第1期。

许向东、文早:《新媒体环境下报纸新闻传播的变化与走势》2010年第5期。

周跃敏:《以"真、新、实"塑造党报新文风——新华日报创新文风的实践与思考》,《新闻与写作》2013第3期。

赵新乐、晋雅芬:《2013年全国两会新闻报道研讨会综述:大倡"短新实"共话中国梦》,《中国新闻出版报》2013-03-22。

宋应离、袁喜生、刘小敏:《20世纪中国著名编辑出版家研究资料汇辑》第3辑,河南大学出版社2005年9月第1版,第417页。

年度虚假新闻研究课题组:《2012年虚假新闻研究报告》,《新闻记者》2013年第1期。

刘霆昭:《新闻报道要符合客观真实的原则》,《新闻与写作》2012年第11期。

肖小明:《新闻导语写作症候探析》,《青年记者》2012年6月上。

魏志刚、桂红星:《编辑环节防止后生差错浅探》,《新闻前哨》2012年第9期。

周善:《报纸新闻稿件配置的互文性及话语秩序》,《新闻爱好者》2011年第8期。

腾抒:《我国报纸版面演化轨迹探源》,《中国出版》2005年第5期。

郑兴东:《报纸版面风格的构建》,《新闻战线》2002年第11期。

殷莉:《西方报纸版面的历史演变》,《中华新闻报》2004年6月25日。

蔡雯、甘露:《西方报纸版面变革及其动因探析》,《国际新闻界》2002年第8期。

张金玺:《美国报纸版式的流变与动因》,《中国青年政治学院学报》2002年第2期。

杨艳:《论现代报纸版面设计艺术》,《西华师范大学学报(哲学社会科学版)》2005年第6期。

邓榕、杨旭明:《厚报时代报纸版面视觉冲击力的营造》,《新闻界》2004年第6期。

陈伟：《报纸设立"视觉中心"之我见》，http://www.cnpps.org/content/2008-09/09/content_697.htm

毛玉西：《巧用"组合图"增强版面视觉冲击力》，《中国记者》2005年第1期。

臧宾：《构建国际化的版面语言》，《青年记者》2003年第7期。

向飒：《试论版面语言的强化及应关注的问题》，《焦作二学院学报》（社会科学版）2004年第3期。

王友仁：《试析报纸版面"过度包装"倾向及其对策》，http://www.quanlong.com/

解耕：《新理念下的报纸版式——从版面实例阐述"报版人文观"》，2002.08.15 http://www.my9w.com/baozhibanmian/banmianxinshang/index.htm

张永璟：《怎样发挥新闻照片在报纸上的作用》，《中国记者》1992年第5期。

韩生华：《浅论当下报纸图片新闻的应用与趋向》，《中国新闻出版报》2011年5月3日。

南振中：《电视的冲击力和报纸总编辑的慧眼》，《中国记者》1990年第10期。

陈怡：《传媒进入读图时代，新闻图表有助于阐释新闻信息》，《今传媒》2011年第3期。

张在旋：《浅谈图片编辑对新闻照片的使用》，《新闻界》2002年第4期。

许林：《〈华盛顿邮报〉图片处理15条"军规"》，《中国摄影家》2008年第4期。

李仁臣：《思考的相机》，《新闻战线》1999第12期。

田成：《论期刊栏目特征》，《出版发行研究》1999年第7期。

陈小华：《期刊原创性选题的功能体现和实施途径》，《锦州医学院学报》（社会科学版）2006年第4卷第4期。

苏米、方李：《关于杂志封面设计的几点思考》，《装饰》2005年3月。

陈俊鸿：《期刊封面的视觉形象识别》，《编辑之友》2001年第4期。

徐升国：《消费类期刊：发展趋势与投资机会》，《传媒》2005年第9期。

陈江：《爱国主义的颂歌——维新运动时期的期刊》，《出版史料》1992年第2期。

杨宁：《城市生活类杂志：想说爱你不容易》，http://av.ewen.cc/music/bkview.asp?bkid=99775&cid=274823

杨林：《中国科技期刊总数5000居世界第二，整体质量不足》，《人民日报》2012年10月30日。

[美]马里奥·R·加里亚：《第一版设计》，郑兴东、陈仁风：《中外报纸编辑参考资料》，中国人民大学出版社1989年版。

宋铁军：《互联网时代 新闻从业者的最新挑战——在记者训练营的讲座》http://blog.sina.com.cn/tongxunyuan

金宏伟：《张威：实例解读硬新闻写作十大要点》，敏思博客 http://www.blogms.com

李海阳：《当前报纸版面设计有哪些误区》，《城市党报研究》2006年第1期。

蔡雯：《美国报纸"重新设计"探析》，《传媒观察》2006年第7期。

许期卓：《视觉符号的创新——美国报纸图形图表设计技巧的运用》，《中国记者》2006年第3期。

王君超：《当代流行报纸版式批评》，《新闻传播》2003年第6期。

蔡雯:《对当代中国报纸版面革新的观察与思考》,2003年5月1日新华网。

耿过友、王安娜:《欧美报纸版面编排与设计》,《新闻出版导刊》2002年第3期。

南振中:《电视冲击力和报纸总编辑的慧眼》,《中国记者》1990年第10期。

聂晶磊:《论新闻照片现象真实与本质真实的统一》,《开封教育学院学报》2005年第3期。

何龙盛:《新传播时代的图片应用》,《国际公关》2006年第4期。

陈娜:《报纸副刊功能的嬗变》,《青年记者》2007年第12期。

丁浪:《谢觉哉同志谈晚报》,《晚报纵横谈》1983年版。

赵国栋:《关于办好报纸副刊专刊的几点思考》,《新闻爱好者》2006年第1期。

殷宗伟:《浅谈报纸版面艺术美感》,《潍坊高等专科学校校报》2001年第1期。

左正红:《现代报纸副刊编辑亟须"大编辑意识"》,《采编纵横》2003年第12期。

董广安、赵国政:《晚报专刊初探》,《焦作工学院学报》(社会科学版)2000年6月1卷2期。

张蕾:《当今都市类报纸的新特点及其发展趋势》,《内江师范学院学报》2007年第22卷第1期。

赵国政:《关于都市报版面设计的思考》,《山东师范大学学报》(人文社会科学版)2002年第3期。

章勇思:《努力使党报版面异彩纷呈》,《新闻战线》2002年第11期。

杨兴峰:《高度决定影响力》,广州南方日报出版社2004年版。

路国贤:《报纸版面编排要做到三讲》,《新闻爱好者》2003年第10期。

李健吾:《向主流媒体进军——都市报发展趋势谈》,《新闻战线》2007年第6期。

王灿发、董广安:《论当今报界"黑马"——都市报(下)》,《当代传播》1999年第3期。

王灿发:国家社会科学基金项目《90年代报纸副刊变革研究》研究报告。

杨志勇:《解析党报编辑工作的五大矛盾》,《军事记者》2006年第1期。

高培峻:《试析党报的重大主题报道》,《人民共和国党报论坛》(2005年卷),中国传媒大学出版社2006年版。

任建中:《党报党刊如何真正走向"三贴近"》,《共产党人》2006年第3期。

耿玉珠:《强化创新意识　保持版面活力》,《采写编》2006年第3期。

陈东、邵雪廉:《党报需要什么样的社会新闻?》,《新闻战线》2006年第12期。

谢宇彤:《党报时事编辑的综合素质》,《新闻窗》2006年第1期。

陈伟军:《论党报头版编辑的主体意识》,《新闻界》2004年第4期。

后 记

《报刊编辑与策划》一书是应教学之需而编写，可以供媒体创意专业、新闻学、传播学等专业使用。在本书的架构中，试图运用矛盾论，从宏观层面探讨报刊编辑方法论，进而从微观层面阐明报刊编辑的具体方法。作为教材，本书在编写过程中，注意了两个方面：一是吸收已有教材成熟的观点，二是新闻学界最新的研究成果以及业界最新的实践经验。本书吸收了很多学者专著、论文研究成果，行文中限于篇幅未能一一注明，谨此致歉并表示感谢。

本书的第一版具体执笔情况如下：第一章（乔兰、侯欣洁）、第二章（曹丹）、第三章（郭晶、傅蕾、王灿发）、第四章（傅蕾）、第五章（王灿发、王艳）、第六章（高培峻、倪光辉）、第七章（李鑫媚）。

第二版修订，主要由李艳平、张伽羽执笔修订。在修订中，宫承波教授、贺明编辑给予了指导和帮助，在此特别感谢！本次修订，吸收了学界和业界近几年最新的研究成果和实践经验，如蔡雯教授、郑兴东教授等著作和论文的观点，特向各位方家表示敬意和感谢！本次修订，虽然较第一版有所改进，但是缺点和错误在所难免，恳请业内方家不吝赐教，以便进一步改进。

王灿发

2013年6月23日于中国传媒大学

图书在版编目(CIP)数据

报刊编辑与策划/王灿发主编. -- 2版. -- 北京：中国广播电视出版社，2014.1
媒体创意专业核心课程系列教材/宫承波主编
ISBN 978-7-5043-7030-3

Ⅰ.①报… Ⅱ.①王… Ⅲ.①报刊—编辑学—高等学校—教材 Ⅳ.①G213

中国版本图书馆CIP数据核字(2013)第252599号

报刊编辑与策划（第二版）
王灿发　主编
乔兰　倪光辉　侯欣洁　副主编

责任编辑	贺　明
封面设计	丁　琳
责任校对	张　哲

出版发行	中国广播电视出版社
电　话	010-86093580　010-86093583
社　址	北京市西城区真武庙二条9号
邮　编	100045
网　址	www.crtp.com.cn
电子信箱	crtp8@sina.com

| 经　销 | 全国各地新华书店 |
| 印　刷 | 廊坊报业印务有限公司 |

开　本	787毫米×1092毫米　1/16
字　数	340(千)字
印　张	15.5
版　次	2014年1月第2版　2014年1月第1次印刷

| 书　号 | ISBN 978-7-5043-7030-3 |
| 定　价 | 35.00元 |

（版权所有　翻印必究·印装有误　负责调换）